A RESEARCH ON THE MECHANISM
AND INCOME DISTRIBUTION EFFECT OF
INDIRECT TAXATION IN CHINA

中国间接税归宿作用机理
与收入分配效应研究

娄 峰 著

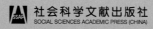

社会科学文献出版社
SOCIAL SCIENCES ACADEMIC PRESS (CHINA)

目　录

第一章
研究意义及文献综述

第一节　研究背景及意义

国民收入分配是经济学的重要研究内容，也是社会关注的焦点之一。税收是影响国民收入分配的重要因素，也是国家进行收入分配调控的主要手段。党的十八届三中全会对全面深化财税改革明确提出了"加快健全以税收、社会保障、转移支付为主要手段的再分配调节机制"发展战略。

目前，间接税在我国税收中居主体地位，2016 年我国间接税收入占全部税收收入的比重约为 72%。间接税的重要特征是纳税人与负税人不一致，纳税人是企业，而最终的负税人是居民。根据税收原理，企业缴纳间接税后，可以通过提高商品价格，将税收负担转嫁给消费者，称为"前转"；也可以通过压低要素价格，将税收负担转嫁给要素所有者，称为"后转"；还可以将一部分"前转"而将其余部分"后转"，称为"混转"。实际中，各种约束条件（尤其是企业供给弹性和消费者需求弹性）最终决定企业"前转"和"后转"的比例。从税收负担归宿的角度来看，居民负担的间接税包括两个方面：一是作为消费者，负担着所购买商品中含有的间接税；二是作为要素所有者，负担着要素收入中含有的间接税。因此，间接税对居民收入的影响是其收入来源端（sources side）和使用端（used side）两种不同税收负担的综合效应。然而，这种综合效应作用机制的复杂性，使得对居民间接税负担的准确测算十分困难，国内外相关研究比较薄弱，主要表现在两个方面。一方面，根据税收理论，间接税一般由增值税、营业税、消费税等重要税种组成，这些税种在性质上并不相同，其中，增值税虽然以商品或劳务为课税对象，但在纳税时扣除进项税，实质上是对增加值，即对企业资本和劳动收益课征的要素税；营业税、消费税均以商品或劳务的销售额为计税依据，实质上是商品税。不同性质的间接税归宿的作用机制不同，同时它们之间又相互影响，从而造成间接税归宿测算的复杂性，即使在国际学术界，至今也尚未发现可以综合分析不同性质间接税归宿的理论模型。另一方面，鉴于间接税归宿测算的复杂性，在实证方面，国内外学者对于间接税归宿的测算大都采用了简化处理方法，假设间接税全部"前转"给消费者，或者全部"后转"给要素所有者，这种假设可能会导致间接税的测算结果出现较大偏差，从而影响研究结果。

因此，从理论上分析间接税对居民收入来源端和使用端影响的作用机理，以及推导出可以综合分析不同性质间接税归宿的模型理论，并结合我国国情进行相关政策模拟分析，这不仅关系到税收理论的完善，更是众多间接税实证研究的基础和前提，也对准确测量间接税归宿和居民真实负担、深化税收对收入分配的调节作用，正确分析和解决"十三五"规划中强调的"缩小收入差距，调整国民收入分配格局，加大再分配调节力度"的战略决策有着重要的理论意义和现实意义。

第二节　国内外相关研究的学术史梳理及研究动态

一　国外税收归宿及收入分配效应的理论、演进与最新动态

在经济学理论中，间接税归宿理论主要起源于 Harberger（1962）和 Mieszkowski（1967）两位学者的研究，其中，Harberger（1962）开创了税收归宿一般均衡理论，该理论模型以对企业课征的局部资本要素税为研究对象；Mieszkowski（1967）对局部商品课税的税收归宿进行了分析；McLure

（1975）等学者在 Harberger 理论基础上进一步分析了税收归宿的作用机制，研究了不同要素替代弹性、要素密度、需求弹性等因素对税收归宿和收入分配的影响。目前国内外主流税收高级教材的间接税税收理论也是建立在 Harberger（1962）和 Mieszkowski（1967）理论模型基础上的。其后，国际上不少学者进一步放宽假设，从理论和实证两方面探讨分析了在不同阶层居民、非完全竞争、局部均衡和动态条件下的税收归宿与收入分配效应，比较有代表性的如下。

Musgrave（1974）、Pechman 和 Okner（1974）、Browning（1978）等实证分析了税收负担在不同居民之间的分配，进而分析税制的累进（退）性及收入分配效应。居民的税收负担取决于其收入与支出结构。从收入结构看，假定低收入者的收入中劳动比重大，而高收入者资本比重大，如果资本相对价格下降，则从收入端看，高收入者税负重于低收入者，税制呈累进性。从支出结构看，假定低收入者消费中食品比重大，而高收入者消费中娱乐比重大，如果娱乐相对价格上升，则高收入者税负重于低收入者，税制呈累进性。

Buchanan（1969）、Seneca（1976）、Misiolek（1980）、Rosen 和 Gayer（2012）等在局部均衡中研究了在垄断情况下税收归宿及其收入分配效应。研究表明，对垄断企业产品课税时，垄断企业无法将税收全部转嫁给消费者，其转嫁程度受到消费者需求弹性影响。

Naqvi（1975）尝试取消了间接税全部转嫁给消费者的假设，对巴基斯坦的商品分类进行回归分析，估计每类商品的供给和需求弹性，运用局部均衡分析方法，估计每种商品向前转嫁给消费者的负担，结果显示，平均来看，48%的税收向前转嫁给了消费者。该方法的缺点是，局部均衡分析割裂了商品市场和要素市场内部及其之间的相互作用，对整体经济采用局部均衡分析方法并不合适，未得到广泛认可。

Gruber 等（2004）应用宏观离散经济模型，在"前转"的假设下，以香烟所征收的消费税为例，通过引入自控函数测算消费税归宿问题，研究结果表明：香烟消费税并不能显著降低吸烟群体的香烟消费量，其还取决于吸烟群体的相对价格敏感性、人生价值观，以及不同收入群体的长期忍受程度，但是如果赋予低收入吸烟者更高的价格弹性，则可以显著减轻该群体的香烟税收负担。

Agostini（2012）基于间接税归宿理论，在"前转"的假设下，利用2000~2011年的月度数据，实证分析了智利提高汽油税税率对消费者的影响，实证结果显示：当汽油税税率提高幅度低于20%时，由此引发的税负负担将完全由消费者承担，这与该国汽油市场的现实情况相一致。

Bergman 和 Hansen（2014）使用面板数据模型，在"前转"的假设下，对酒水饮料所征收的消费税的税负转移情况进行了研究，并且通过增加和减少税收来讨论商品的消费税是否可以通过价格全部转嫁给消费者等问题。研究结果发现：酒水饮料的税负转嫁具有相当强的异质性，不仅与酒水饮料品牌有关，也取决于酒水饮料商店类型及其所处地区，还涉及边境因素。因此，分析酒水饮料的消费税税负转嫁问题，最好在特定的市场条件下，针对不同产品和品牌进行具体分析和研究。

Gu 和 Tam（2014）利用微观数据，在"前转"的假设下，实证分析了赌场税是否有利于澳门旅游经济发展及社会福利问题。研究结果表明：赌场税与当地的经济效率并没有显著关系，增加赌场税税率产生的额外税负绝大部分会转嫁给游客，而转嫁程度取决于当地赌场营销的有效性，并建议对于大众赌场市场，应保持较低的赌场税；而对于 VIP 赌场，应大幅提高赌场税，这样既可以有效避免 VIP 超额的赌博现象，又可以促进大众赌场市场的健康发展，从而培育多元化旅游业，增强澳门经济的持续性，提高当地社会福利水平。

Berardi 等（2016）采用双差分模型，在"前转"的假设下，根据法国2012 年 1 月 1 日起实施的"苏打税"，实证分析了向苏打水饮料征收额外销售税对市场供给、社会需求及税负归宿等的影响。研究结果显示，税收转移到价格：当税率为每升 7.16 美分时，6 个月后，该税收将完全转移到苏打水价格，并且对不同的零售集团和饮料品牌的影响是不一样的，具有异质性。一些零售集团过度转移税收，而另一些零售集团则部分转移税收。总体而言，法国零售集团定价政策的一个相当普遍的特点就是将税收转移到自有品牌产品价格。

从国外文献来看，一些学者也对间接税归宿理论进行了研究，然而大都是以 Harberger（1962）和 Mieszkowski（1967）的理论模型为基础，结合宏微观数据进行实证性研究，理论上并没有实质性的改进和突破；在假设条件上，间接税从收入使用端和来源端两个方面转嫁给居民的机制已经成为共识，然而，在具体测算时，由于模型、数据和方法等的限制，普遍会简化方法，通常的做法是假定间接税"前转"，即消费者负担全部间接税；或者"后转"，即税收负担转嫁给要素所有者。

二 国外税收归宿及收入分配效应的实证研究

从实证方法的角度，国内外学者主要采用两大类方法进行实证分析：经济计量模型和 CGE 模型。比如，Browning 和 Johnson（1979）基于微观数据，利用经济计量模型测量了美国各税种的税收归宿，表明个人所得税是累进的，销售税是累退的，税制总体上具有较高的累进性，有利于缩小收入分配差距。Hilaire 和 Whalley（1984）利用计量方法测量了加拿大的税收归宿，研究结果表明在个人一生收入的场景下，个人所得税的累进性和消费税的累退性都有所下降。Gruber 等（2004）应用宏观离散经济模型，通过引入自控函数测算了消费税的归宿；Bergman 和 Hansen（2014）采用面板数据模型，对酒水饮料所征收的消费税的税负转嫁问题进行了研究；Berardi 等（2016）采用双差分模型，实证分析了对苏打饮料征收额外销售税对市场供给、社会需求及税负归宿等的影响。

随着计算能力和大规模宏/微观数据集的可获性提高，以及可计算一般均衡理论和模型技术不断完善，CGE 模型逐渐成为税收归宿理论及相关研究的主流工具之一，国际上越来越多的学者开始使用 CGE 模型测量和模拟分析一般均衡下的税收归宿及其收入分配效应，具有代表性的成果如下。

Ballard 等（1985）构建了包括 19 个生产部门和 12 个收入组居民的 CGE 模型，在统一模型下测量各税种及整体税收的归宿及其收入分配效应；Ballard 等（1987）运用 CGE 模型测算了增值税的税收归宿；Pereira（1988）构建递归动态 CGE 模型来分析 1986 年税改法案中公司所得税和个人所得税的收入分配效应。

Goulder（1995）根据碳税与现存间接税之间的作用机理构建 CGE 模型，模拟分析实施碳税引起的收入分配效应和社会成本。研究结果表明，降低居民和企业的所得税税率可以减少碳税实施成本；对于各收入阶层的居民而言，实施碳税都可以显著降低其社会福利，表明原有的税收模型可能大大低估了新的碳税可能引起的社会成本。

Rutherford 等（2002）以 1999 年国民经济核算为基础，建立了哥伦比亚的动态可计算一般均衡模型，对比分析了动态模型的数值结果与简单的静态模型的数值结果及其稳态值，评估了关税政策改革对居民收入分配的过渡效应。研究结果表明，在关税政策改革方案中，税收改革边际成本取决于不同的税基和离散税率结构变化，劳动力和信贷市场的结构对替代税制改革方案有重要影响。

Thurlow（2004）建立了南非的跨期动态 CGE 模型，并分析了各税种对南非收入分配的影响。研究结果表明，有关宏观经济调整机制的假设很重要，将对模拟结果产生较大影响；全面取消进口关税，总体有利于增加本地的国内生产总值，有利于服务业发展，但会对制造业产生不利影响；家庭收入的变化是多种因素的综合结果，但是扩张性财政政策总体有利于居民收入大幅提高和缩小收入差距。

Harberger（2008）在开放经济市场背景下，通过构建四部门（可交易品和非贸易产品的企业和非企业部门）一般均衡模型，模拟分析企业所得税税率变化对资本和劳动力税负负担的影响。研究结果表明，CGE 模型能够充分体现税收归宿的一般均衡理论，模拟和校准真实经济的重要特征，并且通过同时加入各个税种，反映税收变化对整个价格体系和居民税收负担的影响，用于测量税收归宿和收入分配效应，可以取得更丰富的结果，是理想的测量工具。

Fullerton 等（2010）基于美国家庭收入和能源支出数据，构建可计算一般均衡模型模拟分析能源使用方和供给方的税收归宿情况。研究结果表明，美国家庭的能源产品税收归宿，使用端为累退且结果稳健，这与以前的研究结论一致；但来源端则因参数值不同（即对校准参数值敏感性较高，结果不稳健）而呈现累退、"U"形和累进等不同的结果。

Rausch 等（2011）分析了美国 15588 名消费者支出调查数据，指出碳定价产生的影响取决于不同收入群体的家庭支出模式、要素收入模式的异质性，这恰恰是在政策分析中经常被忽视的，即使影响按不同收入或地区群体划分，实证结果仍表明碳税政策的税收归宿，使用端为累退，来源端为累进，并对使用端的累退性起到抵消作用，居民总的税收负担呈比例分布。

Sachs、Tsyvinski 和 Werquin（2016）研究表明，对于 CES 生产函数，基于一般均衡理论可以有效分析间接税归宿及其居民收入分配相关问题，并得到封闭经济假设条件下的最优间接税率计算公式，进一步证明了基于一般均衡理论的最优边际税率的 "U" 形特征比基于局部均衡理论更加明显。

England（2016）认为虽然更复杂的一般均衡模型的税收归宿在房地产市场的实证检验仍处于起步阶段，但从现有文献来看，比较主流的观点是，市场经济条件下的房屋租赁资本供给水平可能低于完全弹性条件下，大都市区内的单一管辖权租赁住房需求是有弹性的，这意味着业主将承担就土地及其改善价值征收的税收差额；当上调税收后，影响租金变化的公寓空缺可能性也是影响税收归宿的重要因素。

三　国内相关研究、方法与最新动态

国内学者对间接税归宿问题也进行了有益的探索和研究。郝联峰（2000）、王鹏飞（2013）等对西方税收归宿理论进行了综述。其中，王鹏飞（2013）认为从西方财政学的视角来看，要确定某项税收的归宿是一个非常复杂和困难的问题，也正因为如此，在西方财政学及公共经济学领域，税负归宿理论研究一直吸引着众多学者为之付出不懈的努力。他对西方各大学派的税负归宿思想进行了梳理和总结，在此基础上，对我国近年来的税负归宿理论进行了分析，通过国内外对比研究，揭示国内研究的局限性，并提出了研究展望。

刘怡和聂海峰（2004）基于中国城市住户调查资料考察了不同收入群体的增值税、消费税和营业税这三项主要间接税的负担情况。研究结果表明，低收入家庭的收入中负担增值税和消费税的比例大于高收入家庭，但高收入家庭的收入中负担营业税的比例大于低收入家庭；整个间接税是接近成

比例负担的；间接税恶化了收入分配状况但并不显著。

谷成（2005）从分析财产税的归宿入手，寻找能够解释这一普遍现象的答案。通过对绝对税收归宿、平衡预算归宿和差别税收归宿的考察，研究结果表明：作为一种区域内受益税，财产税符合不同级次政府应提供使其辖区范围内居民受益的服务并因此而课税的经济学原理。加快推进财产税改革，有利于完善财政体制，改善地方财政所面临的被动局面。

张阳（2008）运用一般均衡方法，将整个经济划分为企业所得税主要征收部门和非企业所得税主要征收部门，通过需求、供给、要素市场出清和投入产出相等四个方面，研究征收企业所得税对所有产品和要素在各个市场产生的连锁反应和影响。研究结果表明，我国企业所得税并不完全由资本承担，资本只承担了83%左右，还有17%左右转嫁给劳动力要素。由于要素的流动性，资本承担的税负部分不只是由企业所得税主要征收部门的资本承担，而是由全社会资本共同承担。

聂海峰和刘怡（2010）以住户调查数据为基础，利用投入—产出表技术模拟间接税流转情况，测算我国城镇居民间增值税、消费税、营业税和资源税的负担情况。研究结果表明，从年度收入来看，各项税收均呈显著累退，从终身收入来看，累退性减弱，营业税呈现累进性特征，资源税接近成比例负担，从整体来看，间接税接近成比例负担。

聂海峰、岳希明（2012）使用全国城乡家庭消费和收入微观数据考察间接税对于城乡收入差距和收入分配的影响。研究结果表明，平均来看，全国居民负担的税收占其收入的10.6%；不论是全国范围还是城乡内部，间接税负担都呈现累退：低收入家庭的负担率高于高收入家庭的负担率，城镇居民的税收负担率高于农村居民的税收负担率；间接税加剧了城乡内部不平等，减小了城乡之间的不平等；间接税主要对低收入群体影响较大，略微加剧了整体收入不平等。

邱晖和杜忠连（2012）立足于一般均衡模型，探讨了在两个部门、两种要素的情景下，部分要素税、一般商品税、一般要素税和一般所得税的归宿问题。研究结果表明，税收的法定归宿与经济归宿往往是分离的，要了解税收的实际负担必须搞清楚税收的经济归宿，而基于一般均衡模型的分析方法对于研究相对经济总量较大的税种归宿问题更加合理有效。

岳希明和张斌等（2014）应用传统税收归宿实证分析方法，使用具有全国代表性的住户调查数据和资金流量表，根据税负转嫁假定，分税种把税负分摊给每个家庭，然后观察平均税率（税负与收入的比率）与住户收入之间的关系，得出如下结论：我国税制整体是累退的，收入越高的家庭，税率越低，而收入越低的家庭，税率越高；从全国来看，有效税率随收入水平的提高而下降，主要体现在收入十等份组中的最初三、四组，之后有效税率虽然整体上是下降的，但幅度非常小，基本可以视为比例税率；有效税率与收入之间的关系在城乡之间存在明显差异，税收的累退性问题在农村较城镇更为突出；在农村，有效税率随收入水平的提升而呈直线下降；但在城镇，有效税率的下降主要体现在收入十等份组中收入最低的四、五组，之后有效税率基本维持不变。

王德祥和戴在飞（2015）通过构建劳资双方博弈模型分析了现阶段我国企业所得税税负的归宿情况，测算了归宿水平。研究发现，我国企业所得税税负在短期有 65% 由企业员工承担，在长期则约有 50% 由员工负担；不同行业企业向员工转嫁税负的程度不同，其中，资本密集型行业企业的转嫁程度比非资本密集型行业企业高。企业所得税税负向员工转嫁的主要原因在于企业内缺乏合理的收入分配制度，企业经营者和资本所有者在利益博弈中处于强势地位。由此，现阶段我国的企业所得税不能视作具有公平分配作用的直接税。

钟春平和李礼（2016）通过税收归宿和无谓损失分析了税收显著性对社会福利的影响，并计算税收反应不足程度。结果表明，当从价税率增加时，在不同的税制下，税收归宿和无谓损失均不相同，即当从价税率增加时，消费者承担的税收负担相对较大，生产者承担的税收负担相对较小，而此时社会整体福利的无谓损失也相对较小，反之亦然。

上述文献对间接税在我国的应用进行了开拓性探讨和分析，但是限于数据等原因，均采用了简化处理方法，假设间接税全部"前转"给消费者，即企业以提高商品售价的形式将间接税负担全部向前转嫁给居民。

政府转移支付工具作为财政政策的重要组成部分，在缩小居民收入差距方面发挥了重要作用。相关研究如姚秋歌等（2021）基于一个包含失业风险的 HANK 模型，研究分析了财政政策的作用路径和影响效果。研究结果表明，政府一般性转移支付对缩小收入差距的效果甚微，但增加失业和贫困补贴对缩小收入差距效果显著。解垩等（2020）基于 2012 年中国家庭追踪调查数据，研究分析了税收政策和转移支付的再分配效应。研究结果表明，转移支付的再分配效应大于个税政策的再分配效应，且转移支付和个税政策的再分配效应在城乡居民之间有差异。解垩（2018）基于 2013 年 CHARLS 数据，对税收和转移支付的再分配效应进行了比较分析。研究结果表明，公共转移支付的再分配效应占总体再分配效应的 90% 以上，税收和社保缴费在再分配效应中的作用不足 10%。郭庆旺等（2011）研究分析了政府转移支付对居民收入分配的影响。研究发现，政府转移支付能够有效降低居民收入不平等程度，且其再分配效果明显强于个人所得税。刘柏惠等（2014）基于 2002~2009 年城镇居民家庭调查数据，比较分析了各类政府转移支付对城镇居民收入再分配的影响。研究发现，政府净转移支付降低了收入不平等程度，而居民对政府的转移支付在一定程度上加剧了城镇居民的收入不平等。

随着我国社会保障制度的不断完善，社会保障支出在缩小居民收入差距、降低收入不平等程度方面发挥的作用也愈发重要（王延中等，2016）。大多数研究认为，我国的社会保障制度有利于改善收入分配和有效调节收入再分配（卢盛峰、卢洪友，2013；彭定赟、王磊，2013；李实等，2017；李齐云，2020），除此之外，还有学者从低保制度（张川川等，2014；王翠琴等，2012；陈宗胜等，2016；孙伯驰和段志民，2020）、基本养老保险（何立新，2007；王晓军、康博威，2009；张翔等，2019）、基本医疗保险（周钦等，2016；李永友、郑春荣，2016）、公共支出（钟春平等，2013；李永友，2017；谢颖等，2017）等角度研究分析我国社会保障的再分配效应。但也有学者提出了不同的观点，如常海龙（2015）以北京为例，研究分析了财政政策的再分配效应。研究发现，个税的收入再分配效应有限，而社会保障支出具有累退性，这在一定程度上恶化了收入分配格局。莫连光等（2014）实证考察了收入分配的财政政策对调节收入差距的效果，研究发现，财政支出和税收政策在缩小居民总体收入差距和地区居民收入差距方面发挥了逆向作用，而在对城乡居民收入差距的影响上，财政支出重点偏向于城市化的趋势，一定程度上拉大了城乡居民收入差距。杨穗等（2013）认为，中国的福利体系存在巨大的城乡差异，城市的福利体系能够有效缩小居民收入差距，但农村的福利体系几乎对缩小居民收入差距毫无作用。

此外，宋颜群等（2021）基于2017年中国家庭金融调查数据库（CHFS），研究分析了中国财政体系的再分配效应。研究结果表明，中国的财政体系在一定程度上能够改善收入不平等和贫困状况。丁志帆等（2020）基于动态随机一般均衡模型，研究分析了结构性财政政策对收入分配的影响。结果表明，政府消费和生产性支出的增加加剧了家庭间的消费不平等，而降低消费税率、资本税率和劳动所得税率有助于改善家庭间的消费不平等。李红权等（2019）基于2005~2017年省级面板数据对地方政府债务的收入分配效应进行了比较分析。研究结果表明，地方政府债务与城乡收入分配效应存在明显的"U"形关系。罗鸣令等（2019）认为，在西部大开发过程中，实施区域性税收优惠政策扩充了地方税基，间接地提高了增值税和营业税，在一定程度上形成了新的地区差距。蔡萌等（2016）基于CHIP住户数据，测算了政府实施收入再分配政策前后的基尼系数。研究发现，在市场收入基尼系数方面，我国与发达国家之间的差距不大，因此，政府的收入再分配政策是导致我国居民收入分配不平等的重要原因。杨灿明等（2015）基于系统GMM方法，分析了土地财政的再分配效应。研究结果表明，土地财政对城乡居民收入差距的影响是复合的，且表现出明显的"U"形分布特征。张晓芳等（2011）通过运用SAM的乘数分析方法，比较分析了我国各机构部门收入分配的结构效应。

通过对以往相关文献的梳理可以发现，有关财政政策对收入分配的影响研究多是采用传统计量模型方法，而计量模型因或多或少存在内生性问题而遭受诟病。随着均衡模型的不断完善，有不少文献基于CGE模型或者DSGE模型研究分析了财政政策的再分配效应，但是由于对金融市场部门的忽略，该类研究尚存在改进空间。随着我国市场经济的蓬勃发展和金融市场的不断完善，忽略金融市场的影响势必会使得研究结果存在一定的偏差，基于此，将金融市场部门融入实体CGE模型，构建了包含金融模块的中国金融CGE

模型，并基于金融 CGE 模型，研究分析了财政政策调整对再分配效应的影响。

第三节 学术创新和价值

在经济学理论中，间接税归宿理论主要源于 Harberger（1962）和 Mieszkowski（1967）两位学者的研究，目前国内外主流税收高级教材中的间接税税收理论也是建立在这两位学者的理论基础上的。从假设条件上看，基于这两位学者主流的间接税理论模型主要包括如下假设：①企业部门使用资本和劳动力来生产产品，并且规模收益不变；②资本和劳动力供给者都追求总收益最大化，并且资本和劳动力在部门间自由流动，但资本和劳动力的总量固定；③市场是完全竞争的，企业的目标是利润最大化；④所有消费者都有相同的偏好；⑤不同厂商的要素替代弹性相同。前四个假设属于完全竞争市场下的一般假设，但第五个假设对于经济体制转轨中的发展中国家，尤其是中国这样的区域差异较大、企业制度多样化（国有企业、外资企业、民营企业、合资企业等）、生产技术更新较快的制造业大国来说，其约束性显然过强，不符合经济现实。因此，本课题在理论推导时，放开了这一假设条件，使得不同厂商的要素替代弹性不同。这是本书在理论创新方面做的第一项工作。

虽然 Harberger（1962）和 Mieszkowski（1967）的论述涉及税收对价格的作用，但就价格变化如何影响居民的税收负担并未有深入的研究。Browning（1978）最早明确给出了居民收入来源端和使用端税收负担的测量公式，但对于居民收入来源端和使用端税收负担的关系及其变化规律并未有深入研究。本书在模型基础上，深入研究了这一问题，并推演得出三个推论。这是本书在理论创新方面做的第二项工作。

从国外文献来看，鉴于间接税归宿测算方法的复杂性，针对间接税归宿的测算大都采用简化的处理方法，假设间接税全部"前转"给消费者或者全部"后转"给要素所有者。然而，单纯基于"前转"或"后转"假设的间接税归宿测算，并不符合税收归宿的理论和实际，测算结果不能准确地反映间接税归宿的真实情况。其原因在于，一方面居民总的税收负担是其收入来源端和使用端税负的加总，忽略了居民来源端（使用端）的税收负担，会高估居民使用端（来源端）的税收负担，从而影响税收负担测算的准确性；另一方面，税收的累进（退）性是其收入来源端和使用端税负各自累进（退）性综合的结果，忽略了来源端（使用端）税收负担的累进（退）性，会影响对总的累进（退）性的判断。郭庆旺、吕冰洋（2011）利用系统 GMM 估计表明我国增值税明显降低了劳动分配份额，从而证明我国间接税的确对要素价格产生影响，也证明了我国居民收入来源端税收负担（即"后转"效应）显著存在。因此，本书在构建用于分析多种不同性质间接税归宿的理论模型时，不仅放宽了不同厂商拥有相同的要素替代弹性的假设，而且也取消单纯的"前转"或"后转"假设，让经济系统在各种约束条件（尤其是企业供给弹性和消费者需求弹性）下自动决定间接税"前转"和"后转"的比例，并推导出完整的公式，这是本书在理论创新方面做的第三项工作。

另外，从方法技术上看，本书具有以下特点："有限理性经济人"是传统经济学的分析框架，在该框架内人是"同质"的，人与人之间具有完全的可替代性，然而，"同质"的"有限理性经济人"假设不符合现实，研究也表明，即使所有被观测变量相同的人仍然会做出不同的决策、获得不同的收入、选择不同的消费和投资组合（李雪松，2012）。现有文献在研究居民间接税负担时由于数据问题往往忽略居民异质性问题，或是仅仅把居民分为城镇居民和农村居民（或进一步把城镇居民分为七大类、农村居民分为五大类），这种处理方法虽然可以局部体现居民的不同类别特征，但并未从根本上解决居民异质性问题。本书将充分考虑居民个体之间显著的异质性，根据 2013 年中国居民收入调查数据库（CHIP）和国家统计局 2014 年城乡一体化常规住户调查大样本库，在 CGE 模型中把居民主体微观化，从而构建大型的微观异质性 CGE 模型系统，深入分析居民间接税负担问题及模拟分析相关财政税收政策。

综上所述，本书可能存在的学术创新和应用价值包括：第一，在理论上，针对传统的税收归宿理论经典假设，放松了不同厂商拥有相同的要素替代弹性的假设，从理论上推导居民收入来源端和使用端税负负担的作用机理及其变化规律，构建综合不同间接税的间接税归宿理论模型；第二，理论上，取消单纯的"前转"或"后转"假设，让经济系统在各种约束条件（尤其是企业供给弹性和消费者需求弹性）下自动决定间接税"前转"和"后转"的比例，并推导出完整的公式；第三，从实证上，充分考虑了居民个体之间显著的异质性，构建基于微观居民家庭调查数据的能够反映微观居民异质性的与税收归宿理论相一致的 CGE 模型，对我国间接税归宿和收入分配效应进行测算，同时结合税制改革对税收归宿及收入分配效应进行模拟评估，具有现实意义。

第二章
我国城乡居民收入分配状况及特征

改革开放以来，我国经济取得了长足发展，创造了世界经济发展史上的奇迹。经过40多年的快速发展，我国社会总财富不断增加，但与此同时，收入分配问题也愈发突出。整体来看，我国居民收入差距有所缩小，但居民之间的财富差距明显扩大。从分配结构来看，城乡间、区域间及行业间的不平衡问题不容小觑。

第一节　居民收入分配整体状况

一　居民整体收入状况

从表2-1可以看出，2019年我国居民人均可支配收入首次突破3万元关口，达到30732.80元，比2018年增加2504.80元，增长8.87%。分城乡来看，2019年，城镇居民人均可支配收入为42358.80元，比2018年增加3108.00元，增长7.92%；农村居民人均可支配收入为16020.70元，比2018年增加1403.70元，增长9.60%。从居民人均可支配收入变化情况来看，居民人均可支配收入从2013年的18310.80元增长到2019年的30732.80元，增长0.68倍。从城乡方面来看，城镇居民人均可支配收入从2013年的26467.00元增加到2019年的42358.80元，增长0.60倍，增幅略小于全国平均水平。农村居民人均可支配收入从2013年的9429.60元增加到 2019 年的 16020.70 元，增长 0.70 倍，增幅略大于全国平均水平。从城乡居民收入差距变化来看，我国城乡居民收入差距从 2013 年的 2.81 减小为 2019 年的 2.64。

表 2-1　2013~2019 年居民人均可支配收入变化情况

年份	全国居民（元）	城镇居民（元）	农村居民（元）	城乡居民收入差距
2013	18310.80	26467.00	9429.60	2.81
2014	20167.10	28843.90	10488.90	2.75
2015	21966.20	31194.80	11421.70	2.73
2016	23821.00	33616.20	12363.40	2.72
2017	25973.80	36396.20	13432.40	2.71
2018	28228.00	39250.80	14617.00	2.69
2019	30732.80	42358.80	16020.70	2.64

二　居民收入差距整体状况

基尼系数常被用来衡量一个国家或地区的居民收入差距，从图 2-1 可以看出，从改革开放初期到 20 世纪末，中国的基尼系数整体呈现上升的态势。根据国家统计局的数据，2003 年，我国基尼系数高达 0.479，超过国际通行的 0.4 的贫富差距警戒线，随后，基尼系数保持波动中上

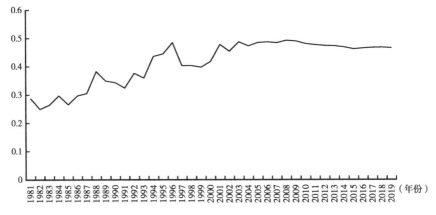

图 2-1　1981~2019 年中国基尼系数

升的态势，2008 年达到最高点，为 0.491，处在 0.5 的收入差距悬殊值的边缘。为此，政府采取一系列旨在缩小收入差距的措施，充分发挥再分配调节效用，改革分配制度，收入差距逐渐扩大的态势有所缓解，基尼系数小幅降低。截至 2019 年，基尼系数虽已降至 0.465，但仍处于较高水平。

第二节　居民收入增长状况

一　居民收入增长特点

根据居民收入的调查和分类，居民可支配收入分为工资性收入、经营净收入、财产净收入和转移净收入。其中，农村居民工资性收入是指农村居民受雇于单位或者个人得到的劳动报酬收入，包括在非企业组织工作所获收入、在当地劳动所获收入、常住居民外出务工所获收入。城镇居民工资性收入是指城镇居民通过各种渠道获得的劳动报酬，包括从事主要职业的工资以及从事第二职业、兼职和其他零星劳动获得的劳动收入。经营净收入是指居民进行生产筹划和管理获得的收入，是全部生产经营收入扣除生产成本和税金等各项费用之后的剩余收入。财产净收入是指居民因持有金融证券资产或非生产性资产所获得的投资收益。转移净收入是指居民无须付出任何对应物就可以获得的货物、服务、资金或者资产所有权等，一般是指国家、社会团体或者单位、个人对居民的各种转移支付。

2019 年，居民人均可支配收入为 30732.80 元，不考虑价格因素，比 2013 年增加 12422.00 元，是 2013 年收入的 1.68 倍。其中，工资性收入增加 6775.40 元，是 2013 年的 1.65 倍；经营净收入增加 1812.60 元，是 2013 年的 1.53 倍；财产净收入增加 1195.80 元，是 2013 年的 1.84 倍；转移净收入增加 2638.20 元，是 2013 年的 1.87 倍。

2013~2019 年全国居民可支配收入中，工资性收入占比从 56.86% 降至 55.92%，且呈现整体下降趋势，但居民以工资性收入为主要来源的收入结构并未发生改变，工资性收入占可支配收入的比重平均为 56.43%。党的十八大之后，中国经济进入新常态，居民的经营净收入占比也呈现出逐年下降的趋势，经营净收入占可支配收入的比重从 2013 年的 18.76%降至 2019 年的 17.07%，虽然经营净收入比重有所下降，但依然在可支配收入中占据较大份额。随着我国经济的不断发展，居民拥有的物质财富不断增加，居民财产净收入在可支配收入中的占比不断提升，从 2013 年的 7.77%增长至 2019 年的 8.52%。近年来，虽然居民财产净收入有所增加，但在可支配收入中的份额依旧较小，未来要大力增加居民的财产性收入，不断提升财产净收入在可支配收入中的比重。居民转移净收入占可支配收入比重稳步增加，从 2013 年的 16.61%增长至 2019 年的 18.48%，这主要是因为城乡居民社会保障制度不断健全以及各级政府加大对民生领域的支持力度等。

2014~2019 年，人均可支配收入年均增长 9.02%，工资性收入年均增长 8.71%，对可支配收入增长的年均贡献率为 54.62%；经营净收入年均增长 7.32%，对可支配收入增长的年均贡献率为 14.52%；财产净收入年均增长 10.71%，对可支配收入增长的年均贡献率为 9.52%；转移净收入年均增长 10.98%，对可支配收入增长的年均贡献率为 21.34%。从各收入构成对收入增长的贡献率可以看出，工资性收入决定了可支配收入，转移净收入在居民增收中也发挥重要作用，经营净收入和财产净收入对居民增收的贡献较小，未来应该努力增加居民的经营净收入和财产净收入。

表 2-2   全国居民人均可支配收入来源构成

单位：元，%

项目		2013 年	2014 年	2015 年	2016 年	2017 年	2018 年	2019 年
总额	可支配收入	18310.80	20167.10	21966.20	23821.00	25973.80	28228.00	30732.80
	工资性收入	10410.80	11420.60	12459.00	13455.20	14620.30	15829.00	17186.20
	经营净收入	3434.70	3732.00	3955.60	4217.70	4501.80	4852.40	5247.30
	财产净收入	1423.30	1587.80	1739.60	1889.00	2107.40	2378.50	2619.10
	转移净收入	3042.10	3426.80	3811.90	4259.10	4744.30	5168.10	5680.30

项目		2013 年	2014 年	2015 年	2016 年	2017 年	2018 年	2019 年
比重	可支配收入	100.00	100.00	100.00	100.00	100.00	100.00	100.00
	工资性收入	56.86	56.63	56.72	56.48	56.29	56.08	55.92
	经营净收入	18.76	18.51	18.01	17.71	17.33	17.19	17.07
	财产净收入	7.77	7.87	7.92	7.93	8.11	8.43	8.52
	转移净收入	16.61	16.99	17.35	17.88	18.27	18.31	18.48
比上年增长	可支配收入	—	10.14	8.92	8.44	9.04	8.68	8.87
	工资性收入	—	9.70	9.09	8.00	8.66	8.27	8.57
	经营净收入	—	8.66	5.99	6.63	6.74	7.79	8.14
	财产净收入	—	11.56	9.56	8.59	11.56	12.86	10.12
	转移净收入	—	12.65	11.24	11.73	11.39	8.93	9.91
收入增长贡献率	可支配收入	—	100.00	100.00	100.00	100.00	100.00	100.00
	工资性收入	—	54.40	57.72	53.71	54.12	53.62	54.18
	经营净收入	—	16.02	12.43	14.13	13.20	15.55	15.77
	财产净收入	—	8.86	8.44	8.05	10.14	12.03	9.61
	转移净收入	—	20.72	21.41	24.11	22.54	18.80	20.45

二　城镇居民收入增长特点

2019 年，城镇居民人均可支配收入为 42358.80 元，比 2013 年增加了 15891.80 元，是 2013 年的 1.60 倍。其中，工资性收入增加 8947.40 元，是 2013 年的 1.54 倍；经营净收入增加 1865.10 元，是 2013 年的 1.63 倍；财产净收入增加 1839.10 元，是 2013 年的 1.72 倍；转移净收入增加 3240.20 元，是 2013 年的 1.75 倍。

2013~2019 年，城镇居民人均可支配收入中工资性收入占比从 62.79% 降至 60.35%，平均占比为 61.49%，虽然工资性收入占可支配收入的比重呈现逐年下降的趋势，但仍未改变其在可支配收入构成中的主体地位。经营净收入在可支配收入中的占比从 2013 年的 11.24% 增加至 2019 年的 11.43%，平均占比为 11.27%，呈波动上升趋势，这主要是因为党中央、国务院大力推进 "营改增" "放管服" "减税降费" 等改革措施，不断优化营商环境，激发市场活力。财产净收入在可支配收入中的占比从 2013 年的

9.64%增加至 2019 年的 10.37%，平均占比为 9.92%。虽然财产净收入占比逐年增加，但其在可支配收入中的比重依然较小，未来还有较大的提升空间。转移净收入在可支配收入中的占比从 2013 年的 16.33%增加至 2019 年的 17.85%，平均占比为 17.33%。转移净收入占比逐年提高主要得益于城镇居民的最低生活保障标准提升，同时政府对城镇居民的转移支付增加以及个人所得税改革等。

2014~2019 年，城镇居民人均可支配收入年均增长 8.15%，工资性收入年均增长 7.44%，对城镇居民可支配收入增长的年均贡献率为 56.32%；经营净收入年均增长 8.46%，对城镇居民可支配收入增长的年均贡献率为 11.66%；财产净收入年均增长 9.48%，对城镇居民可支配收入增长的年均贡献率为 11.45%；转移净收入年均增长 9.78%，对城镇居民可支配收入增长的年均贡献率为 20.57%。从各收入构成对城镇居民增收的贡献度来看，工资性收入在居民增收中依然发挥着重要作用，转移净收入的贡献度次之，经营净收入和财产净收入的贡献度较小。未来要在居民工资性收入不断提升的同时，不断提升经营净收入和财产净收入在居民收入中的占比，同时，加大转移支付力度，让人民共享经济发展的红利。

表 2-3　城镇居民人均可支配收入来源构成

单位：元，%

项目		2013 年	2014 年	2015 年	2016 年	2017 年	2018 年	2019 年
总额	可支配收入	26467.00	28843.90	31194.80	33616.20	36396.20	39250.80	42358.80
	工资性收入	16617.40	17936.80	19337.10	20665.00	22200.90	23792.20	25564.80
	经营净收入	2975.30	3279.00	3476.10	3770.10	4064.70	4442.60	4840.40
	财产净收入	2551.50	2812.10	3041.90	3271.30	3606.90	4027.70	4390.60
	转移净收入	4322.80	4815.90	5339.70	5909.80	6523.60	6988.30	7563.00
比重	可支配收入	100.00	100.00	100.00	100.00	100.00	100.00	100.00
	工资性收入	62.79	62.19	61.99	61.47	61.00	60.62	60.35
	经营净收入	11.24	11.37	11.14	11.22	11.17	11.32	11.43
	财产净收入	9.64	9.75	9.75	9.73	9.91	10.26	10.37
	转移净收入	16.33	16.70	17.12	17.58	17.92	17.80	17.85

项目		2013 年	2014 年	2015 年	2016 年	2017 年	2018 年	2019 年
比上年增长	可支配收入	—	8.98	8.15	7.76	8.27	7.84	7.92
	工资性收入	—	7.94	7.81	6.87	7.43	7.17	7.45
	经营净收入	—	10.21	6.01	8.46	7.81	9.30	8.95
	财产净收入	—	10.21	8.17	7.54	10.26	11.67	9.01
	转移净收入	—	11.41	10.88	10.68	10.39	7.12	8.22
收入增长贡献率	可支配收入	—	100.00	100.00	100.00	100.00	100.00	100.00
	工资性收入	—	55.51	59.56	54.84	55.25	55.75	57.03
	经营净收入	—	12.78	8.38	12.14	10.60	13.24	12.80
	财产净收入	—	10.96	9.77	9.47	12.07	14.74	11.68
	转移净收入	—	20.75	22.28	23.54	22.08	16.28	18.49

三　农村居民收入增长特点

2019 年，农村居民人均可支配收入为 16020.70 元，比 2013 年增加了 6591.10 元，是 2013 年的 1.70 倍。其中，工资性收入增加 2931.00 元，是 2013 年的 1.80 倍；经营净收入增加 1827.30 元，是 2013 年的 1.46 倍；财产净收入增加 182.60 元，是 2013 年的 1.94 倍；转移净收入增加 1650.30 元，是 2013 年的 2.00 倍。

2013～2019 年，农村居民人均可支配收入中工资性收入占比从 2013 年的 38.73% 上升至 2019 年的 41.09%，平均占比为 40.32%。农村居民工资性收入上涨主要是由于农民外出务工和农民工工资水平上涨。农村居民可支配收入中经营净收入占比从 2013 年的 41.73% 下降到 2019 年的 35.97%，平均占比为 38.57%。农村居民人均可支配收入中财产净收入占比从 2013 年的 2.06% 上升到 2019 年的 2.36%，平均占比为 2.22%。农村居民可支配收入中转移净收入占比从 2013 年的 17.47% 上升到 2019 年的 20.58%，平均占比为 18.88%。

2014～2019 年，农村居民人均可支配收入年均增长 9.24%。其中，工资性收入年均增长 10.33%，对农村居民人均可支配收入增长的年均贡献率为 44.74%；经营净收入年均增长 6.57%，对农村居民人均可支配收入增长的年均贡献率为 27.64%；财产净收入年均增长 11.68%，对农村居民人均可支配收入增长的年均贡献率为 2.77%；转移净收入年均增长 12.27%，对农村居民人均可支配收入增长的年均贡献率为 24.86%。从各收入构成对农村居民增收的贡献度来看，工资性收入依然是农村居民的主要收入来源。党中央、国务院以及各级地方政府对"三农"工作高度重视，农村居民的经营净收入和转移净收入不断增加，但农村居民的财产净收入比重依旧很小，未来应想方设法提高财产净收入在农村居民可支配收入中的占比，提升财产净收入对农村居民增收的贡献度。

表 2-4 农村居民人均可支配收入来源构成

单位：元，%

项目		2013 年	2014 年	2015 年	2016 年	2017 年	2018 年	2019 年
总额	可支配收入	9429.60	10488.90	11421.70	12363.40	13432.40	14617.00	16020.70
	工资性收入	3652.50	4152.20	4600.30	5021.80	5498.40	5996.10	6583.50
	经营净收入	3934.90	4237.40	4503.60	4741.30	5027.80	5358.40	5762.20
	财产净收入	194.70	222.10	251.50	272.10	303.00	342.10	377.30
	转移净收入	1647.50	1877.20	2066.30	2328.20	2603.20	2920.50	3297.80
比重	可支配收入	100.00	100.00	100.00	100.00	100.00	100.00	100.00
	工资性收入	38.73	39.59	40.28	40.62	40.93	41.02	41.09
	经营净收入	41.73	40.40	39.43	38.35	37.43	36.66	35.97
	财产净收入	2.06	2.12	2.20	2.20	2.26	2.34	2.36
	转移净收入	17.47	17.90	18.09	18.83	19.38	19.98	20.58
比上年增长	可支配收入	—	11.23	8.89	8.24	8.65	8.82	9.60
	工资性收入	—	13.68	10.79	9.16	9.49	9.05	9.80
	经营净收入	—	7.69	6.28	5.28	6.04	6.58	7.54
	财产净收入	—	14.07	13.24	8.19	11.36	12.90	10.29
	转移净收入	—	13.94	10.07	12.67	11.81	12.19	12.92
收入增长贡献率	可支配收入	—	100.00	100.00	100.00	100.00	100.00	100.00
	工资性收入	—	47.17	48.04	44.76	44.58	42.01	41.85
	经营净收入	—	28.56	28.54	25.24	26.80	27.91	28.77
	财产净收入	—	2.59	3.15	2.19	2.89	3.30	2.51
	转移净收入	—	21.68	20.27	27.81	25.72	26.79	26.88

第三节　居民收入构成及差距状况

一　城乡居民收入构成及差距贡献的测算

为了更好地分析居民的各项收入构成对收入差距的影响，参考胡晶晶（2013）构建的用于衡量居民总体收入差距的相对收入差距系数，具体公式为：

$$G = \frac{I_u - I_r}{\sqrt{I_u \times I_r}} \tag{2.1}$$

其中，I_u 和 I_r 分别代表城镇居民和农村居民的人均可支配收入，G 代表城乡居民收入相对差距系数。对式（2.2）进行变换后，得到：

$$G = \frac{I_u - I_r}{\sqrt{I_u \times I_r}} = \frac{\sum_{i=1}^{4} I_{ui} - \sum_{i=1}^{4} I_{ri}}{\sqrt{I_u \times I_r}} = \sum_{i=1}^{4} \frac{I_{ui} - I_{ri}}{\sqrt{I_u \times I_r}} = \sum_{i=1}^{4} \frac{I_{ui} - I_{ri}}{\sqrt{I_{ui} \times I_{ri}}} \times \sqrt{\frac{I_{ui}}{I_u}} \times \sqrt{\frac{I_{ri}}{I_r}}$$

$$= \sum_{i=1}^{4} g_i \times u_i^{1/2} \times r_i^{1/2} \tag{2.2}$$

其中，i 代表第 i 项收入。$i = 1$，2，3，4；分别代表工资性收入、经营净收入、财产净收入和转移净收入。u 代表城镇居民，r 代表农村居民，$g_i = \frac{I_{ui} - I_{ri}}{\sqrt{I_{ui} \times I_{ri}}}$ 代表城乡居民各项收入来源差距的大小，u_i 代表城镇居民的第 i 项收入在其可支配收入中的比重，$u_i = I_{ui}/I_u$ 代表城镇居民收入构成，I_{ui} 代表城镇居民的第 i 项收入的人均值，I_u 代表城镇居民人均可支配收入，r_i 代表农村居民的第 i 项收入在其可支配收入中的比重，$r_i = I_{ri}/I_r$ 代表农村居民收入构成，I_{ri} 代表农村居民的第 i 项收入的人均值，I_r 代表农村居民人均可支配收入。

从式（2.2）可以看出，g_i 仅代表了某项收入在城镇居民和农村居民分配中的平均程度，并不能代表整个城乡居民收入差距。城乡居民相对收入差

距系数 G 还受到城镇居民和农村居民人均可支配收入中各组成部分收入的比重 u_i 和 r_i 的影响。如果某一项收入的相对差距系数很大，但在城乡居民可支配收入中的比重很小，其对城乡居民收入整体相对差距的影响就会有限。如果某一项收入的相对差距系数很小，但在城乡居民可支配收入中的比重很大，其对城乡居民收入整体相对差距的影响也会很大。总而言之，在考察具体某项收入对总体收入差距的影响时，还要综合考虑该项收入的贡献率，因此，构建收入差距贡献率指标 C_i：

$$C_i = \frac{g_i \times u_i^{1/2} \times r_i^{1/2}}{G} = \frac{g_i}{G} \times u_i^{1/2} \times r_i^{1/2} \qquad (2.3)$$

从式（2.3）可以看出，城乡居民分项收入对总体收入差距的贡献率 C_i 除了受分项收入的相对收入差距系数与总体收入差距系数比值的影响，还受到城镇居民和农村居民各分项收入在其可支配收入中所占比重的影响。在 $\frac{g_i}{G}$ 保持不变的情况下，分项收入在城镇居民和农村居民可支配收入中所占比重越大，其对收入差距的贡献也就越大，反之则反是。而在 u_i 和 r_i 保持不变的条件下，分项收入的相对收入差距系数与总体收入差距系数比值越大，则该分项收入对收入差距的贡献率就越大，反之则反是。在现实中，影响收入差距的因素不断变化，因此某一分项收入对总体收入差距的影响要综合各种因素的变化后视情况而定。

二　工资性收入对城乡居民收入差距的影响

从表 2-5 可以看出，工资性收入对城乡居民收入差距的贡献最大。2013 年以来，工资性收入对城乡居民人均可支配收入差距的贡献率都在 70% 以上，2013~2019 年贡献率均值达到 73.77%。由此可见，工资性收入对拉大城乡居民人均可支配收入差距起着极其重要的作用。这主要是因为，第一，工资性收入在城镇居民和农村居民人均可支配收入中均占较大比重。2013~2019 年，城镇和农村居民的工资性收入在人均可支配收入中的比重年均分别达到 61.49% 和 40.32%。第二，城乡居民的工资性收入差距过大。随着经济的不断发展，农村居民能够有更多的机会参与非农部门的生产，从而获得工资性收入。2013 年以来，虽然农村居民人均可支配收入中工资性收入的占比呈现逐年上升趋势，但城乡居民收入差距依然很大。2013 年，城乡居民人均可支配收入比为 2.81，工资性收入比为 4.55；2019 年城乡居民人均可支配收入比为 2.64，工资性收入比为 3.88，工资性收入已然成为拉大城乡居民收入差距的重要因素。

表 2-5　2013～2019 年工资性收入对城乡居民收入差距的贡献率

年份	g_i	g_i/G	$u_i(\%)$	$r_i(\%)$	$C_i(\%)$
2013	1.66	1.54	62.79	38.73	76.10
2014	1.60	1.51	62.19	39.59	75.10
2015	1.56	1.49	61.99	40.28	74.53
2016	1.54	1.47	61.47	40.62	73.61
2017	1.51	1.46	61.00	40.93	72.73
2018	1.49	1.45	60.62	41.02	72.24
2019	1.46	1.45	60.35	41.09	72.07
2013～2019 年均值	1.55	1.48	61.49	40.32	73.77

从工资性收入对城乡居民人均可支配收入差距的影响来看，2013 年以来，工资性收入对城乡居民人均可支配收入差距的贡献率逐年下降，从 2013 年的 76.10%降为 2019 年的 72.07%。其原因主要是，农村居民工资性收入在人均可支配收入中的比重不断提升，从 2013 年的 38.73%增加到 2019 年的 41.09%，同期，城镇居民工资性收入在人均可支配收入中的比重不断降低，从 2013 年的 62.79%减少到 2019 年的 60.35%。此外，工资性收入相对差距系数与城乡居民人均可支配收入相对差距系数之比也呈现递减趋势，从 2013 年的 1.54 下降到 2019 年的 1.45，表明城乡居民工资性收入差距对总体收入差距的影响较大。值得注意的是，工资性收入差距的贡献率不断降低，但对城乡居民收入差距的贡献率依然较高，2019 年仍高达 72.07%。

三　经营净收入对城乡居民收入差距的影响

从表 2-6 可以看出，经营净收入对城乡居民人均可支配收入差距的贡献率一直为负数，在缩小城乡居民收入差距方面发挥了重要作用。之所以出现这种情况，主要是因为经营净收入在农村居民和城镇居民的人均可支配收入中占据的地位不同。2013~2019年，经营净收入占农村居民人均可支配收入的比重年均值为38.57%，而占城镇居民人均可支配收入的比重年均值为11.27%，后者远小于前者。2013~2019年，农村居民经营净收入是城镇居民经营净收入的1.26倍，这使得经营净收入在缩小城乡居民收入差距的过程中起到了关键作用。2013~2019年，经营净收入对城乡居民人均可支配收入差距的贡献率年均值为-4.58%，对缩小城乡居民收入差距发挥了积极的作用。

表2-6　2013~2019年经营净收入对城乡居民收入差距的贡献率

年份	g_i	g_i/G	$u_i(\%)$	$r_i(\%)$	$C_i(\%)$
2013	-0.28	-0.26	11.24	41.73	-5.63
2014	-0.26	-0.24	11.37	40.40	-5.22
2015	-0.26	-0.25	11.14	39.43	-5.20
2016	-0.23	-0.22	11.22	38.35	-4.57
2017	-0.21	-0.21	11.17	37.43	-4.19
2018	-0.19	-0.18	11.32	36.66	-3.72
2019	-0.17	-0.17	11.43	35.97	-3.50
2013~2019年均值	-0.23	-0.22	11.27	38.57	-4.58

从经营净收入对城乡居民收入差距贡献率的变化来看，经营净收入对城乡居民收入差距的贡献率的绝对值从2013年的5.63%降低到2019年的3.50%。之所以出现这种情况，主要是因为，随着市场经济的不断发展，民营经济在经济结构中的比重不断提升，加上城镇居民的受教育水平相对较高，创业活动增加，城镇居民的经营净收入及其占可支配收入的比重增加，占比从2013年的11.24%上升到2019年的11.43%。同时，随着经济的不断发展，农村居民拥有更多的收入渠道，经营净收入在农村居民人均可支配收入中的比重不断下降，从2013年的41.73%下降到2019年的35.97%。总体来看，城镇居民经营净收入的占比不断增加和农村居民经营净收入的占比不

断减少，使得经营净收入在缩小城乡居民收入差距方面发挥的作用越来越小。

四　财产净收入对城乡居民收入差距的影响

从表 2-7 可以看出，农村居民人均可支配收入中财产净收入的占比相对较小，2013~2019 年，财产净收入的年均占比仅为 2.22%。城镇居民财产净收入占人均可支配收入的比重高于农村居民，2013~2019 年，财产净收入在城镇居民人均可支配收入中的比重年均值为 9.92%。2013~2019 年，城镇居民财产净收入是农村居民财产净收入的 12.17 倍。从财产净收入的相对差距系数变化趋势来看，2013~2019 年呈现出略微下降的趋势，但下降幅度有限。城镇居民财产净收入在人均可支配收入中的占比与农村居民相比差距过大，财产净收入成为城乡居民收入差距扩大的重要因素。

表 2-7　2013~2019 年财产净收入对城乡居民收入差距的贡献率

年份	g_i	g_i/G	u_i(%)	r_i(%)	C_i(%)
2013	3.34	3.10	9.64	2.06	13.83
2014	3.28	3.11	9.75	2.12	14.11
2015	3.19	3.05	9.75	2.20	14.11
2016	3.18	3.05	9.73	2.20	14.11
2017	3.16	3.04	9.91	2.26	14.39
2018	3.14	3.05	10.26	2.34	14.96
2019	3.12	3.08	10.37	2.36	15.24
2013~2019 年均值	3.20	3.07	9.92	2.22	14.39

从财产净收入对城乡居民人均可支配收入差距的贡献率来看，其呈现出逐年上升趋势，2019 年高达 15.24%。随着中国金融市场的深入发展，无论是城镇居民还是农村居民，财产净收入在可支配收入中的比重都不断提升。值得注意的是，财产净收入具有明显的积累性，加上城镇居民对金融市场信息更为准确的了解和研判，使得财产净收入的"马太效应"更加明显，从

而造成城乡居民财产净收入差距的迅速扩大。因此，从长远的角度来看，财产净收入对城乡居民收入差距的扩大所发挥的作用会不断增大。

五　转移净收入对城乡居民收入差距的影响

从表2-8可以看出，转移净收入在城乡居民人均可支配收入中占据着重要的地位。从转移净收入相对差距系数的变化来看，近年来，转移净收入在拉大城乡居民收入差距中的作用逐渐减弱。之所以出现这种情况，主要是因为，党中央、国务院以及各级地方政府对"三农"工作日益重视，扭转了之前长期存在的转移性收入城乡分割局面，加上近些年各项支农惠农政策的实施，转移净收入在农村居民人均可支配收入中的比重有所提升，从2013年的17.47%提升至2019年的20.58%。农村居民转移净收入不断增加，但城乡居民的转移净收入之比仍然较高。截至2019年，城乡居民转移净收入之比为2.29，未来仍有进一步缩小的空间。

表2-8　2013~2019年转移净收入对城乡居民收入差距的贡献率

年份	g_i	g_i/G	$u_i(\%)$	$r_i(\%)$	$C_i(\%)$
2013	1.00	0.93	16.33	17.47	15.70
2014	0.98	0.93	16.70	17.90	16.01
2015	0.99	0.94	17.12	18.09	16.55
2016	0.97	0.93	17.58	18.83	16.85
2017	0.95	0.92	17.92	19.38	17.07
2018	0.90	0.88	17.80	19.98	16.51
2019	0.85	0.84	17.85	20.58	16.19
2013~2019年均值	0.95	0.91	17.33	18.89	16.41

从转移净收入对城乡居民人均可支配收入差距的贡献率变化来看，2013~2019年呈现先上升后下降的趋势，截至2019年，贡献率仍高达16.19%，仅次于工资性收入对城乡居民人均可支配收入差距的贡献率。分析贡献率的各组成部分不难发现，转移净收入相对差距系数与城乡居民人均可支配收入相对差距系数之比呈现降低趋势，但是由于转移净收入在城乡居

民人均可支配收入中占有较大份额，且城镇居民的转移净收入明显高于农村居民转移净收入，转移净收入在城乡居民收入差距扩大的过程中影响较大。转移支付作为政府实施收入再分配政策的重要手段和渠道，未来应不断缩小转移支付在城乡之间的政策性差异，在城乡均衡发展的前提下，加大对农村低收入群体的转移支付力度。

第四节　居民收入组间差距状况

一　全国居民组间收入差距状况

从表2-9可以看出，2013～2019年，低收入家庭收入显著增长，特别是2019年增长速度高达14.59%，远高于其他收入组家庭收入，同时也快于全国居民人均可支配收入。之所以出现这种情况，主要是因为各级地方政府积极贯彻落实党中央、国务院出台的各项精准扶贫脱贫政策。2013～2019年，中等收入家庭收入稳步增长，中等偏下收入家庭、中等收入家庭、中等偏上收入家庭的人均可支配收入年均增长率分别为8.57%、8.12%、8.28%，略低于同期全国人均可支配收入。高收入家庭收入增长速度略微放缓，2014～2019年呈现出先增加后减少的态势，年均增长率为8.26%。对比高收入家庭收入与低收入家庭收入比值变化，2013年高收入家庭收入是低收入家庭收入的10.78倍，2019年该比值降低至10.35，虽然整体差距依然较大，但相对差距明显缩小。

二　城镇居民组间收入差距状况

从表2-10可以看出，2013～2019年，城镇居民五等份家庭人均可支配收入平稳增长，但家庭组间收入增长率差距较大。2019年，城镇居民低收入家庭和高收入家庭收入增长较快，分别为8.08%和7.98%。中等三组家庭收入增长相对较慢，中等偏下收入家庭增长7.75%，中等收入家庭增长7.61%，中等偏上收入家庭增长7.59%，而同期全体城镇居民可支配收入增长率为 7.92%，仅低收入家庭和高收入家庭增长率略高于这一水平。2013～2019 年，城镇居民高收入家庭收入与低收入家庭收入的比值呈现出波动中上升的态势，从 2013 年的 5.84 下降到 2016 年最低的 5.41，而后反弹上升到 2019 年的 5.90，虽然这一比值远低于全国居民高收入家庭和低收入家庭收入的比值，但相对差距依然较大，仍需引起足够的重视。

表 2-9　全国居民组间收入差距状况

单位：元，%

项目		2013 年	2014 年	2015 年	2016 年	2017 年	2018 年	2019 年
金额	低收入家庭	4402.40	4747.30	5221.20	5528.70	5958.40	6440.50	7380.40
	中等偏下收入家庭	9653.70	10887.40	11894.00	12898.90	13842.80	14360.50	15777.00
	中等收入家庭	15698.00	17631.00	19320.10	20924.40	22495.30	23188.90	25034.70
	中等偏上收入家庭	24361.20	26937.40	29437.60	31990.40	34546.80	36471.40	39230.50
	高收入家庭	47456.60	50968.40	54543.50	59259.50	64934.00	70639.50	76400.70
比上年增长	低收入家庭	—	7.83	9.98	5.89	7.77	8.09	14.59
	中等偏下收入家庭	—	12.78	9.25	8.45	7.32	3.74	9.86
	中等收入家庭	—	12.31	9.58	8.30	7.51	3.08	7.96
	中等偏上收入家庭	—	10.58	9.28	8.67	7.99	5.57	7.57
	高收入家庭	—	7.40	7.02	8.65	9.58	8.79	8.16

表 2-10　城镇居民组间收入差距状况

单位：元，%

项目		2013 年	2014 年	2015 年	2016 年	2017 年	2018 年	2019 年
金额	低收入家庭	9895.90	11219.30	12230.90	13004.10	13723.10	14386.90	15549.40
	中等偏下收入家庭	17628.10	19650.50	21446.20	23054.90	24550.10	24856.50	26783.70
	中等收入家庭	24172.90	26650.60	29105.20	31521.80	33781.30	35196.10	37875.80
	中等偏上收入家庭	32613.80	35631.20	38572.40	41805.60	45163.40	49173.50	52907.30
	高收入家庭	57762.10	61615.00	65082.20	70347.80	77097.20	84907.10	91682.60
比上年增长	低收入家庭	—	13.37	9.02	6.32	5.53	4.84	8.08
	中等偏下收入家庭	—	11.47	9.14	7.50	6.49	1.25	7.75
	中等收入家庭	—	10.25	9.21	8.30	7.17	4.19	7.61
	中等偏上收入家庭	—	9.25	8.25	8.38	8.03	8.88	7.59
	高收入家庭	—	6.67	5.63	8.09	9.59	10.13	7.98

三　农村居民组间收入差距状况

从表 2-11 可以看出，2013~2019 年，农村居民五等份家庭人均可支配收入在波动中上涨，但家庭组间收入增长率也表现出明显的差异。2019 年，低收入家庭收入增长最快，高达 16.27%，高出同期农村居民人均可支配收入增长率。中等偏下收入家庭和中等收入家庭收入增长也表现明显，分别增长 14.64% 和 11.60%。中等偏上收入家庭和高收入家庭收入增长较为缓慢，分别增长 9.31% 和 5.89%。2013~2019 年，农村居民高收入家庭与低收入家庭收入之比呈现出波动中上升的态势，从 2013 年的 7.41 增加到 2017 年的 9.48 之后，而后回落至 2019 年的 8.46，虽然这一比值呈现回落迹象，但差距依然较大，不仅要防止出现回弹上升现象，还要想方设法降低这一比值。

表 2-11　农村居民组间收入差距状况

单位：元，%

项目		2013 年	2014 年	2015 年	2016 年	2017 年	2018 年	2019 年
金额	低收入家庭	2877.90	2768.10	3085.60	3006.50	3301.90	3666.20	4262.60
	中等偏下收入家庭	5965.60	6604.40	7220.90	7827.70	8348.60	8508.50	9754.10
	中等收入家庭	8438.30	9503.90	10310.60	11159.10	11978.00	12530.20	13984.20
	中等偏上收入家庭	11816.00	13449.20	14537.30	15727.40	16943.60	18051.50	19732.40
	高收入家庭	21323.70	23947.40	26013.90	28448.00	31299.30	34042.60	36049.40
比上年增长	低收入家庭	—	-3.82	11.47	-2.56	9.83	11.03	16.27
	中等偏下收入家庭	—	10.71	9.33	8.40	6.65	1.92	14.64
	中等收入家庭	—	12.63	8.49	8.23	7.34	4.61	11.60
	中等偏上收入家庭	—	13.82	8.09	8.19	7.73	6.54	9.31
	高收入家庭	—	12.30	8.63	9.36	10.02	8.76	5.89

第三章
中国间接税归宿理论及其扩展

第一节　引言

间接税在我国税收收入中居主体地位，2019 年我国间接税收入占全部税收收入的比重约为 72%。[①] 间接税的重要特征是纳税人与负税人不一致，纳税人是企业，而最终的负税人是居民。根据税收理论，企业缴纳间接税后，可以通过提高商品价格，将税收负担转嫁给消费者，称为"前转"；也可以通过压低要素价格，将税收负担转嫁给要素所有者，称为"后转"；还可以将一部分"前转"而将其余部分"后转"，称为"混转"。实际中，各种约束条件（尤其是企业供给弹性和消费者需求弹性）最终决定企业"前转"和"后转"的比例。从税收负担归宿的角度来看，居民负担的间接税包括两个方面：一是作为消费者，负担所购买商品中含有的间接税；二是作为要素所有者，负担要素收入中含有的间接税。因此，间接税对居民收入的影响是其收入来源端（sources side）和使用端（used side）两种不同税收负担的综合效应。

[①]　目前对于间接税并没有明确的划分标准。根据税收理论，通常将个人所得税和企业所得税以外，在流转环节缴纳的税收均视为间接税。据此，2019 年我国间接税收入所占比重约为72%。其中，增值税、营业税、消费税是最重要和影响最大的三个税种，2019 年三个税种收入占全部税收收入的比重约为 47.9%。

然而，这种综合效应的作用机制具有复杂性，对居民间接税负担的准确测算十分困难；即使在国际学术界，至今也尚未发现可以综合不同性质间接税归宿的理论模型。因此，理论分析和推导间接税对居民收入来源端和使用端的影响的综合效应及其作用机理，不仅关系到税收理论的补充和完善，也是有关间接税实证研究的基础和前提，对于准确测量间接税归宿和居民真实负担、深入了解党的十八大提出的"加快健全以税收、社会保障、转移支付为主要手段的再分配调节机制"的战略决策有着重要的现实意义。

第二节　文献综述

在经济学理论中，间接税归宿理论主要源于 Harberger（1962）和 Mieszkowski（1967）两位学者的研究，其中，Harberger（1962）首次提出税收归宿一般均衡理论，以对企业课征的局部资本要素税为研究对象；Mieszkowski（1967）对局部商品课税的税收归宿进行了分析。而后一些学者也对间接税归宿理论进行了研究，比较有代表性的有 Naqvi（1975）、Harberger（2008）、Fullerton（2010）、Bergman 和 Hansen（2014）、Bonnet 和 Réquillart（2013）、Berardi 等（2016），这些研究大都以 Harberger（1962）和 Mieszkowski（1967）的理论模型为基础，根据宏微观数据进行实证性研究，理论上并没有实质性的改动和突破。目前国内外主流税收高级教科书中的间接税税收理论也是建立在 Harberger（1962）和 Mieszkowski（1967）的理论模型基础上的。从假设条件上看，国际主流的间接税理论模型主要包括如下假设：①企业部门使用资本和劳动力来生产产品，并且规模收益不变；②资本和劳动力供给者都追求总收益最大化，并且资本和劳动力在部门间自由流动，但资本和劳动力的总量固定；③市场是完全竞争的，企业的目标是利润最大化；④所有消费者都有相同的偏好；⑤不同厂商的要素替代弹性相同。前四个假设属于完全竞争市场下的一般假设，但第五个假设对于经济体制转轨中的发展中国家，尤其是中国这样的区域性差距较大、企业制度多样化（国有企业、外资企业、民营企业、合资企业等）、生产技术更新较快的制造业大国来说，约束性显然过强，不符合经济现实，因此，在理论推导时，放开了这一假设条件，即不同生产厂商的要素替代弹性不相同。这是本书在理论创新上做的第一项工作。

虽然 Harberger（1962）和 Mieszkowski（1967）的论述涉及了税收对价格的作用，但对价格变化如何影响居民税收负担并未有深入的研究。Browning（1978）最早提出居民收入来源端和使用端税收负担的测量公式，但对于居民收入来源端和使用端税收负担的关系及其变化规律并未有深入研究。本书在模型基础上深入研究了这一问题，并延伸得出三个推论。这是本书在理论创新上做的第二项工作。

根据税收理论，间接税一般由增值税、营业税、消费税等重要税种组成，但这些税种在性质上并不相同。其中，增值税虽然以商品或劳务为课税对象，但由于在纳税时扣除进项税，实质上是对增加值，即对企业资本和劳动收益课征的要素税；营业税、消费税均以商品或劳务的销售额为计税依据，实质上是商品税。不同性质的间接税税收归宿的作用机制不同，同时它们之间又相互影响，因此造成间接税归宿测算的复杂性。从国外文献来看，由于间接税归宿测算的复杂性，大都采用了简化方法，假设间接税全部"前转"给消费者，或者全部"后转"给要素所有者。例如，Gruber 等（2004）应用宏观离散经济模型，在"前转"的假设条件下，以香烟所征收的消费税为例，通过引入自控函数分析了消费税的归宿问题。Bergman 和 Hansen（2014）采用面板数据模型，在"前转"的假设条件下，对酒水饮料所征收的消费税的税负转移进行了研究，并且通过增加和减少税收来讨论商品的消费税是否可以通过价格全部转嫁给消费者等问题。另外，Bonnet 和 Réquillart（2013）采用经济计量模型，在"后转"假设下，分析了生产税对苏打饮料市场需求的影响；Berardi 等（2016）采用差分模型，在"前转"假设下，实证分析了法国针对苏打饮料征收额外销售税对市场供给、社会需求的影响以及税负归宿等问题。

国内学者对间接税归宿问题也进行了有益的探索和研究。刘怡和聂海峰（2004）、聂海峰和刘怡（2010）利用城市住户调查数据测算了我国城镇居民的增值税、消费税、营业税和资源税负担情况。聂海峰和岳希明（2012）使用我国城乡家庭消费和收入微观数据考察间接税对于城乡收入差距和收入分配的影响。岳希明和张斌等（2014）采用传统税收归宿分析方法，使用具有全国代表性的住户调查数据和资金流量表，计算每个家庭承担的税负总额。上述国内文献均采用了简化方法，假设间接税全部"前转"给消费者，即企业以提高商品售价的形式将间接税负担全部向前转嫁给居民。

单纯基于"前转"或"后转"假设的间接税归宿测算，并不符合税收归宿的理论和实际，测算结果不能反映间接税归宿的真实情况，原因在于，一方面居民总的税收负担是其收入来源端和使用端税负的加总，忽略了居民来源端（使用端）的税收负担，会高估居民使用端（来源端）的税收负担，从而影响税收负担测算的准确性；另一方面，税收的累进（退）性是其收入来源端和使用端税负各自累进（退）性综合的结果，忽略了来源端（使用端）税收负担的累进（退）性，会影响对总的累进（退）性的判断。郭庆旺、吕冰洋（2011）利用系统 GMM 估计表明，我国增值税明显降低劳动分配份额，从而证明我国间接税的确对要素价格产生影响，也证明了我国居民收入来源端税收负担（即"后转"效应）的显著存在。

因此，本书在构建用于分析多种不同性质间接税归宿的理论模型时，不仅放宽了不同厂商拥有相同的要素替代弹性的假设条件，而且也取消了单纯的"前转"或"后转"假设，让经济系统自动决定间接税"前转"和"后转"之比例，并推导出完整的理论公式，这是本书在理论创新上做的第三项工作。

第三节　税收负担与税收转嫁理论基础

一　税收负担

通常而言，税收负担是指由于政府征税，纳税人的直接经济利益减少，使纳税人承受了经济负担。进一步，税收负担可以分为微观税收负担和宏观税收负担。微观税收负担是指纳税人个体所承受的税收负担及其比例。衡量微观税收负担的指标主要有个人税收负担率和企业税收负担率。

企业税收负担率 ＝（某时期企业实缴的各税总额／某时期企业纯收入总额）× 100%

宏观税收负担是指纳税人承受的税收负担总和，也可理解为整个国民经济收入的税收负担情况。一般来说，宏观税收负担可由税收收入总额占GDP 比重来衡量。影响宏观税负水平的主要因素包括经济增长水平、经济结构、产业结构、生产分配结构、消费结构、政府税收体制等。

总体而言，绝大多数国家的税收收入总和基本上等于财政收入总额（尤其是发达国家），由于存在较大体量的非税收入，发展中国家的税收收入总和小于财政收入；从制约财政收入规模的因素来看，类似于税收收入的制约因素，如经济增长水平、税收结构、产业结构等。

从宏观角度上看，财政税收是政府为了满足社会公共需要而征收一部分的国家收入或 GDP。在国家净收入总额一定的条件下，国家财政税收增加就意味着居民和企业分配的社会财富减少，因此，税收种类及其税率也是决定和优化财富分配的手段或途径。因此，国民生产总值在政府与居民和企业部门之间存在最优分割点，而最优宏观税收负担率（以下简称"最优税率"）就是最优分割点的具体表现之一。宏观税收负担水平问题本质上是一个国家公共财政职能的实现问题，不仅关系到资源优化配置和社会效率优化问题，也关系到收入差距调节、社会公平和经济稳定发展问题。宏观税收负担率并不是越低越好，也不是越高越好，如果宏观税收负担率过低，那么政府资源调控能力则会较弱，从而难以有效满足社会公共需要；如果宏观税收负担率过高，那么居民、企业的可支配收入就会过少，从而不能有效满足最终消费需要，进而难以促进经济发展和社会进步，最终影响生产的积极性，导致税收收入减少。

"拉弗曲线"是研究和分析宏观税负的主要方法之一，刻画了税率、税收收入与国内生产总值之间的关系（见图3-1）。可以看出，当税率为 0 时，税收收入为 0；当税率为 100% 时，企业因负担过重而停止生产，因此，税收收入也为 0。B 点代表高税率、低产出的状态，A 点代表低税率、高产出的状态，而两者的税收收入相同。若税率从 B 点下调到 D 点，那么国内产出和税收收入均增加；若税率从 A 点上调到 C 点，则税收收入增加，而国内产出下降，因此，税收收入和国内产出之间存在最优税率（E 点），此点代表与生产相结合能实现税收收入最大化的最优税率。在 E 点，如果降低税率，那么国内产出将增加，但税收收入将减少；如果提高税率，那么国内产出和税收收入均将减少。

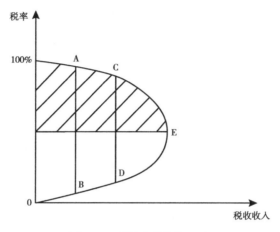

图 3-1　"拉弗曲线"示意

"拉弗曲线"全面而直观地展示了财政税收与经济发展的内在逻辑：税率过高过低都不利于经济可持续发展，而最优税率既能使政府获得行使其职能的预期收入，还能使经济实现最优长期预期增长。

在市场经济下，最优税率的确定应考虑多方面因素，其基本原则需要满足以下要求：①确保国民生产过程中的物质消耗持续得到补偿；②确保劳动者的必要生活费用得到基本满足；③确保政府拥有能够行使公共职能的基本财政收入。其中，条件①、②构成宏观税负水平的最高限，而条件③构成宏观税负水平的最低限，三者结合可以确定合理的税率范围界限，因此，最优税率显然处于该范围界限内，再进一步结合国民社会经济发展目标及具体国情发展状况、面临的资源环境约束条件等就可以确定最优税率 E。

二 税负转嫁与归宿

（一）税负转嫁与归宿的含义

税负转嫁是指纳税人通过经济交易中的产品价格变动，将本应由纳税人承担的税收负担转移给他人的行为及过程，其内涵如下：主要税负初始承担者及转嫁主体；价格变动对税负转嫁的作用机理；经济利益再分配是税负转嫁的本质。因此，税负归宿表明谁来承担转嫁的最终税负；税负转嫁过程也是税负周转过程，税负归宿最终取决于税负转嫁状况，也取决于纳税人和负税人两者之间的相对能力、地位及弹性。

（二）税负转嫁方式

税负转嫁的基本方式有前转、后转和消转，或者基于三者的混转。

前转，也称顺转，是指纳税人将本应由其承担的纳税额按照商品的最终使用去向，通过提高商品价格的手段或办法，转嫁给商品的使用者或购买者，从而使得商品使用者最终承担相应的纳税额。通常而言，前转是卖方（卖方可能是制造商、批发商或零售商）通过提高商品价格的方法将税负转嫁给买方（可能是制造商、批发商、零售商、消费者）的过程。最终，税负主要转嫁给消费者，消费者是前转的最终纳税承担者。由于前转是顺着商品生产链的流转方向从生产到零售再到最终消费进行转移的，前转的过程可能是一次转移，也可能是多次转移，这主要取决于生产流程或工序。税负前转是否能顺利进行受到多种因素的制约，并主要取决于商品供求之间的弹性需求系数：课税商品的需求弹性小于供给弹性是基本的前提条件；需求弹性越大，税负前转方式越难实施；供给弹性越大，税负前转方式越易实施。

后转，也称逆转，即纳税人将本应由其负担的纳税款按照商品生产流通的反方向，以压低购进生产要素价格或商品价格的方法，向后转移给商品的提供者或者生产要素（资本或劳动力）的提供者。例如，对某种商品征收消费税，商品零售商通过压低进货价格，将消费税负逆转给商品批发商，而商品批发商通过压低批发价格，将税负逆转给商品制造商，商品制造商再以同样的方式压低生产要素价格把税负逆转给生产要素提供者（劳动者或资本提供者）。这样，对商品征收的消费税最终转嫁给生产要素提供者。而这种逆转的前提条件是商品需求弹性大于供给弹性。商品需求弹性与供给弹性的差距越大，越容易实施税负逆转。

消转是指纳税人在不提高售价的前提下，通过生产技术改进、生产效率提升、原材料节约等方式寻求单位成本产出最大化，从而增加利润，用新增利润来支付或抵补税负的转嫁方式。这样，表面看来，纳税人既没有提升商品价格，也没有压低要素价格，而是采取了新的方式，通过改善经营管理、提高劳动生产率等措施来降低成本和增加利润，从而使税负可由新增利润来抵消。一般来说，采用"非法"消转会遭到员工的反对，而合法消转方式更容易被接受。

混转是前转、后转或消转的组合方式，也是企业最常采用的税负转移方式。上述的前转、后转，或是消转，都有其实施的前提条件，现实中往往难以完全满足。而混转最大的优势是税负分担，企业纳税人、劳动者、资本方共同承担税负，各方承担的税负都较小且相对公平，因此，在现实中更容易被接受或采纳。

（三）税负转嫁的机制规律

当价格可以自由浮动时，税负转嫁程度除了受价格主因影响外，还受商品供求弹性、税种、课税标准、课税范围，以及企业所处行业地位等因素制约。理论上的税负转嫁方式往往与现实中的转嫁方式不同。在现实经济中，税负转嫁本质上是税负归宿问题，而分析税负归宿必须与宏观经济运行状况、中观的行业基本面，以及微观的企业所处地位联系起来，对于具体问题需要在特定的经济环境中予以分析。但理论上，税负转嫁涉及如下关系。

1. 税负转嫁与供求弹性关系

市场供求关系直接决定商品价格，而商品价格反过来也会作用于商品供求状况，两者相互制约和相互关联。因此，商品供求关系对税负转嫁的影响程度主要取决于商品供给和需求之间的弹性大小，也就是说，商品供求弹性直接决定着税负能否实现转嫁以及转嫁程度。

需求弹性是指需求的价格弹性，即商品或生产要素价格每变动1个百分点引起的商品或生产要素的需求量（购买量）变化程度，也是衡量商品需求量基于其市场价格变化而变化的程度。需求弹性与税负转嫁的关系可以分为如下四类。①需求完全无弹性。当某种商品或生产要素因政府征税而价格提高时，购买者的购买量或需求量没有任何变化，商品或生产要素价格提高不会影响商品或生产要素的购买量或需求量。②需求完全有弹性。当某种商品或生产要素因政府征税而价格提高时，购买者的购买量或需求量减少至零，这种情况称为需求完全有弹性，新征收的税收的税负将全部向后转嫁，由商品生产要素的提供者或生产者承担。这也说明，在需求完全有弹性的条件下，纳税者的税负只能通过向后转嫁或通过降低商品供给量的方式自行消化。③需求富有弹性。需求富有弹性介于需求完全无弹性和完全有弹性之间，此时，纳税者的税负主要通过向后转嫁或降低商品供给量的方式自行消化。④需求缺乏弹性。当某种商品或生产要素因政府征税而价格提高时，购买者的购买量或需求量并没有显著变化，因而提高价格的阻力小，这种情况称为需求缺乏弹性，在此情况下，新征收的税收的税负向前转嫁较为容易，新增税负主要通过向前转嫁而由消费者承担。这也说明，在需求缺乏弹性的条件下，纳税者的大部分税负可以通过提高商品价格而转嫁给消费者。

供给（价格）弹性同税负转嫁的关系可以分为四类。①供给完全无弹性。供给完全无弹性是指当政府对某种生产要素征税时，由于该生产要素的价格难以提高，生产者没有任何有效应对措施，此时，政府对生产要素所征税负不能向前转嫁，生产者只能向后转嫁，税负全部由生产要素的提供者或生产者承担。②供给完全有弹性。供给完全有弹性是指当政府对某种生产要素征税时，该生产要素的价格反应极为强烈，商品生产量会减少至零，从而导致生产骤减、商品价格上升。此时，政府对生产要素所征税负向前转嫁，全部由消费者承担。③供给富有弹性。供给富有弹性是指当政府对某种生产要素征税时，该生产要素的价格反应较为强烈，商品生产量会显著减少，但不会减少至零，商品价格随之上涨。此时，政府对生产要素所征税负大部分可以通过提高价格向前转嫁，由消费者承担。④供给缺乏弹性。供给缺乏弹性是指当政府对某种生产要素征税时，该生产要素的价格反应微弱，商品生产量不会显著减少，因此商品供给基本稳定，商品价格也难以上涨。此时，政府对生产要素所征税负不能通过提高价格向后转嫁，大都由生产要素提供者或生产者承担。

但是应该看到，需求和供给完全有弹性或完全无弹性都是理想情况，现实中很难实现。在经济运行中，绝大多数商品或生产要素的供给和需求都是介于上述理想情况之间，属于富有弹性或缺乏弹性。因此，在税负转嫁方面，完全向前转嫁或向后转嫁的情况基本上不存在。通常，当政府征收税收时，部分税负可以通过提高价格向前转嫁给终端的消费者，部分税负则通过降低成本向后转嫁给生产要素的提供者或生产者。至于向前和向后的转嫁比例，需要具体问题具体分析，由需求和供求弹性的大小决定。如果需求弹性明显大于供给弹性，则大部分税负难以向后转嫁，因此税负更多地由生产要素提供者或生产者承担；如果需求弹性明显小于供给弹性，则大部分税负可以向后转嫁，由终端消费者承担。

2. 课税范围与税负转嫁关系

通常而言，课税范围越狭窄，商品或生产要素的购买者替代效应越大，从而使得该商品或生产要素的需求越具有弹性。换句话说，如果课税对象仅涉及部分商品或生产要素，那么购买者就可能减少课税或增税商品或生产要素的购买量，转而购买更多的无税或低税商品或生产要素。此时，课税的商品或生产要素因价格提高而需求大幅减少，税负难以转嫁。与此相反，课税范围越宽广，即绝大部分相同或类似的商品或生产要素都被征税了，这些商品或生产要素的价格都上升了，因此，购买商品或生产要素的抉择难以因课税而改变，只能承担相应的税负。在这种情况下，课税商品或生产要素的价格提升就较为容易，因此税负较易转嫁。综上所述，课税范围越广，税负越容易转嫁；课税范围越窄，税负越难以转嫁。

3. 市场结构与税负转嫁关系

完全竞争市场具有如下特征：①市场中存在众多生产者和消费者，市场上每个主体（生产者或消费者）只能是价格的接受者；②产品同质，即不存在差异性产品，因此厂商无法通过产品差别来控制或影响价格；③各种生产要素或资源不受任何限制地完全自由流动；④市场信息畅通，生产者和消费者都能及时获得所有公开信息，各方不存在相互欺骗或信息不对称。在完全竞争市场下，商品价格完全取决于总体行业的供给和需求关系。

垄断竞争市场具有以下两个特征：①市场上存在少数生产者，这些生产者的市场份额较大，对市场的控制力较强；②产品之间存在差异，正是由于差异的存在，生产者可以成为各自产品的垄断者，但这些差异又是同类的，具有相似性，因此产品之间存在一定的可替代性。在垄断竞争市场中，税负转嫁和完全竞争市场中的税负转嫁稍有不同：单个生产者可以基于产品差异性对产品价格作适当调整，从而可以把部分税负向前转给终端的消费者；但由于没有完全垄断能力，各产品存在替代关系，不能把税负完全转嫁给消费者从而获得垄断利润。

寡头垄断市场是生产者通过联合定价从而控制产品的市场价格和产量。在寡头垄断市场下，各寡头生产者会采取相同措施行为从而将政府所征税负转嫁给终端消费者。现实经济中，寡头生产者间一般通过谈判或协议达成一致意见，在各自产品价格基础上，根据某一比例同时提高价格，从而将税负转嫁给消费者。

完全垄断市场与完全竞争市场含义相反，完全垄断市场是指垄断生产者将税负通过提高产品价格而转嫁给终端消费者。转嫁程度取决于产品的需求弹性大小，并受到需求下降会影响产品价格的制约。也就是说，该情景下，垄断生产者通过提升产品价格将税负全部或大部分转嫁给消费者的企图或意愿难以实现。

（四）我国的税负转嫁

自1949年新中国成立以来，曾经实施过计划经济体制，而1978年改革开放开始，逐渐从计划经济体制转向社会主义市场经济体制，从而使得税负转嫁机制启动，企业生产者逐渐具备税负转嫁动机和基本条件。因此，只要经济生产中存在税负转嫁现象，就必然会对终端的消费者和前端的生产要素提供者产生影响，从而对其实际收入和税负负担程度产生广泛影响。因此，税收转嫁问题是事关我国国民经济运行和国民收入分配的重要议题，也是我国亟待探索和解决的现实问题。因此，应在深刻理解其作用机理或影响途径的基础上，充分发挥其积极性，避免或限制其消极性，从而为保障我国经济平稳较快运行、社会和谐稳定发挥积极作用。

第四节　税收负担的局部均衡和一般均衡分析

一　税收负担的局部均衡分析

一般来说，局部均衡分析假设在一个市场中税收引起的价格和资源分配变化对其他市场没有影响，因此需求与供给曲线是商品价格的函数，此时其他商品的价格保持不变。税收负担的局部均衡分析见图3-2。征收税收时，D 为商品 X 的需求曲线，S 为供给曲线，在局部均衡条件下，X_1、P_1 分别为商品的产出和价格，现对商品 X 征收从价税 t，则供给曲线 S 向上移动到 $S(1+t)$，此时，新的均衡产出下降到 X_1，新的均衡价格为 $P_2(1+t)$。考虑到税收负担，生产者的价格从 P_2 降到 P_1，消费者的消费价格从 P_1 升到 $P_2(1+t)$。生产者和消费者的税收负担分配取决于供给曲线和需求曲线的弹性。一般而言，需求曲线越缺乏弹性或供给曲线越具有弹性，消费者承担的税收份额就越大。

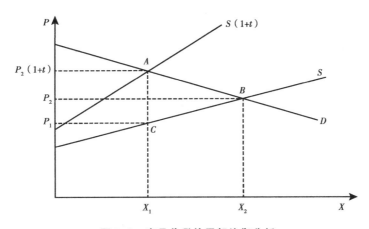

图3-2　商品收税的局部均衡分析

二　税收负担的一般均衡分析

政府征税时，或者直接向生产者征税，或者直接向消费者征税。但实际上，税收负担不是由生产者或者消费者单独承担的（除非是需求或者供给曲线是垂直的情形），税收负担是由生产者和消费者共同承担的。

（一）税收的分担

下文将分析在从量税条件下，税负是如何在消费者和生产者之间分担的。所谓从量税，是指对每单位商品征收一个固定的税额。例如，向每瓶啤酒征收 1 元的税。从量税的征收依据是商品的数量，而不是商品的价格。

首先考虑政府对消费者征收税负的情况，也就是说消费者是税收的法定归宿，如在美国消费税是向消费者征收的。

在图 3-3 中，在没有税收的情况下，消费者面临的需求曲线为 D_0，均衡价格和产量分别为 P_0 和 Q_0。但政府对消费者消费的每单位产品征收 t 的从量税后，消费者实际面临的需求曲线就变为 D_1，因为消费者对每单位商品支付的价格中，只有（$P-t$）被生产者得到。新的均衡产量是 Q_1，消费者支付的价格是 P_c，生产者得到的价格是 P_p。所以，有如下关系：

$$P_c - P_p = t$$

对于 t 的从量税，消费者分担 P_c-P_0，生产者分担 P_0-P_p。

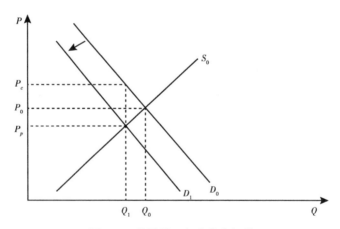

图 3-3 从量税：向消费者征税

考虑政府对生产者征税，即税收的法定归宿是生产者的情况，具体如下。

在政府没有征税的时候，生产者面临的供给曲线为 S_0，均衡价格和产量分

别为 P_0 和 Q_0。但政府对生产者生产的每单位产品征收 t 的从量税后,生产者实际面临的供给曲线就变为 S_1,因为生产者为了得到原来商品售价下的利润,就必须对每单位产品加价 t。所以,新的均衡产量是 Q_1,消费者支付的价格是 P_c,生产者得到的价格是 P_p。与向消费者征税的情况相同。所以,关于从量税研究得出的第一个结论是税收的归宿与是向消费者还是生产者征税无关。

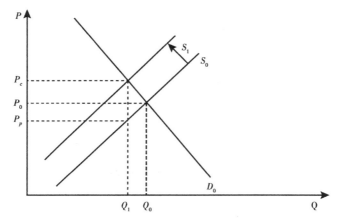

图 3-4 从量税:向生产者征税

在例子中,对于某一数量的从量税,消费者分担了更多的税负,而生产者分担了少一半的税负。什么因素会影响税收分担呢?一般来说,税负的分担比例取决于需求曲线和供给曲线的弹性大小。假设需求价格弹性为 η_d,供给价格弹性为 η_s,则消费者承担的税负比例为 $\dfrac{\eta_s}{\eta_s-\eta_d}$。

所以,需求弹性越大,消费者承担的税负份额越小;供给弹性越大,生产者承担的税负份额越小。如果供给曲线是垂直的,也就是供给完全无弹性的时候,生产者承担所有税收;如果供给曲线是水平的,即有无穷大的弹性,将完全由消费者承担税收。

(二) 福利分析

下文仍然用简单的供求曲线图来分析税收对社会福利的影响。

政府征税时,消费者面临的商品价格上升了,购买商品的数量减少了,

消费者剩余减少 $A+C$。同样，生产者获得的收益也低于未征税时的情况，生产者剩余减少 $B+D$。政府的税收收入增加 $A+B$，但是社会福利总损失 $C+D$（见图 3-5）。

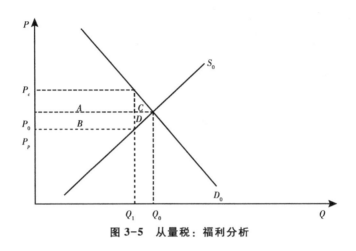

图 3-5　从量税：福利分析

三　从价税

（一）税负分担和福利分析

从价税是指政府按照商品价格的一定比例收取税收，例如每件衣服价格的 8% 作为消费税。我们可以按照类似于从量税的方法来分析从价税分担问题。由图 3-6 可见，在政府没有征税的情况下，消费者面临的需求曲线为 D_0，均衡价格和产量分别为 P_0 和 Q_0。但政府对消费者购买的产品征收税率为 t 的从价税后，消费者实际面临的需求曲线变为 D_1，即原来的每一个需求量都按照（$1+t$）的比例缩小。这样，得到新的均衡产量是 Q_1，消费者支付的价格是 P_c，生产者得到的价格是 P_p，有如下关系：

$$P_c - P_p = t$$

对于 t 的从量税，消费者分担 P_c-P_0，生产者分担 P_0-P_p。

同理，也可以作类似于从量税的福利分析。总之，不论是从量税还是从价税，都会使社会福利损失。

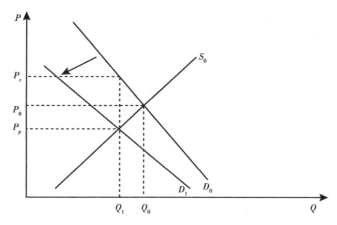

图 3-6　从价税——向消费者征税

（二）从价税和从量税的比较

为了征收相同数量的税金，从量税在原来均衡价格中的占比较从价税更大（见图 3-7）。

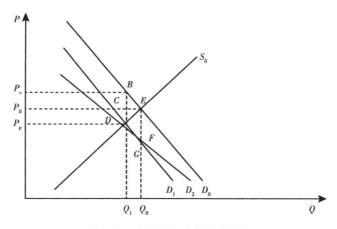

图 3-7　从量税和从价税的比较

D_1 代表征收从量税后消费者面临的需求曲线，D_2 代表消费者在从价税条件下面临的需求曲线。在两种税制下，均衡产量是相同的，这也就意味着政府获得了相同的税收收入。

可以看到，原均衡价格 $P_0 = EQ_0$，从量税是 EG，而从价税只有 EF，所以，从价税占原有价格的比例小一些。

若仅针对单一商品进行征税，则局部均衡分析可以完美地描述税收对价格和产出的影响。但现实中因相关价格改变的存在，税收不仅影响了征税市场的资源配置，而且也影响了未征税市场的资源配置，此时运用局部均衡分析就不再适合，更宜应用一般均衡分析理论。一般均衡市场下的产量税收分析如图3-8所示。假设市场包含两种要素供给：劳动力和资本。在埃奇沃斯盒状图中，A 为最初的均衡点，$MRS_{XY} = MRT_{XY}$。在对商品 X 征收税收 t 后，新的均衡点为 B 点，此时消费者面临的购买价格上升，而生产者面临的销售价格下降。$MRS_{XY} = P_X$ $(1+t_X) / P_Y = (1+t_X) MRT_{XY}$。当均衡点从 A 移动到 B 点时，相对要素价格和要素分配均发生了改变。商品 X 与 Y 的等产量线相切点决定了租金工资比。$(r/w)_A$ 为税前租金工资比，$(r/w)_B$ 为税后租金工资比。在 A 点，商品 X 的劳动力资本比 (L_X/K_X) 高于商品 Y 的劳动力资本比 (L_Y/K_Y)，X 与 Y 的劳动力资本比分别以直线 O_XA 和直线 O_YB 的倾斜度表示。在对商品 X 征税后，资本价格相对提升，引起两种商品的劳动力资本比均提升。同时，r/w 也随着劳动力资本比提升而提升，假设两种要素被完全使用，故 $(r/w)_B$ 高于 $(r/w)_A$。

上述税收负担的一般均衡分析表明对商品 X 征税，对两种商品和要素均有影响，而在局部均衡分析中，市场需求和供给曲线不能反映其他市场的相对价格改变情况。

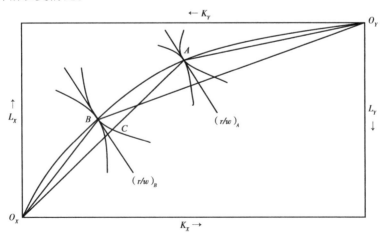

图3-8　商品税收的一般均衡分析

第五节　间接税归宿理论扩展

间接税（增值税、营业税、消费税等）涉及居民、企业和政府等多个行为主体，这些行为主体构成了一个有机系统，相互影响和相互制约，从方法上，国际文献主要是基于一般均衡理论来分析其中错综复杂的作用机理。本部分也遵循这一研究范式，在一般均衡理论框架下推导间接税归宿的作用机理。

一　间接税归宿的一般均衡理论机制

模型假设经济是完全竞争的，有商品和要素两个市场。商品市场有 X 和 Y 两种商品，要素市场有劳动力（L）和资本（K）两种要素。厂商在生产每种商品时均使用 L、K 两种要素，生产出的商品被居民所消费。居民提供 L、K 两种要素用于生产，并获得要素报酬，即居民收入。该模型假设总的要素供给是固定的，并且在部门间自由流动。居民根据商品的税后价格及商品间的效用替代弹性（E）消费两种商品。X、Y 含税的商品价格变化分别为 dp_X+t_X、dp_Y+t_Y，其中 t_X 和 t_Y 分别为 X 和 Y 单位价格商品缴纳的税收，即从价税征收时的税率，相当于我国营业税、消费税等的实际税率。初始不含税价格 p_X、p_Y 均为 1。

于是，居民对 X 商品和 Y 商品的需求可表示为：

$$\frac{d\left(\frac{X}{Y}\right)}{\frac{X}{Y}} = E \cdot \frac{d\left(\frac{p_X}{p_Y}\right)}{\frac{p_X}{p_Y}}$$

$$\Rightarrow \frac{YdX - XdY}{Y^2} \cdot \frac{Y}{X} = E \cdot \left[\frac{p_Y(dp_X + t_X) - p_X(dp_Y + t_Y)}{p_Y^2} \cdot \frac{p_Y}{p_X}\right]$$

$$\frac{YdX - XdY}{XY} = E \cdot \left[\frac{p_Y(dp_X + t_X) - p_X(dp_Y + t_Y)}{p_X p_Y}\right]$$

$$\frac{dX}{X} - \frac{dY}{Y} = E \cdot \left[\frac{dp_X + t_X}{p_X} - \frac{dp_Y + t_Y}{p_Y}\right]$$

$$\frac{dX}{X} - \frac{dY}{Y} = E \cdot (dp_X + t_X - dp_Y - t_Y)$$

于是，可以得到：

$$\frac{\mathrm{d}X}{X} - \frac{\mathrm{d}Y}{Y} = E \cdot (\mathrm{d}p_X + t_X - \mathrm{d}p_Y - t_Y) \tag{3.1}$$

生产中，每个部门均使用资本 K 和劳动力 L 两种要素，要素总供给固定且自由流动，通过充分竞争，要素在部门间高效配置。假定 X 的生产函数为一阶齐次（homogeneous of the first degree），故 X 商品的供给表示为：

$$\frac{\mathrm{d}X}{X} = f_L \cdot \frac{\mathrm{d}L_X}{L_X} + f_K \cdot \frac{\mathrm{d}K_X}{K_X} \tag{3.2}$$

Y 商品的供给表示为：

$$\frac{\mathrm{d}Y}{Y} = g_L \cdot \frac{\mathrm{d}L_Y}{L_Y} + g_K \cdot \frac{\mathrm{d}K_Y}{K_Y} \tag{3.3}$$

其中，f_L、f_K 分别是 X 商品的劳动力和资本的初始份额，g_L、g_K 分别是 Y 商品的劳动力和资本的初始份额。在完全竞争和规模报酬不变的情况下，生产中两种要素的变化率等于替代弹性（σ）乘以价格变化率。

于是，对于 Y 部门，可以得到：

$$\frac{\mathrm{d}(K_Y / L_Y)}{K_Y / L_Y} = \sigma_Y \cdot \frac{\mathrm{d}(p_K / p_L)}{p_K / p_L}$$

$$\Rightarrow \frac{L_Y \mathrm{d}K_Y - K_Y \mathrm{d}L_Y}{L_Y^2} \cdot \frac{L_Y}{K_Y} = \sigma_Y \cdot \left[\frac{p_L(\mathrm{d}p_K + t_K) - p_K(\mathrm{d}p_L + t_L)}{p_L^2} \cdot \frac{p_L}{p_K} \right]$$

$$\frac{L_Y \mathrm{d}K_Y - K_Y \mathrm{d}L_Y}{K_Y L_Y} = \sigma_Y \cdot \left[\frac{p_L(\mathrm{d}p_K + t_K) - p_K(\mathrm{d}p_L + t_L)}{p_K p_L} \right]$$

$$\frac{\mathrm{d}K_Y}{K_Y} - \frac{\mathrm{d}L_Y}{L_Y} = \sigma_Y \cdot \left[\frac{\mathrm{d}p_K + t_K}{p_K} - \frac{\mathrm{d}p_L + t_L}{p_L} \right]$$

$$\frac{\mathrm{d}K_Y}{K_Y} - \frac{\mathrm{d}L_Y}{L_Y} = \sigma_Y \cdot (\mathrm{d}p_K + t_K - \mathrm{d}p_L - t_L)$$

于是，得到：

$$\frac{\mathrm{d}K_Y}{K_Y} - \frac{\mathrm{d}L_Y}{L_Y} = \sigma_Y \cdot (\mathrm{d}p_K + t_K - \mathrm{d}p_L - t_L) \tag{3.4}$$

同理，可以得到 X 部门的要素变化为：

$$\frac{\mathrm{d}K_X}{K_X} - \frac{\mathrm{d}L_X}{L_X} = \sigma_X \cdot (\mathrm{d}p_K + t_K - \mathrm{d}p_L - t_L) \tag{3.5}$$

其中，t_K、t_L 分别表示资本要素和劳动力要素课征的局部要素税。σ_Y、σ_X 分别表示 Y 部门和 X 部门的要素替代弹性，正常情况下，σ_Y、σ_X 为负值，其负号代表了此消彼长的替代关系，绝对值大小表示替代程度。此外，根据假设条件，要素供给是固定的，在部门间自由流动，所有要素得到高效配置，要素支付等于各行业的总收入，可以得到：

$$\mathrm{d}K_Y = -\mathrm{d}K_X \tag{3.6}$$

$$\mathrm{d}L_Y = -\mathrm{d}L_X \tag{3.7}$$

$$\mathrm{d}p_X = f_L \cdot (\mathrm{d}p_L + t_L) + f_K \cdot (\mathrm{d}p_K + t_K) \tag{3.8}$$

$$\mathrm{d}p_Y = g_L \cdot (\mathrm{d}p_L + t_L) + g_K \cdot (\mathrm{d}p_K + t_K) \tag{3.9}$$

$$\mathrm{d}p_L = 0 \tag{3.10}$$

其中，f_K、g_K、f_L、g_L 分别为 X、Y 部门资本收益份额和劳动收益份额。$\mathrm{d}p_L = 0$ 表示将劳动力价格变化作为基准价格（Numeraire），其他价格均为劳动力的相对价格，所有初始价格均为 1。上述 10 个方程共有 10 个变量，由此可以推导出税收对要素和商品价格影响的表达式。

具体推导过程如下：

首先，将式（3.8）、（3.9）和（3.10）代入式（3.1），得到：

$$\frac{dX}{X} - \frac{dY}{Y} = E \cdot \left[(f_K - g_K)dp_K + (f_K - g_K) t_K + (f_L - g_L) t_L + (t_X - t_Y) \right] \tag{3.11}$$

然后，将式（3.2）、（3.3）、（3.6）、（3.7）代入式（3.11），得到：

$$E \cdot \left[(f_L - g_L) t_L + (f_K - g_K) t_K + (t_X - t_Y) \right]$$
$$= E(g_K - f_K)dp_K + \left(f_L + \frac{g_L L_X}{L_Y} \right) \frac{dL_X}{L_X} + \left(f_K + \frac{g_K K_X}{K_Y} \right) \frac{dK_X}{K_X} \tag{3.12}$$

将式（3.6）、（3.7）和（3.10）代入式（3.4），得到：

$$\sigma_Y \cdot (t_L - t_K) = \sigma_Y dp_K - \frac{L_X}{L_Y} \cdot \frac{dL_X}{L_X} + \frac{K_X}{K_Y} \cdot \frac{dK_X}{K_X} \tag{3.13}$$

同理，将式（3.10）代入式（3.5），得到：

$$\sigma_X \cdot (t_L - t_K) = \sigma_X dp_K + \frac{dL_X}{L_X} - \frac{dK_X}{K_X}$$ (3.14)

将式（3.12）、（3.13）、（3.14）联立起来，得到矩阵形式的方程组为：

$$
\begin{pmatrix}
E(g_K - f_K) & f_L + \dfrac{g_L L_X}{L_Y} & f_K + \dfrac{g_K K_X}{K_Y} \\[3mm]
\sigma_Y & -\dfrac{L_X}{L_Y} & \dfrac{K_X}{K_Y} \\[3mm]
\sigma_X & 1 & -1
\end{pmatrix}
\begin{pmatrix}
dp_K \\[3mm]
\dfrac{dL_X}{L_X} \\[3mm]
\dfrac{dK_X}{K_X}
\end{pmatrix}
$$

$$
= \begin{pmatrix}
E \cdot [(f_L - g_L) t_L + (f_K - g_K) t_K + (t_X - t_Y)] \\[4mm]
\sigma_Y(t_L - t_K) \\[4mm]
\sigma_X(t_L - t_K)
\end{pmatrix}
$$ (3.15)

根据克莱姆法则，解上述方程组，得到 dp_K 的表达式为：

$$
dp_K = \frac{E\left(\dfrac{L_X}{L_Y} - \dfrac{K_X}{K_Y}\right)[(f_L - g_L) t_L + (f_K - g_K) t_K + (t_X - t_Y)]}{E(g_K - f_K)\left(\dfrac{L_X}{L_Y} - \dfrac{K_X}{K_Y}\right) + \left(\sigma_Y + \sigma_X \dfrac{L_X}{L_Y}\right)\left(f_K + g_K \dfrac{K_X}{K_Y}\right) + \left(\sigma_Y + \sigma_X \dfrac{K_X}{K_Y}\right)\left(f_L + g_L \dfrac{L_X}{L_Y}\right)}
$$

$$
+ \frac{\left(\sigma_Y + \sigma_X \dfrac{L_X}{L_Y}\right)(t_L - t_K)\left(f_K + g_K \dfrac{K_X}{K_Y}\right) + \left(\sigma_Y + \sigma_X \dfrac{K_X}{K_Y}\right)(t_L - t_K)\left(f_L + g_L \dfrac{L_X}{L_Y}\right)}{E(g_K - f_K)\left(\dfrac{L_X}{L_Y} - \dfrac{K_X}{K_Y}\right) + \left(\sigma_Y + \sigma_X \dfrac{L_X}{L_Y}\right)\left(f_K + g_K \dfrac{K_X}{K_Y}\right) + \left(\sigma_Y + \sigma_X \dfrac{K_X}{K_Y}\right)\left(f_L + g_L \dfrac{L_X}{L_Y}\right)}
$$

(3.16)

dp_X 和 dp_Y 的表达式：

$$dp_X = f_K dp_K + (f_L t_L + f_K t_K)$$ (3.17)

$$dp_Y = g_K dp_K + (g_L t_L + g_K t_K)$$ (3.18)

在这里，不作 σ_X 和 σ_Y 相等的假设。为了简化 dp_K 的表达式，进一步假设：

$$A = E\left(\frac{L_X}{L_Y} - \frac{K_X}{K_Y}\right) \cdot \left[(f_L - g_L) t_L + (f_K - g_K) t_K + (t_X - t_Y)\right]$$

$$B_1 = (t_L - t_K)\left(f_K + g_K \frac{K_X}{K_Y}\right), \quad B_2 = (t_L - t_K)\left(f_L + g_L \frac{L_X}{L_Y}\right)$$

$$C = E(g_K - f_K)\left(\frac{L_X}{L_Y} - \frac{K_X}{K_Y}\right)$$

$$D_1 = f_K + g_K \frac{K_X}{K_Y}, \quad D_2 = f_L + g_L \frac{L_X}{L_Y}$$

(3.19)

于是，将 $\mathrm{d}p_K$ 的表达式简化为：

$$\mathrm{d}p_K = \frac{\left(B_1 \frac{L_X}{L_Y} + B_2 \frac{K_X}{K_Y}\right) \sigma_X + (B_1 + B_2) \sigma_Y + A}{\left(D_1 \frac{L_X}{L_Y} + D_2 \frac{K_X}{K_Y}\right) \sigma_X + (D_1 + D_2) \sigma_Y + C}$$

(3.20)

这里，K_X、L_X、K_Y、L_Y 均可以外生给定，于是，对 $\mathrm{d}p_K$ 的表达式进一步简化：

$$M_1 = \left(B_1 \frac{L_X}{L_Y} + B_2 \frac{K_X}{K_Y}\right), M_2 = (B_1 + B_2)$$

$$N_1 = \left(D_1 \frac{L_X}{L_Y} + D_2 \frac{K_X}{K_Y}\right), N_2 = (D_1 + D_2)$$

则 $\mathrm{d}p_K$ 的表达式变为：

$$\mathrm{d}p_K = \frac{M_1 \sigma_X + M_2 \sigma_Y + A}{N_1 \sigma_X + N_2 \sigma_Y + C}$$

(3.21)

将 $\mathrm{d}p_K$ 的表达式代入 $\mathrm{d}p_X$ 和 $\mathrm{d}p_Y$ 的表达式，得到：

$$\mathrm{d}p_X = f_K \cdot \frac{M_1 \sigma_X + M_2 \sigma_Y + A}{N_1 \sigma_X + N_2 \sigma_Y + C} + (f_L t_L + f_K t_K)$$

(3.22)

$$\mathrm{d}p_Y = g_K \cdot \frac{M_1 \sigma_X + M_2 \sigma_Y + A}{N_1 \sigma_X + N_2 \sigma_Y + C} + (g_L t_L + g_K t_K)$$

(3.23)

二　税收对商品与要素价格作用理论机制

税收转嫁是通过价格变化来实现的，税收对价格的作用机制是税收归宿分析的基础。Harberger（1967）、McLure（1975）等在单一居民假设下初步论述了一般均衡下税收对价格的影响：税收负担的转嫁通过商品和要素价格的相对变化来实现，而商品和要素价格的相对变化又主要受到劳动力与资本的替代弹性、生产部门的要素密集类型、劳动力与资本的份额、消费者的需求价格弹性、间接税税率五个变量影响。在 Harberger（1967）研究的基础上，Mieszkowski（1967）、Harberger（2008）进一步细分了税收对价格的作用机制，分为产出效应（output effect）和要素替代效应（factor substitution effect）。其中，局部要素税有两种效应，而商品税仅有产出效应，无要素替代效应。上述学者的论述与本书式（3.16）、（3.17）和（3.18）的含义完全一致。

根据公式（3.16）、（3.17）和（3.18），产出效应的传导机制具体解释如下：政府对 X 商品或其局部要素课税，会导致该商品价格相对上升。消费者减少 X 商品的消费，同时增加 Y 商品的消费，产生需求的替代效应（demand substitution effect），其替代效应的大小取决于需求价格弹性，该弹性越大，对 X 和 Y 商品的价格影响越大，反之越小。由于 X 产量下降，一部分 L 和 K 从 X 部门流出、流入 Y 部门，并影响要素的相对价格。从 X 部门流出的要素在 Y 部门配置情况，取决于 X 部门和 Y 部门的相对要素密度，假定 X 部门为资本相对密集行业，则从 X 部门流入 Y 部门的资本多于 Y 部门的需要，实现资本高效配置的唯一方法就是资本相对价格下降。两部门相对要素密度差别越大，资本相对价格下降幅度越大，反之越小。式（3.16）中的第一项，即表示产出效应。可见，其大小受到商品需求价格弹性 E、要素密度（$L_x/L_y-K_x/K_y$）、要素替代弹性（σ），以及各份额参数和间接税税率的影响。

$$dp_{K(out)} = \frac{E\left(\dfrac{L_x}{L_y} - \dfrac{K_x}{K_y}\right)\left[(f_L - g_L)\,t_L + (f_K - g_K)\,t_K + (t_x - t_y)\right]}{E(g_K - f_K)\left(\dfrac{L_x}{L_y} - \dfrac{K_x}{K_y}\right) + \left(\sigma_Y + \sigma_X \dfrac{L_x}{L_y}\right)\left(f_K + g_K \dfrac{K_x}{K_y}\right) + \left(\sigma_Y + \sigma_X \dfrac{K_x}{K_y}\right)\left(f_L + g_L \dfrac{L_x}{L_y}\right)}$$

局部要素税不仅有产出效应，还有要素替代效应，其传导机制如下：假定资本的相对价格下降，生产者倾向于用资本替代劳动力，替代难度越大，则吸收额外资本所导致的资本收益率下降幅度越大，反之越小。这一过程称为要素替代效应。式（3.16）中第二项，即表示要素替代效应。可见，替代效应的大小受要素替代弹性 σ 及各份额参数和各间接税税率的影响。

$$\mathrm{d}p_{K(sub)} = \frac{\left(\sigma_Y + \sigma_X \dfrac{L_X}{L_Y}\right)(t_L - t_K)\left(f_K + g_K \dfrac{K_X}{K_Y}\right) + \left(\sigma_Y + \sigma_X \dfrac{K_X}{K_Y}\right)(t_L - t_K)\left(f_L + g_L \dfrac{L_X}{L_Y}\right)}{E(g_K - f_K)\left(\dfrac{L_X}{L_Y} - \dfrac{K_X}{K_Y}\right) + \left(\sigma_Y + \sigma_X \dfrac{L_X}{L_Y}\right)\left(f_K + g_K \dfrac{K_X}{K_Y}\right) + \left(\sigma_Y + \sigma_X \dfrac{K_X}{K_Y}\right)\left(f_L + g_L \dfrac{L_X}{L_Y}\right)}$$

据此，我国增值税同时具有产出效应和要素替代效应。营业税和消费税则只有产出效应。由式（3.16）可见，假定我国增值税中资本和劳动力适用税率相同，则替代效应为零，仅有产出效应。实际上，虽然我国增值税对商品的增值额课税，并未区分资本和劳动力，通常认为资本和劳动力适用相同的有效税率，但当产出效应发生后，要素相对价格的变化，就会导致原有的资本和劳动力的有效税率发生改变，替代效应就会产生，直到形成新的均衡，二者有效税率相同时，替代效应消失。因此，我国增值税、营业税、消费税及其他间接税形成的间接税体系对价格的影响，是各税种产出效应与要素替代效应的综合结果。

对商品课征间接税（无论是增值税还是营业税、消费税），除对资本价格产生影响外，还对商品价格产生影响，以式（3.17）商品 X 的价格变化为例：

$$\mathrm{d}p_X = f_K \mathrm{d}p_K + (f_L t_L + f_K t_K) \tag{3.17}$$

可见，商品 X 的价格变化，可以用资本变化来表示，可以分为以下两种情况理解其含义。

（1）假定对 X 征收的是商品税 t_X，且 t_L、t_K 均为零，商品不含税价格变化表示为 $\mathrm{d}p_X = f_K \mathrm{d}p_K$。当 $\mathrm{d}p_K < 0$ 时，表示该部门资本所有者负担税收，即向后转嫁给资本所有者税负，商品生产者向后转嫁给要素所有者负担就会相应地降低向前转嫁给消费者的负担，向前转嫁的税负为 $\mathrm{d}p_X + t_X$；当 $\mathrm{d}p_K = 0$ 时，即没有向后转嫁的情况，此时商品税的税后价格变化为 t_X，税收全部由消费者负担。

（2）假定对 X 征收的是增值税t_L和t_K，则不含税商品价格变化为$f_K \mathrm{d}p_K + (f_L t_L + f_K t_K)$，其中 $(f_L t_L + f_K t_K)$ 是该商品生产中要素和资本负担的增值税之和，如果 $\mathrm{d}p_K = 0$，不含税的资本价格不变，即要素所有者不负担税收，则 $\mathrm{d}p_X = f_L t_L + f_K t_K$，对要素征收的全部要素税均转嫁给了消费者，并表现为原有不含税的商品价格增加了$f_L t_L + f_K t_K$。

三 价格变化对居民税收负担作用理论机制

由于间接税是政府向企业征收的，课税对象为企业生产的商品或劳务。在一般均衡框架下，间接税通过上述机制影响商品和要素价格，并通过以下两个途径转嫁给居民：一方面，企业通过提高商品价格，将税收负担向前转嫁给作为消费者的居民，形成居民收入使用端的税收负担；另一方面，企业通过压低要素价格，将税收负担向后转嫁给作为要素供给者的居民，形成居民收入来源端的税收负担。二者综合起来即居民的全部间接税负担。

Musgrave（1974）、Browning（1978）和 Fullerton（2010）等将采用多居民假设，分析税负在不同居民之间的分担问题，进而分析税制的累进（退）性。不同居民负担税收的多少取决于其收入与支出结构。从收入结构看，假定低收入者的收入中劳动力占比大，而高收入者的收入中资本占比大，如果资本相对价格下降，则从收入来源端看，高收入者税负重于低收入者，税制呈累进性；如果劳动力相对价格下降，则低收入者税负重于高收入者，税制呈累退性。从支出结构看，假定低收入者的消费支出中食品占比大，而高收入者的消费支出中娱乐占比大，如果食品相对价格上升，则从收入使用端，低收入者税负重于高收入者，税制呈累退性；如果娱乐相对价格上升，则高收入者税负重于低收入者，税制呈累进性。因此，不同居民收入来源端的税收归宿取决于其收入结构，收入使用端税收归宿取决于其支出结构，而总的税收归宿则取决于二者的综合结果；税制的累进（退）性可具体分为收入来源端的累进（退）性和使用端的累进（退）性，总的累进（退）性不仅取决于二者的形态，还取决于二者的相对大小。

Browning（1978）提出的间接税归宿公式更加完整、简明地反映了这种关系：

$$dI_i / I_i = f_i dp_L + g_i dp_K - [a_i dp_X + (1 - a_i) dp_Y]$$

其中，I_i 表示居民 i 的税前收入，dI_i 表示课税导致该居民收入变化，dI_i/I_i 表示该居民的总税负。dp_L、dp_K、dp_X、dp_Y 分别表示课税导致的劳动力、资本、商品 X、商品 Y 的价格变化，f_i、g_i、a_i、$(1-a_i)$ 分别表示居民 i 的劳动力、资本收入占总收入的份额，以及商品 X、Y 支出占总支出的份额。其中第一项 "$f_i dp_L + g_i dp_K$" 为居民 i 来源端的税收负担，第二项 "$-[a_i dp_X + (1-a_i) dp_Y]$" 为居民 i 支出端的税收负担。因商品价格变化与收入变化呈反方向，故用负号加以调整并与第一项相加。

在 Browning（1978）研究的基础上，在公式推导中设 $\tau_{Si} = f_i dp_L + g_i dp_K$，代表居民 i 收入来源端的税收负担，$\tau_{Ui} = -[a_i dp_X + (1-a_i) dp_Y]$，代表居民 i 收入使用端的税收负担，τ_{Ti} 代表居民 i 总的税收负担。

令收入的来源端税负为 $\tau_{Si} = f_i dp_L + g_i dp_K$，则代入 dp_K 的表达式得到：

$$\tau_{Si} = g_i \cdot \frac{M_1 \sigma_X + M_2 \sigma_Y + A}{N_1 \sigma_X + N_2 \sigma_Y + C} \tag{3.24}$$

令收入的使用端税负为 $\tau_{Ui} = -[a_i dp_X + (1-a_i) dp_Y]$，则代入 dp_X 和 dp_Y 的表达式得到：

$$\tau_{Ui} = -[a_i f_K + (1 - a_i) g_K] \cdot \frac{M_1 \sigma_X + M_2 \sigma_Y + A}{N_1 \sigma_X + N_2 \sigma_Y + C} \tau_{Ui}$$
$$- [a_i(f_L t_L + f_K t_K) + (1 - a_i)(g_L t_L + g_K t_K)] \tag{3.25}$$

为了简化表达式，于是令：

$$F = a_i(f_L t_L + f_K t_K) + (1 - a_i)(g_L t_L + g_K t_K) \tag{3.26}$$

当 $t_L = t_K = t_V$ 时（其中 t_V 为增值税的实际税率），且已知 $f_L + f_K = 1$，$g_L + g_K = 1$，则该式简化为 $F = t_V$，得到：

$$\tau_{Ui} = -[a_i f_K + (1 - a_i) g_K] \cdot \frac{M_1 \sigma_X + M_2 \sigma_Y + A}{N_1 \sigma_X + N_2 \sigma_Y + C} - t_V \tag{3.27}$$

总税负为：

$$\tau_{Ti} = \frac{dI_i}{I_i} = [g_i - a_i f_K - (1 - a_i) g_K] \cdot \frac{M_1 \sigma_X + M_2 \sigma_Y + A}{N_1 \sigma_X + N_2 \sigma_Y + C} - t_V \tag{3.28}$$

在式（3.24）、式（3.27）、式（3.28）的基础上，进一步研究居民收入来源端和使用端税负大小及其累进（退）性，如哪些因素影响居民收入来源端和使用端的税负大小、σ 如何影响居民收入来源端和使用端税负的变化和累进（退）性等，对这些问题的研究，有益于深化对居民间接税负担的认知。为此，对于间接税归宿的上述三个问题做进一步分析，得到如下三个推论。

推论一：不同居民收入与支出差异是影响其收入来源端和使用端税收负担差异的根本原因。

以两类居民为例，根据式（3.24）、式（3.27）、式（3.28），二者收入端、来源端和总税负的相对关系如下：

$$\frac{\tau_{S1}}{\tau_{S2}} = \frac{g_1}{g_2} \tag{3.29}$$

$$\frac{\tau_{U1}}{\tau_{U2}} = \frac{-[a_1 f_K + (1-a_1) g_K] - t_V \cdot \dfrac{N_1 \sigma_X + N_2 \sigma_Y + C}{M_1 \sigma_X + M_2 \sigma_Y + A}}{-[a_2 f_K + (1-a_2) g_K] - t_V \cdot \dfrac{N_1 \sigma_X + N_2 \sigma_Y + C}{M_1 \sigma_X + M_2 \sigma_Y + A}} \tag{3.30}$$

$$\frac{\tau_{T1}}{\tau_{T2}} = \frac{\tau_{S1} + \tau_{U1}}{\tau_{S2} + \tau_{U2}} = \frac{[g_1 - a_1 f_K - (1-a_1) g_K] - t_V \cdot \dfrac{N_1 \sigma_X + N_2 \sigma_Y + C}{M_1 \sigma_X + M_2 \sigma_Y + A}}{[g_2 - a_2 f_K - (1-a_2) g_K] - t_V \cdot \dfrac{N_1 \sigma_X + N_2 \sigma_Y + C}{M_1 \sigma_X + M_2 \sigma_Y + A}} \tag{3.31}$$

式（3.29）为两类居民的收入来源端税负比较。可见，影响因素仅为居民的收入结构（g），在比较的过程中剔除价格因素。这一结论适用于全部间接税、增值税、营业税、消费税和其他间接税。

式（3.30）为两类居民的收入使用端税负比较。当 σ_X 和 σ_Y 一定时，$t_V \cdot \dfrac{N_1\sigma_X + N_2\sigma_Y + C}{M_1\sigma_X + M_2\sigma_Y + A}$ 为常数，因此影响居民间使用端税负的因素，除居民支出结构外，还受价格和增值税负的影响。分析营业税、消费税和其他间接税，$t_V = 0$，则影响因素更直接地表现为不同居民的支出结构。从使用端税负的初始表达式 $\tau_{Ui} = -[a_i \mathrm{d}p_X + (1-a_i) \mathrm{d}p_Y]$ 可见，每种产品的边际消费倾向和产品的价格变化（税收负担）是影响使用端税负的两个因素。

式（3.31）为两类居民的总税负比较。由于 $t_V \cdot \dfrac{N_1\sigma_X + N_2\sigma_Y + C}{M_1\sigma_X + M_2\sigma_Y + A}$ 为常数，影响居民间总的间接税负的主要因素是居民的收入和支出结构。分析营业税、消费税和其他间接税，$t_V = 0$，则影响不同居民总税负的因素直接表现为居民收入与支出结构的综合结果，即每个居民来源端与使用端税负之比。

推论二：要素替代弹性 σ 对居民收入来源端和使用端间接税负变化的影响方向相反。

用式（3.24）、式（3.27）分别对 σ_X、σ_Y 求导，得式（3.32）、式（3.33）、式（3.34）、式（3.35）：

$$\frac{\partial \tau_{Si}}{\partial \sigma_X} = g_i \cdot \frac{M_1 C - N_1 A}{(N_1 \sigma_X + N_2 \sigma_Y + C)^2} \tag{3.32}$$

$$\frac{\partial \tau_{Si}}{\partial \sigma_X} = g_i \cdot \frac{M_2 C - N_2 A}{(N_1 \sigma_X + N_2 \sigma_Y + C)^2} \tag{3.33}$$

$$\frac{\partial \tau_{Ui}}{\partial \sigma_X} = -[a_i f_K + (1 - a_i) g_K] \cdot \frac{M_1 C - N_1 A}{(N_1 \sigma_X + N_2 \sigma_Y + C)^2} \tag{3.34}$$

$$\frac{\partial \tau_{Ui}}{\partial \sigma_Y} = -[a_i f_K + (1 - a_i) g_K] \cdot \frac{M_2 C - N_2 A}{(N_1 \sigma_X + N_2 \sigma_Y + C)^2} \tag{3.35}$$

其中，g_i、a_i 分别为居民 i 收入中来自资本的份额、居民 i 对 X 商品消费份额，且为初始份额，因此不受 σ 变化影响，而 f_K 和 g_K 是外生给定的。

首先，对比式（3.32）和式（3.34），g_i 为正，而 $-[a_i f_K + (1 - a_i) g_K]$ 为负，并且两式中的第二项 $\dfrac{M_1 C - N_1 A}{(N_1 \sigma_X + N_2 \sigma_Y + C)^2}$ 相同，则符号也相同，因此可以得到结论：厂商 X 的要素替代弹性 σ_X 对居民收入来源端和使用端间接税负变化的影响方向相反。

再比较式（3.33）和式（3.35），同理，可以得到结论：厂商 Y 的要素替代弹性 σ_Y 对居民收入来源端和使用端间接税负变化的影响方向相反。

推论三：σ 与收入来源端税负差距呈反向变化，弹性越大，差距越小；与使用端税负差距并非单调关系。

令 H、H_S、H_U 分别为居民间总税负差距、收入来源端税负差距、收入使用端税负差距，则有：

$$H = \frac{dI_1}{I_1} - \frac{dI_2}{I_2} = \left[(g_1 - g_2) - (a_1 - a_2)(f_K - g_K) \right] \cdot \frac{M_1 \sigma_X + M_2 \sigma_Y + A}{N_1 \sigma_X + N_2 \sigma_Y + C} \quad (3.36)$$

$$H_S = \tau_{S1} - \tau_{S2} = (g_1 - g_2) \cdot \frac{M_1 \sigma_X + M_2 \sigma_Y + A}{N_1 \sigma_X + N_2 \sigma_Y + C} \quad (3.37)$$

$$H_U = \tau_{U1} - \tau_{U2} = - \left[(a_1 - a_2)(f_K - g_K) \right] \cdot \frac{M_1 \sigma_X + M_2 \sigma_Y + A}{N_1 \sigma_X + N_2 \sigma_Y + C} \quad (3.38)$$

在弹性一定时，不同居民间税负差距由其收支结构决定。

由于 $\frac{M_1 \sigma_X + M_2 \sigma_Y + A}{N_1 \sigma_X + N_2 \sigma_Y + C}$ 与 σ_X、σ_Y 均呈反向关系，σ_X 或 σ_Y 越大，则收入来源端税负差距越小。收入使用端的税负可能并非单调增减，f_K、g_K 受 σ 影响，且二者存在消长关系，因此 $(f_K - g_K)$ 可能会出现符号改变的情况，从而影响居民间收入使用端税收差距的变化。总税负的变化为二者的综合影响。

第四章
中国财政动态可计算一般均衡模型理论构建

第一节 中国财政动态可计算一般均衡（CNT-DCGE）模型的部门划分

本书构建的中国财政动态可计算一般均衡（CNT-DCGE）模型，将 139 个部门的 2017 年投入产出"基本流量表"合并细分为 62 个部门，部门间的对应关系如表 4-1 所示。

表 4-1 两种部门分类比较

2017 年基本流量表		中国财政动态可计算一般均衡（CNT-DCGE）模型	
代码	部门	代码	部门
1	农产品	1	农业
2	林产品		
3	畜牧产品		
4	渔产品		
5	农、林、牧、渔服务		
6	煤炭采选产品	2	煤炭采选产品
7	石油和天然气开采产品	3	石油开采产品
		4	天然气开采产品
8	黑色金属矿采选产品	5	黑色金属矿采选产品
9	有色金属矿采选产品	6	有色金属矿采选产品

续表

2017 年基本流量表		中国财政动态可计算一般均衡（CNT-DCGE）模型	
代码	部门	代码	部门
10	非金属矿采选产品	7	非金属矿采选业及其他
11	开采辅助服务和其他采矿产品		
12	谷物磨制品	8	农副食品加工业
13	饲料加工品		
14	植物油加工品		
15	糖及糖制品		
16	屠宰及肉类加工品		
17	水产加工品		
18	蔬菜、水果、坚果和其他农副食品加工品		
19	方便食品	9	食品制造业
20	乳制品		
21	调味品、发酵制品		
22	其他食品		
23	酒精和酒	10	酒精和酒
24	饮料和精制茶加工品	11	饮料和精制茶加工品
25	烟草制品	12	烟草制品
26	棉、化纤纺织及印染精加工品	13	纺织业
27	毛纺织及染整精加工品		
28	麻、丝绢纺织及加工品		
29	针织或钩针编织及其制品		
30	纺织制成品		
31	纺织服装服饰	14	纺织服装服饰
32	皮革、毛皮、羽毛及其制品	15	皮革、毛皮、羽毛及其制品和制鞋业
33	鞋		
34	木材加工品和木、竹、藤、棕、草制品	16	木材加工品和木、竹、藤、棕、草制品
35	家具	17	家具
36	造纸和纸制品	18	造纸和纸制品
37	印刷品和记录媒介复制品	19	印刷品和记录媒介复制品
38	文教、工美、体育和娱乐用品	20	文教、工美、体育和娱乐用品
39	精炼石油和核燃料加工品	21	精炼石油和核燃料加工品
40	炼焦产品	22	炼焦产品

续表

2017 年基本流量表		中国财政动态可计算一般均衡（CNT-DCGE）模型	
代码	部门	代码	部门
41	基础化学原料	23	化学原料和化学制品制造业
42	肥料		
43	农药		
44	涂料、油墨、颜料及类似产品		
45	合成材料		
46	专用化学产品和炸药、火工、焰火产品		
47	日用化学产品		
48	医药制品	24	医药制品
49	化学纤维制品	25	化学纤维制品
50	橡胶制品	26	橡胶和塑料制品业
51	塑料制品		
52	水泥、石灰和石膏	27	非金属矿物制品业
53	石膏、水泥制品及类似制品		
54	砖瓦、石材等建筑材料		
55	玻璃和玻璃制品		
56	陶瓷制品		
57	耐火材料制品		
58	石墨及其他非金属矿物制品		
59	钢、铁及其铸件	28	黑色金属冶炼和压延加工业
60	钢压延产品		
61	铁合金产品		
62	有色金属及其合金和铸件	29	有色金属冶炼和压延加工业
63	有色金属压延加工品		
64	金属制品	30	金属制品
65	锅炉及原动设备	31	通用和专用设备制造业
66	金属加工机械		
67	物料搬运设备		
68	泵、阀门、压缩机及类似机械		
69	文化、办公用机械		
70	其他通用设备		
71	采矿、冶金、建筑专用设备		
72	化工、木材、非金属加工专用设备		
73	农、林、牧、渔专用机械		
74	其他专用设备		

续表

2017年基本流量表		中国财政动态可计算一般均衡（CNT-DCGE）模型	
代码	部门	代码	部门
75	汽车整车	32	汽车制造业
76	汽车零部件及配件		
77	铁路运输和城市轨道交通设备	33	铁路运输、城市轨道交通、船舶和其他运输设备制造业
78	船舶及相关装置		
79	其他交通运输设备		
80	电机	34	电气机械和器材制造业
81	输配电及控制设备		
82	电线、电缆、光缆及电工器材		
83	电池		
84	家用器具		
85	其他电气机械和器材		
86	计算机	35	计算机、通信和其他电子设备制造业
87	通信设备		
88	广播电视设备和雷达及配套设备		
89	视听设备		
90	电子元器件		
91	其他电子设备		
92	仪器仪表	36	其他制造业
93	其他制造产品		
94	废弃资源和废旧材料回收加工品		
95	金属制品、机械和设备修理服务		
96	电力、热力生产和供应	37	电力、热力生产和供应
97	燃气生产和供应	38	燃气生产和供应
98	水的生产和供应	39	水的生产和供应
99	房屋建筑	40	建筑业
100	土木工程建筑		
101	建筑安装		
102	建筑装饰和其他建筑服务		
103	批发和零售	41	批发和零售
104	铁路运输	42	交通运输业
105	道路运输		
106	水上运输		
107	航空运输		
108	管道运输		
109	装卸搬运和运输代理		

续表

2017 年基本流量表		中国财政动态可计算一般均衡（CNT-DCGE）模型	
代码	部门	代码	部门
110	仓储	43	仓储
111	邮政	44	邮政
112	住宿	45	住宿
113	餐饮	46	餐饮
114	电信和其他信息传输服务	47	电信和其他信息传输服务
115	软件和信息技术服务	48	软件和信息技术服务
116	货币金融和其他金融服务	49	货币金融和其他金融服务
117	资本市场服务	50	资本市场服务
118	保险	51	保险
119	房地产	52	房地产
120	租赁	53	租赁和商务服务业
121	商务服务		
122	研究和试验发展	54	研究和试验发展
123	专业技术服务	55	专业技术服务、科技应用推广服务
124	科技推广和应用服务		
125	水利管理	56	水利、生态环境治理、居民其他服务
126	生态保护和环境治理		
127	公共设施管理		
128	居民服务		
129	其他服务		
130	教育	57	教育
131	卫生	58	卫生
132	社会工作	59	社会工作、新闻和出版、广播电视电影和影视录音制作、文化艺术
133	新闻和出版		
134	广播、电视、电影和影视录音制作		
135	文化艺术		
136	体育	60	体育
137	娱乐	61	娱乐
138	社会保障	62	公共管理、社会保障和社会组织
139	公共管理和社会组织		

注：在后文的行业分类中，由于使用的模型不同，行业分类略有差异。

第二节　中国财政动态可计算一般均衡
（CNT－DCGE）模型方程体系

为了分析中国经济、能源与环境领域的重大现实问题及相关政策，本书构建了中国财政动态可计算一般均衡（CNT－DCGE）模型。该模型借鉴了 Dervis 等（1982）、PRCGEM 模型以及 Jung 和 Thorbecke（2003）的建模思路。CNT－DCGE 的特色在于对不同用途的化石燃料作了不同的分析。具体地，在洗选煤、炼焦、炼油及制气等能源转换过程①中作为原材料的化石能源与其他非化石能源产品一起以 Leontief 函数（相互不能替代）形式被列入生产函数，而发电和发热使用的化石能源产品及作为终端能源使用的化石能源产品则与生产要素以固定替代弹性系数（Constant Elasticity of Substitution，CES）函数形式相结合被列入生产函数。

中国财政动态可计算一般均衡（CNT－DCGE）模型主要包括九大模块：生产模块、贸易模块、居民收入及消费模块、企业模块、政府模块、均衡模块、社会福利模块、环境污染模块、动态模块。

一　生产模块

假设生产部门只有一家竞争性企业，每家企业只生产一种产品。生产行为由五层 CES 函数进行描述，包括劳动力、资本、煤焦能源、石油能源以及天然气、火电、水电、核电、风电等因素，市场结构假定为完全竞争，每个部门的产出水平由市场均衡条件决定。在所有部门中，生产技术都呈现规模报酬不变的特性，并按照成本最小化原则进行生产决策，生成过程采用多层嵌套的常替代弹性（CES）生产函数及 Leontief 生产函数描述，生产结构如图 4-1 所示。

---

① 主要涉及除电力和热力的生产和供应业之外的能源转换部门，包括煤炭开采和洗选业，石油加工、炼焦及核燃料加工业，燃气生产和供应业。

模型在第一层次把劳动力—资本—能源合成和非能源—污染治理中间投入以 CES 函数的形式合成为部门总产出；在第二层次，非能源—污染治理中间投入按照 Leontief 结构分解为各项中间投入，即这些中间投入品之间不存在可替代性，同一层次的劳动力—资本—能源合成要素按照 CES 结构分别为劳动力和资本—能源合成；在第三层次，资本—能源合成按照 CES 结构分解为资本和能源投入合成；在第四层次，包括资本和能源投入合成要素；在第五层次，能源投入合成按照 CES 结构分解为化石能源合成和电力能源合成；在第六层次，化石能源合成进一步按照 CES 结构分解为煤炭开采、石油开采和天然气等，电力能源合成进一步按照 CES 结构分解为火电、水电、核电、风电等。值得注意的是，考虑到自然禀赋与劳动力—资本—能源合成的明显差异，虽然两者以 CES 函数进行合成，但两者的替代弹性系数 σ 设定为较小值（初步设定为 0.1 或 0.05）。

i，包括 153 个部门：5 个农业部门、103 个工业部门（其中包括 6 个能源部门）、45 个服务业部门。

wne，包括 153 个部门，即 5 个农业部门、103 个工业部门、45 个服务业部门，以及 4 个污染治理部门。

$nele$，包括 3 个化石能源部门：煤炭、石油和天然气。

ele，包括 4 个电力部门：火电、水电、核电及风电。

pi，包括 4 个污染治理部门：废水、二氧化硫、TSP 和固体废物。

$nwne$，包括 5 个农业部门、103 个工业部门、45 个服务业部门。

pwi，包括 3 个污染治理部门：二氧化硫、TSP 和固体废物。

（1）CES 生产组合函数（非能源—污染治理中间投入与劳动力—资本—能源合成投入）

$$\min PKEL_i \cdot KEL_i + PND_i \cdot ND_i$$
$$\text{s. t. } QX_i = \lambda_i^{qkel} \left(\beta_{keli} KEL_i^{-\rho_i^q} + \beta_{ndi} ND_i^{-\rho_i^q} \right)^{-\frac{1}{\rho_i^q}}$$

解得：

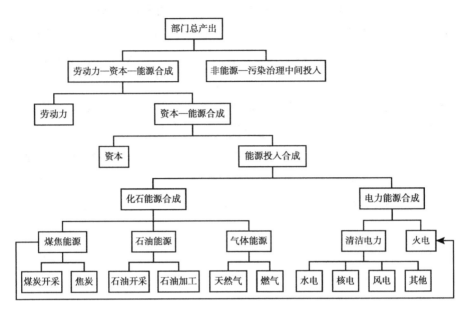

图 4-1　生产函数结构示意

$$KEL_i = \left[\frac{(\lambda_i^{qkel})^{-\rho_i^q} \cdot \beta_{keli} \cdot PQ_i}{PKEL_i} \right]^{\frac{1}{1+\rho_i^q}} QX_i \qquad (4.1)$$

$$ND_i = \left[\frac{(\lambda_i^{qkel})^{-\rho_i^q} \cdot \beta_{ndi} \cdot PQ_i}{PND_i} \right]^{\frac{1}{1+\rho_i^q}} QX_i \qquad (4.2)$$

$$QX_i = \lambda_i^{qkel} (\beta_{keli} KEL_i^{-\rho_i^q} + \beta_{ndi} ND_i^{-\rho_i^q})^{-\frac{1}{\rho_i^q}} \qquad (4.3)$$

其中，$\sigma_i^q = \frac{1}{1+\rho_i^q}$，$\sigma_i^q$ 为非能源—污染治理中间投入与劳动力—资本—能源合成投入的替代弹性；λ_i^{qkel} 为规模参数；β_{keli} 和 β_{ndi} 为份额参数，$\beta_{keli}+\beta_{ndi}=1$；$\rho_i^q$ 是非能源—污染治理中间投入与劳动力—资本—能源合成投入的替代弹性相关系数。

中间投入函数：

$$UND_{j,i} = a_{j,i} \cdot ND_i \qquad j = 1,2,\cdots,6 \qquad (4.4)$$

$$PND_i = \sum_j a_{j,i} \cdot PQ_j \qquad j = 1,2,\cdots,6 \qquad (4.5)$$

其中，中间投入 $j=1$，2，$\cdots$，6；不包含能源投入。中间投入价格为产品的国内需求合成价格。

（2）CES 生产组合函数（资本—能源合成投入与劳动力投入）

$$\min PKE_i \cdot KE_i + (W \cdot wdist_i) \cdot L_i$$

$$\text{s. t. } KEL_i = \lambda_i^{kel} (\beta_{kei} KE_i^{-\rho_i^{kel}} + \beta_{li} \cdot L_i^{-\rho_i^{kel}})^{\frac{1}{\rho_i^{kel}}}$$

解得：

$$KE_i = \left[\frac{(\lambda_i^{kel})^{-\rho_i^{kel}} \cdot \beta_{kei} \cdot PKEL_i}{PKE_i} \right]^{\frac{1}{1+\rho_i^{kel}}} KEL_i \qquad (4.6)$$

$$L_i = \left[\frac{(\lambda_i^{kel})^{-\rho_i^{kel}} \cdot \beta_{li} \cdot PKEL_i}{W \cdot wdist_i} \right]^{\frac{1}{1+\rho_i^{kel}}} KEL_i \qquad (4.7)$$

$$KEL_i = \lambda_i^{kel} (\beta_{kei} KE_i^{-\rho_i^{kel}} + \beta_{li} \cdot L_i^{-\rho_i^{kel}})^{-\frac{1}{\rho_i^{kel}}} \qquad (4.8)$$

其中，$\sigma_i^{kel} = \dfrac{1}{1+\rho_i^{kel}}$，$\sigma_i^{kel}$ 为资本—能源合成投入与劳动力投入的替代弹性；λ_i^{kel} 为规模参数；β_{kei} 和 β_{li} 为份额参数，$\beta_{kei} + \beta_{li} = 1$；$\rho_i^{kel}$ 为资本—能源合成投入与劳动力投入的弹性相关系数。

（3）CES 生产组合函数（能源投入与资本投入）

$$\min R \cdot kdist_i \cdot K_i + PE_i \cdot E_i$$

$$\text{s. t. } KE_i = \lambda_i^{ke} (\beta_{ki} K_i^{-\rho_i^{ke}} + \beta_{ei} E_i^{-\rho_i^{ke}})^{\frac{1}{\rho_i^{ke}}}$$

解得：

$$K_i = \left[\frac{(\lambda_i^{ke})^{-\rho_i^{ke}} \cdot \beta_{ki} \cdot PKE_i}{R \cdot kdist_i} \right]^{\frac{1}{1+\rho_i^{ke}}} KE_i \qquad (4.9)$$

$$E_i = \left[\frac{(\lambda_i^{ke})^{-\rho_i^{ke}} \cdot \beta_{ei} \cdot PKE_i}{PE_i} \right]^{\frac{1}{1+\rho_i^{ke}}} KE_i \qquad (4.10)$$

$$KE_i = \lambda_i^{ke}(\beta_{ki}K_i^{-\rho_i^{ke}} + \beta_{ei}E_i^{-\rho_i^{ke}})^{-\frac{1}{\rho_i^{ke}}} \tag{4.11}$$

其中，$\sigma_i^{ke} = \dfrac{1}{1+\rho_i^{ke}}$，$\sigma_i^{ke}$ 为资本投入与能源投入的替代弹性；λ_i^{ke} 为规模参数；β_{ki} 和 β_{ei} 为份额参数，$\beta_{ki}+\beta_{ei}=1$；ρ_i^{ke} 为资本投入与能源投入的替代弹性相关系数。

（4）CES 生产组合函数（化石能源投入与电力能源投入）

$$\min PE_{fosi} \cdot E_{fosi} + PE_{epi} \cdot E_{epi}$$
$$\text{s. t. } E_i = (\beta_{fosi}E_{fosi}^{-\rho_i^e} + \beta_{epi}E_{epi}^{-\rho_i^e})^{-\frac{1}{\rho_i^e}}$$

解得：

$$E_{fosi} = \left(\frac{\beta_{fosi} \cdot PE_i}{PE_{fosi}}\right)^{\frac{1}{1+\rho_i^e}}E_i \tag{4.12}$$

$$E_{epi} = \left(\frac{\beta_{epi} \cdot PE_i}{PE_{epi}}\right)^{\frac{1}{1+\rho_i^e}}E_i \tag{4.13}$$

$$E_i = (\beta_{fosi}E_{fosi}^{-\rho_i^e} + \beta_{epi}E_{epi}^{-\rho_i^e})^{-\frac{1}{\rho_i^e}} \tag{4.14}$$

其中，$\sigma_i^e = \dfrac{1}{1+\rho_i^e}$，$\sigma_i^e$ 为化石能源投入与电力能源投入的替代弹性；β_{fosi} 和 β_{epi} 为规模份额参数；ρ_i^e 为化石能源投入与电力能源投入的替代弹性相关系数。

（5）CES 生产组合函数（化石能源）

在化石能源要素的多层嵌套投入结构中，能源要素是多种化石类型能源要素投入的合成，包括煤焦能源、石油能源和气体能源。嵌套结构中的要素合成根据要素间替代性的强弱进行分层次组合，其中石油能源与气体能源先进行合成，再与煤焦能源合成为化石能源投入。

①石油能源—气体能源投入和煤焦能源投入的合成：

$$\min PQ_{coali} \cdot E_{coali} + PE_{pgi} \cdot E_{pgi}$$
$$\text{s. t. } E_{fosi} = (\beta_{coali}E_{coali}^{-\rho_i^{cpg}} + \beta_{pgi}E_{pgi}^{-\rho_i^{cpg}})^{-\frac{1}{\rho_i^{cpg}}}$$

解得：

$$E_{coali} = \left(\frac{\beta_{coali} \cdot PE_{cpgi}}{PQ_{coali}}\right)^{\frac{1}{1+\rho_i^{cpg}}} E_{cpgi} \qquad (4.15)$$

$$E_{pgi} = \left(\frac{\beta_{pgi} \cdot PE_{cpgi}}{PQ_{pgi}}\right)^{\frac{1}{1+\rho_i^{cpg}}} E_{cpgi} \qquad (4.16)$$

$$E_{fosi} = \left(\beta_{coali} E_{coali}^{-\rho_i^{cpg}} + \beta_{pgi} E_{pgi}^{-\rho_i^{cpg}}\right)^{-\frac{1}{\rho_i^{cpg}}} \qquad (4.17)$$

其中，$\sigma_i^{cpg} = \dfrac{1}{1+\rho_i^{cpg}}$，$\sigma_i^{cpg}$ 为煤焦能源投入与石油能源—气体能源合成投入的替代弹性；β_{coali} 和 β_{pgi} 为规模份额参数；ρ_i^{cpg} 为资本投入和能源投入的替代弹性相关系数。当煤焦能源与石油能源—气体能源投入水电、核电、风电、其他电力等能源部门时，$E_{coali} = 0$，$E_{pgi} = 0$，$PE_{cpgi} = 1$，$E_{fosi} = 0$。

②石油能源投入与气体能源合成投入：

$$\min PQ_{petroi} \cdot E_{petroi} + PQ_{gasi} \cdot E_{gasi}$$
$$\text{s. t. } E_{pgi} = \left(\beta_{petroli} E_{petroi}^{-\rho_i^{pg}} + \beta_{gasi} E_{gasi}^{-\rho_i^{pg}}\right)^{-\frac{1}{\rho_i^{pg}}}$$

解得：

$$E_{petroi} = \left(\frac{\beta_{petroli} \cdot PE_{pgi}}{PQ_{petroi}}\right)^{\frac{1}{1+\rho_i^{pg}}} E_{pgi} \qquad (4.18)$$

$$E_{gasi} = \left(\frac{\beta_{gasi} \cdot PE_{pgi}}{PQ_{gasi}}\right)^{\frac{1}{1+\rho_i^{pg}}} E_{pgi} \qquad (4.19)$$

$$E_{pgi} = \left(\beta_{petroli} E_{petroli}^{-\rho_i^{pg}} + \beta_{gasi} E_{gasi}^{-\rho_i^{pg}}\right)^{-\frac{1}{\rho_i^{pg}}} \qquad (4.20)$$

其中，$\sigma_i^{pg} = \dfrac{1}{1+\rho_i^{pg}}$，$\sigma_i^{pg}$ 为石油能源投入与气体能源合成投入的替代弹性；$\beta_{petroli}$ 和 β_{gasi} 为规模份额参数；ρ_i^{pg} 为石油能源投入与气体能源合成投入的替代弹性相关系数。当石油能源与气体能源投入水电、核电、风电、其他电力等能源部门时，$E_{petroli} = 0$，$E_{gasi} = 0$，$PE_{pgi} = 1$。

在化石能源的合成过程中，煤炭开采与焦炭合成，形成煤焦能源；天然气与燃气合成形成气体能源；石油开采与石油加工合成形成石油能源。

煤炭开采与焦炭合成：

$$\min PQ_{coalmi} \cdot E_{coalmi} + PQ_{recoi} \cdot E_{recoi}$$
$$s.t. \ E_{coali} = (\beta_{coalmi} E_{coalmi}^{-\rho_i^{coal}} + \beta_{recoi} E_{recoi}^{-\rho_i^{coal}})^{-\frac{1}{\rho_i^{coal}}}$$

解得：

$$E_{coalmi} = \left(\frac{\beta_{coalmi} \cdot PE_{coali}}{PQ_{coalmi}} \right)^{\frac{1}{1+\rho_i^{coal}}} E_{coali} \tag{4.21}$$

$$E_{recoi} = \left(\frac{\beta_{recoi} \cdot PE_{coali}}{PQ_{recoi}} \right)^{\frac{1}{1+\rho_i^{coal}}} E_{coali} \tag{4.22}$$

$$E_{coali} = (\beta_{coalmi} E_{coalmi}^{-\rho_i^{coal}} + \beta_{recoi} E_{recoi}^{-\rho_i^{coal}})^{-\frac{1}{\rho_i^{coal}}} \tag{4.23}$$

其中，$\sigma_i^{coal} = \dfrac{1}{1+\rho_i^{coal}}$，$\sigma_i^{coal}$ 为煤炭开采投入与焦炭投入的替代弹性；β_{coalmi} 和 β_{recoi} 为规模份额参数；ρ_i^{coal} 为煤炭开采投入和焦炭投入的替代弹性相关系数。当煤炭开采与焦炭投入水电、核电、风电、其他电力等能源部门时，$E_{coalmi} = 0$，$E_{recoi} = 0$，$PE_{coali} = 1$。

天然气与燃气合成：

$$\min PQ_{nagasi} \cdot E_{nagasi} + PQ_{magasi} \cdot E_{magasi}$$
$$s.t. \ E_{gasi} = (\beta_{nagasi} E_{nagasi}^{-\rho_i^{gas}} + \beta_{magasi} E_{magasi}^{-\rho_i^{gas}})^{-\frac{1}{\rho_i^{gas}}}$$

解得：

$$E_{nagasi} = \left(\frac{\beta_{nagasi} \cdot PE_{gasi}}{PQ_{nagasi}} \right)^{\frac{1}{1+\rho_i^{gas}}} E_{gasi} \tag{4.24}$$

$$E_{magasi} = \left(\frac{\beta_{magasi} \cdot PE_{gasi}}{PQ_{magasi}} \right)^{\frac{1}{1+\rho_i^{gas}}} E_{gasi} \tag{4.25}$$

$$E_{gasi} = (\beta_{nagasi} E_{nagasi}^{-\rho_i^{gas}} + \beta_{magasi} E_{magasi}^{-\rho_i^{gas}})^{-\frac{1}{\rho_i^{gas}}} \tag{4.26}$$

其中，$\sigma_i^{gas} = \dfrac{1}{1+\rho_i^{gas}}$，$\sigma_i^{gas}$ 为天然气投入与燃气投入的替代弹性；β_{nagasi}

和 β_{magasi} 为规模份额参数；ρ_i^{gas} 为天然气投入和燃气投入的替代弹性相关系数。当天然气与燃气投入水电、核电、风电以及其他电力等能源部门时，$E_{nagasi}=0$，$E_{magasi}=0$，$PE_{gasi}=1$。

石油开采与石油加工合成：

$$\min PQ_{petromi} \cdot E_{petromi} + PQ_{petrorei} \cdot E_{petrorei}$$
$$\text{s. t. } E_{petroi} = (\beta_{petromi}E_{petromi}^{-\rho_i^{petro}} + \beta_{petrorei}E_{petrorei}^{-\rho_i^{petro}})^{-\frac{1}{\rho_i^{petro}}}$$

解得：

$$E_{petromi} = \left(\frac{\beta_{petromi} \cdot PE_{petroi}}{PQ_{petromi}}\right)^{\frac{1}{1+\rho_i^{petro}}} E_{petroi} \tag{4.27}$$

$$E_{petrorei} = \left(\frac{\beta_{petrorei} \cdot PE_{petroi}}{PQ_{petrorei}}\right)^{\frac{1}{1+\rho_i^{petro}}} E_{petroi} \tag{4.28}$$

$$E_{petroi} = (\beta_{petromi}E_{petromi}^{-\rho_i^{petro}} + \beta_{petrorei}E_{petrorei}^{-\rho_i^{petro}})^{-\frac{1}{\rho_i^{petro}}} \tag{4.29}$$

其中，$\sigma_i^{petro} = \frac{1}{1+\rho_i^{petro}}$，$\sigma_i^{petro}$ 为石油开采投入与石油加工投入的替代弹性；$\beta_{petromi}$ 和 $\beta_{petrorei}$ 为规模份额参数；ρ_i^{petro} 为石油开采投入和石油加工投入的替代弹性相关参数。当石油开采与石油加工引入水电、核电、风电、其他电力等能源部门时，$E_{petromi}=0$，$E_{petrorei}=0$，$PE_{petroi}=1$。

（6）CES 生产组合函数（电力能源）

电力能源合成分为两层，首先是水电、核电、风电其他等能源合成为清洁电力，其次是火电与清洁电力合成。

①火电与清洁电力合成：

$$\min PQ_{thepi} \cdot E_{thepi} + PQ_{clepi} \cdot E_{clepi}$$
$$\text{s. t. } E_{epi} = (\beta_{thepi}E_{thepi}^{-\rho_i^{ep}} + \beta_{clepi}E_{clepi}^{-\rho_i^{ep}})^{-\frac{1}{\rho_i^{ep}}}$$

解得：

$$E_{thepi} = \left(\frac{\beta_{thepi} \cdot PE_{epi}}{PQ_{thepi}}\right)^{\frac{1}{1+\rho_i^{ep}}} E_{epi} \tag{4.30}$$

$$E_{clepi} = \left(\frac{\beta_{clepi} \cdot PE_{epi}}{PQ_{clepi}} \right)^{\frac{1}{1+\rho_i^{ep}}} E_{epi} \tag{4.31}$$

$$E_{epi} = \left(\beta_{thepi} E_{thepi}^{-\rho_i^{ep}} + \beta_{clepi} E_{clepi}^{-\rho_i^{ep}} \right)^{-\frac{1}{\rho_i^{ep}}} \tag{4.32}$$

其中，$\sigma_i^{ep} = \dfrac{1}{1+\rho_i^{ep}}$，$\sigma_i^{ep}$ 为火电投入与清洁电力投入的替代弹性；β_{thepi} 和 β_{clepi} 为规模份额参数；ρ_i^{ep} 为火电投入和清洁电力投入的替代弹性相关系数。火电与其他能源的价格为国内产品需求的合成价格。

②清洁电力的合成：

$$\min PQ_{hyepi} \cdot E_{hyepi} + PQ_{nuepi} \cdot E_{nuepi} + PQ_{wiepi} \cdot E_{wiepi} + PQ_{otepi} \cdot E_{otepi}$$

$$\text{s. t. } E_{clepi} = \left(\beta_{hyepi} \cdot E_{hyepi}^{-\rho_i^{clep}} + \beta_{nuepi} E_{nuepi}^{-\rho_i^{clep}} + \beta_{wiepi} E_{wiepi}^{-\rho_i^{clep}} + \beta_{otepi} E_{otepi}^{-\rho_i^{clep}} \right)^{-\frac{1}{\rho_i^{clep}}}$$

解得：

$$E_{hyepi} = \left(\frac{\beta_{hyepi} \cdot PQ_{clepi}}{PQ_{hyepi}} \right)^{\frac{1}{1+\rho_i^{clep}}} E_{clepi} \tag{4.33}$$

$$E_{nuepi} = \left(\frac{\beta_{nuepi} \cdot PQ_{clepi}}{PQ_{nuepi}} \right)^{\frac{1}{1+\rho_i^{clep}}} E_{clepi} \tag{4.34}$$

$$E_{wiepi} = \left(\frac{\beta_{wiepi} \cdot PQ_{clepi}}{PQ_{wiepi}} \right)^{\frac{1}{1+\rho_i^{clep}}} E_{clepi} \tag{4.35}$$

$$E_{otepi} = \left(\frac{\beta_{otepi} \cdot PQ_{clepi}}{PQ_{otepi}} \right)^{\frac{1}{1+\rho_i^{clep}}} E_{clepi} \tag{4.36}$$

$$E_{clepi} = \left(\beta_{hyepi} \cdot E_{hyepi}^{-\rho_i^{clep}} + \beta_{nuepi} E_{nuepi}^{-\rho_i^{clep}} + \beta_{wiepi} E_{wiepi}^{-\rho_i^{clep}} + \beta_{otepi} E_{otepi}^{-\rho_i^{clep}} \right)^{-\frac{1}{\rho_i^{clep}}} \tag{4.37}$$

其中，$\sigma_i^{clep} = \dfrac{1}{1+\rho_i^{clep}}$，$\sigma_i^{clep}$ 为水电、核电、风电、其他等能源投入的替代弹性；β_{hyepi}、β_{nuepi}、β_{wiepi} 和 β_{otepi} 为规模份额参数；ρ_i^{clep} 为水电、核电、风电、其他等能源投入的替代弹性相关系数。水电、核电、风电、其他等能源的价格为国内产品需求的合成价格。

表 4-2 生产模块函数变量与参数说明

生产模块函数内生变量说明

序号	变量	变量定义	变量个数
1	QX_i	部门 i 的产出量	n
2	PX_i	部门 i 的不含间接税的价格	n
3	ND_i	部门 i 的中间投入量	n
4	PND_i	部门 i 中间投入的合成价格	j
5	$UND_{j,i}$	生产 1 单位 i 部门产出需要 j 部门的投入量	$j \times n$
6	KEL_i	部门 i 的劳动力—资本—能源合成投入量	n
7	$PKEL_i$	部门 i 的劳动力—资本—能源合成投入价格	n
8	L_i	部门 i 的劳动力投入量	n
9	W	劳动力投入的平均工资	1
10	KE_i	部门 i 的资本—能源合成投入量	n
11	PKE_i	部门 i 的资本—能源合成投入价格	n
12	K_i	部门 i 的资本投入量	n
13	R	资本投入的平均收益	1
14	E_i	部门 i 的能源投入量	n
15	PE_i	部门 i 的能源投入价格	n
16	E_{fosi}	部门 i 的化石能源投入量	n
17	PE_{fosi}	部门 i 的化石能源投入价格	n
18	E_{pgi}	部门 i 的石油能源与气体能源合成投入量	n
19	PE_{pgi}	部门 i 的石油能源与气体能源合成投入价格	n
20	E_{coali}	部门 i 的煤焦能源合成投入量	n
21	PE_{coali}	部门 i 的煤焦能源合成投入价格	n
22	E_{coalmi}	部门 i 的煤炭开采投入量	n
23	E_{recoi}	部门 i 的焦炭投入量	n
24	E_{gasi}	部门 i 的气体能源合成投入量	n
25	PE_{gasi}	部门 i 的气体能源合成投入价格	n
26	E_{nagasi}	部门 i 的天然气能源投入量	n
27	E_{magasi}	部门 i 的燃气能源投入量	n
28	E_{petroi}	部门 i 的石油能源合成投入量	n
29	PE_{petroi}	部门 i 的石油能源合成投入价格	n
30	$E_{petrorei}$	部门 i 的石油加工投入量	n

续表

序号	变量	变量定义	变量个数
31	$E_{petromi}$	部门 i 的石油开采投入量	n
32	E_{epi}	部门 i 的电力能源合成投入量	n
33	PE_{epi}	部门 i 的电力能源合成投入价格	n
34	E_{thepi}	部门 i 的火电投入量	n
35	E_{clepi}	部门 i 的清洁电力投入量	n
36	PQ_{clepi}	部门 i 的清洁电力合成投入价格	n
37	E_{hyepi}	部门 i 的水电投入量	n
38	E_{nuepi}	部门 i 的核电投入量	n
39	E_{wiepi}	部门 i 的风电投入量	n
40	E_{otepi}	部门 i 的其他电力投入量	n

生产模块函数参数说明

序号	参数	参数定义
1	β_{keli}	部门 i 的劳动力—资本—能源合成投入的份额参数
2	β_{inmpi}	部门 i 的中间投入的份额参数
3	σ_i^q	部门 i 的劳动力—资本—能源合成投入与非能源—污染治理中间投入的替代弹性
4	ρ_i^q	部门 i 的劳动力—资本—能源合成投入与非能源—污染治理中间投入的替代弹性相关系数
5	$a_{j,i}$	部门 i 的中间投入的直接消耗系数
6	β_{kei}	部门 i 的劳动力—资本—能源合成投入中资本—能源投入份额参数
7	β_{li}	部门 i 的劳动力—资本—能源合成投入中劳动力投入份额参数
8	σ_i^{kel}	部门 i 的资本—能源合成投入与劳动力投入的替代弹性
9	ρ_i^{kel}	部门 i 的资本—能源合成投入与劳动力投入的替代弹性相关系数
10	β_{ki}	部门 i 的资本—能源合成投入中资本投入的份额参数
11	β_{ei}	部门 i 的资本—能源合成投入中能源投入的份额参数
12	σ_i^{ke}	部门 i 的资本投入与能源投入的替代弹性
13	ρ_i^{ke}	部门 i 的资本投入与能源投入的替代弹性相关系数
14	β_{fosi}	部门 i 的化石能源与电力能源合成投入中化石能源投入的份额参数
15	β_{epi}	部门 i 的化石能源与电力能源合成投入中电力能源投入的份额参数
16	σ_i^e	部门 i 的化石能源投入与电力能源投入的替代弹性
17	ρ_i^e	部门 i 的化石能源投入与电力能源投入的替代弹性相关系数
18	β_{coali}	部门 i 的煤焦能源投入与石油能源—气体能源合成投入中煤焦能源投入的份额参数
19	β_{pgi}	部门 i 的煤焦能源投入与石油能源—气体能源合成投入中石油能源—气体能源投入的份额参数
20	σ_i^{cpg}	部门 i 的煤焦能源投入与石油能源—气体能源合成投入的替代弹性

续表

序号	参数	参数定义
21	ρ_i^{cpg}	部门 i 的煤焦能源投入与石油能源—气体能源合成投入的替代弹性相关系数
22	$\beta_{petroli}$	部门 i 的石油能源与气体能源合成投入中石油能源投入的份额参数
23	β_{gasi}	部门 i 的石油能源与气体能源合成投入中气体能源投入的份额参数
24	σ_i^{pg}	部门 i 的石油能源投入与气体能源合成投入的替代弹性
25	ρ_i^{pg}	部门 i 的石油能源投入与气体能源合成投入的替代弹性相关系数
26	β_{coalmi}	部门 i 的煤焦能源合成投入中煤炭开采的份额参数
27	β_{recoi}	部门 i 的煤炭能源合成投入中焦炭的份额参数
28	σ_i^{coal}	部门 i 的煤炭开采投入与焦炭投入的替代弹性
29	ρ_i^{coal}	部门 i 的煤炭开采投入与焦炭投入的替代弹性相关系数
30	β_{nagasi}	部门 i 的气体能源合成投入中天然气的份额参数
31	β_{magasi}	部门 i 的气体能源合成投入中燃气的份额参数
32	σ_i^{gas}	部门 i 的天然气投入与燃气投入的替代弹性
33	ρ_i^{gas}	部门 i 的天然气投入与燃气投入的替代弹性相关系数
34	$\beta_{petromi}$	部门 i 的石油能源投入中石油开采投入的份额参数
35	$\beta_{petrorei}$	部门 i 的石油能源投入中石油加工投入的份额参数
36	σ_i^{petro}	部门 i 的石油开采投入与石油加工投入的替代弹性
37	ρ_i^{petro}	部门 i 的石油开采投入与石油加工投入的替代弹性相关系数
38	β_{thepi}	部门 i 的电力能源合成投入中火电投入的份额参数
39	β_{clepi}	部门 i 的电力能源合成投入中清洁电力投入的份额参数
40	σ_i^{ep}	部门 i 的火电投入与清洁电力投入的替代弹性
41	ρ_i^{ep}	部门 i 的火电投入与清洁电力投入的替代弹性相关系数
42	β_{hyepi}	部门 i 的清洁能源投入中水电投入的份额参数
43	β_{nuepi}	部门 i 的清洁能源投入中核电投入的份额参数
44	β_{wiepi}	部门 i 的清洁能源投入中风电投入的份额参数
45	β_{otepi}	部门 i 的清洁能源投入中其他投入的份额参数
46	σ_i^{clep}	部门 i 的清洁能源投入中各种电力投入的替代弹性
47	ρ_i^{clep}	部门 i 的清洁能源投入中各种电力投入的替代弹性相关系数

二　贸易模块

贸易模块中国内商品分配采用 CET 函数形式，国内商品需求采用 CES 函数形式，称为阿明顿（Armington）假设。

（1）进口商品价格

$$PM_i = pwm_i \cdot EXR \qquad (4.38)$$

（2）出口商品价格

$$PE_i = pwe_i \cdot EXR \tag{4.39}$$

（3）国内商品需求函数（Armington 假设）

$$\max_{QQ_i, QD_i, QM_i} PQ_i \cdot QQ_i - \left[PD_i \cdot QD_i + (1 + t_{mi}) PM_i \cdot QM_i \right]$$

$$\text{s. t. } QQ_i = \gamma_{mi} \left[\delta d_i (QD_i)^{\rho_{mi}} + \delta m_i (QM_i)^{\rho_{mi}} \right]^{\frac{1}{\rho_{mi}}}$$

解得：

$$QD_i = \left(\frac{\gamma_{mi}^{\rho_{mi}} \cdot \delta d_i \cdot PQ_i}{PD_i} \right)^{\frac{1}{1-\rho_{mi}}} QQ_i \tag{4.40}$$

$$QM_i = \left[\frac{\gamma_{mi}^{\rho_{mi}} \cdot \delta m_i \cdot PQ_i}{(1 + t_{mi}) \cdot PM_i} \right]^{\frac{1}{1-\rho_{mi}}} QQ_i \tag{4.41}$$

$$QQ_i = \gamma_{mi} \left[\delta d_i (QD_i)^{\rho_{mi}} + \delta m_i (QM_i)^{\rho_{mi}} \right]^{\frac{1}{\rho_{mi}}} \tag{4.42}$$

其中 $\rho_{mi} = \dfrac{\sigma_{mi} - 1}{\sigma_{mi}}$，$\sigma_{mi}$ 为国内供给与进口的替代弹性相关系数。

（4）国内商品分配函数（CET 函数）

$$\max (PD_i \cdot QD_i + PE_i \cdot QE_i) - (1 + t_{addvi} + t_{bussi} + t_{conpi} + t_{othei}) \cdot PX_i \cdot QX_i$$

$$\text{s. t. } QX_i = \gamma_{ei} (\xi d_i \cdot QD_i^{\rho_{ei}} + \xi e_i \cdot QE_i^{\rho_{ei}})^{\frac{1}{\rho_{ei}}}$$

解得：

$$QD_i = \left(\frac{\gamma_{ei}^{\rho_{ei}} \cdot \xi d_i \cdot (1 + t_{addvi} + t_{bussi} + t_{conpi} + t_{othei}) \cdot PX_i}{PD_i} \right)^{\frac{1}{1-\rho_{ei}}} QX_i \tag{4.43}$$

$$QE_i = \left(\frac{\gamma_{ei}^{\rho_{ei}} \cdot \xi e_i \cdot (1 + t_{addvi} + t_{bussi} + t_{conpi} + t_{othei}) \cdot PX_i}{PE_i} \right)^{\frac{1}{1-\rho_{ei}}} QX_i \tag{4.44}$$

$$QX_i = \gamma_{ei} (\xi d_i \cdot QD_i^{\rho_{ei}} + \xi e_i \cdot QE_i^{\rho_{ei}})^{\frac{1}{\rho_{ei}}} \tag{4.45}$$

其中 $\rho_{ei} = \dfrac{\sigma_{ei} + 1}{\sigma_{ei}}$，$\sigma_{ei}$ 为商品的国内需求与出口的替代弹性相关系数。

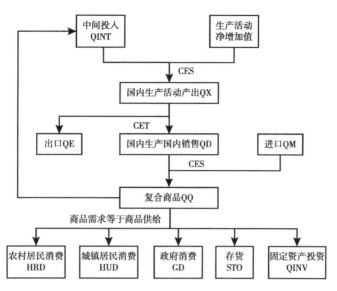

图 4-2　国内产品分配与需求

表 4-3　贸易模块函数变量与参数说明

贸易模块函数内生变量说明			
序号	变量	变量定义	变量个数
1	PM_i	进口商品 i 的国内价格	n
2	PE_i	出口商品 i 的国内价格	n
3	EXR	汇率	1
4	PQ_i	商品 i 国内需求的价格	n
5	PD_i	商品 i 国内供给的价格	n
6	QQ_i	商品 i 国内需求量（国内销售与进口商品的 CES 组合）	n
7	QD_i	商品 i 国内供给量	n
8	QM_i	商品 i 进口量	n
9	QE_i	商品 i 出口量	n
贸易模块函数外生变量说明			
序号	变量	变量定义	变量个数
1	PEM_i	表示部门 i 进口商品的国际市场价格	n
2	PWE_i	表示部门 i 出口商品的国际市场价格	n

贸易模块函数参数说明

序号	参数	参数定义
1	t_{mi}	商品 i 进口关税税率
2	γ_{mi}	Armington 方程商品 i 国内需求与进口需求的整体转移参数
3	δd_i	Armington 方程商品 i 的国内需求量参数
4	δm_i	Armington 方程商品 i 进口量参数
5	γ_{ei}	CET 函数商品 i 的国内供给量与出口量的整体转移参数
6	ξd_i	CET 函数商品 i 国内供给量的参数
7	ξe_i	CET 函数商品 i 出口量的参数
8	ρ_{mi}	Armington 方程商品 i 进口与国内需求的替代弹性相关系数
9	ρ_{ei}	CET 函数部门 i 商品国内供给与出口的转换弹性相关系数
10	σ_{mi}	Armington 方程商品 i 进口与国内需求的替代弹性系数
11	σ_{ei}	CET 函数部门 i 商品国内供给与出口的转换弹性系数

三　居民收入及消费模块

在 CGE 模型中，居民消费函数通常有以下两种。一种是简单线性函数。具体做法是根据投入产出表中的居民消费数据，计算居民消费的结构参数，即 $conp_i = HD_i / \sum_{i=1}^{n} HD_i$，其中 HD_i 为居民在第 i 个行业中的消费额；居民消费函数为 $HD_i = conp_i \times (TYH - HTAX - SH)$，其中 TYH 为居民总收入，$HTAX$ 为居民收入所得税，SH 为居民储蓄。这种线性消费函数的优点在于简单直观，一般应用于简单的 CGE 模型或者不需要重点分析居民行为的 CGE 模型。

另一种是线性支出系统需求函数（Linear Expenditure System，LES）或 ELES（Extended LES）消费函数。LES 消费函数是英国经济学家斯通（1954）提出的，将居民消费分为基本需求与额外需求两部分，其中基本需求不随着居民收入变化而变化，额外需求是将基本需求扣除后再分配。LES 模型是较早地将理论分析与经验研究相结合的典范，在此基础上，经济学家 Liuch 于 1973 年提出扩展的线性支出系统需求函数（ELES），把居民的消费行为看作相互联系、相互制约的有机整体，考虑了居民消费水平、消费倾向以及消费收入变动对消费决策的影响；而且，ELES 在没有价格数据的情况下，也能根据截面数据估算各种商品的基本需求支出，进行需求结构测算，可以计算收入弹性，进行需求弹性分析。因此，大多数 CGE 模型，尤其是需要分析居民效应的模型，均采用线性支出系统需求（LES）消费函数或 ELES 消费函数。基于 ELES 消费函数的种种优势，此处亦采用 ELES 消费函数。

（1）居民收入模块函数

部门 i 的居民 h 劳动收入：

$$YL_{h,i} = W \cdot wdist_{h,i} \cdot L_{h,i} \qquad (4.46)$$

总劳动收入：

$$TYL = \sum_i W \cdot wdist_{h,i} \cdot L_{h,i} \qquad (4.47)$$

农村居民 $h1i$ 的劳动收入：

$$TYLHR_{h1i} = rtylru_{h1i} \cdot TYL \qquad (4.48)$$

城镇居民 $h2i$ 的劳动收入：

$$TYLHU_{h2i} = \left(1 - \sum_{h1i} rtylru_{h1i} \right) \cdot TYL \qquad (4.49)$$

农村居民 $h1i$ 的资本收入：

$$YHRK_{h1i} = ratehrk_{h1i} \cdot TYK \qquad (4.50)$$

城镇居民 $h2i$ 的资本收入：

$$YHUK_{h2i} = ratehuk_{h2i} \cdot TYK \qquad (4.51)$$

式（4.48）~（4.51）说明，农村和城镇居民均提供劳动力要素和资本要素，因此劳动所得和资本所得按照固定比例在农村和城镇居民中进行分配。需要注意的是，资本总收入包括资本收益与折旧。

SAM 表包含了居民的侨汇收入，但侨汇收入受到的影响复杂，并且更取决于国外因素，如国外工资水平、国外经济增长状况等，这不是国内经济所能决定的，因此把不同收入的农村居民和城镇居民相应的侨汇收入

$\overline{YHRW}_{h1i}$ 和 $\overline{YHUW}_{h2i}$ 作为外生变量。

考虑到现实经济中，企业对居民存在一些转移支付或补贴或生活福利，而这些福利绝大多数被城镇居民所获得，因此城镇居民的收入中还包括企业对城镇居民的转移支付，具体方程为：

$$YEHU_{h2i} = ratehue_{h2i} \cdot YEK \qquad (4.52)$$

类似地，政府对农村居民和城镇居民的转移支付方程如下：

政府对农村居民 $h1i$ 的转移支付：

$$YHRG_{h1i} = ratehrg_{h1i} \cdot YGT \qquad (4.53)$$

政府对城镇居民 $h2i$ 的转移支付：

$$YHUG_{h2i} = ratehug_{h2i} \cdot YGT \qquad (4.54)$$

这样，居民的总收入可以表示如下：

农村居民 $h1i$ 的总收入：

$$YHRT_{h1i} = TYHR_{h1i} + YHRK_{h1i} + YHRG_{h1i} + \overline{YHRW}_{h1i} \qquad (4.55)$$

城镇居民 $h2i$ 的总收入：

$$YHUT_{h2i} = TYHU_{h2i} + YHUK_{h2i} + YEHU_{h2i} + YHUG_{h2i} + \overline{YHUW}_{h2i} \qquad (4.56)$$

（2）居民支出模块

农村居民 $h1i$ 的储蓄：

$$SHR_{h1i} = savhr_{h1i} \cdot YHRT_{h1i} \qquad (4.57)$$

城镇居民 $h2i$ 的储蓄：

$$SHU_{h2i} = savhu_{h2i} \cdot YHUT_{h2i} \qquad (4.58)$$

农村居民 $h1i$ 的消费支出：

$$HRDY_{h1i} = (1 - shr_{h1i}) \cdot (1 - t_{h1i})YHRT_{h1i} \qquad (4.59)$$

城镇居民 $h2i$ 的消费支出：

$$HUDY_{h2i} = (1 - shu_{h2i}) \cdot (1 - t_{h2i})YHUT_{h2i} \qquad (4.60)$$

农村居民 $h1i$ 对商品 i 的消费：

$$HRD_{h1i} \cdot PQ_i = \overline{LHRD_{h1i}} \cdot PQ_i + \beta r_i \left(HRDY_{h1i} - \sum_{j=1}^{n} \overline{LHRD_{h1i,j}} \right) \quad (4.61)$$

城镇居民 $h2i$ 对商品 i 的消费：

$$HUD_{h2i} \cdot PQ_i = \overline{LHUD_{h2i}} \cdot PQ_i + \beta u_i \left(HUDY_{h2i} - \sum_{j=1}^{n} \overline{LHUD_{h2i,j}} \right) \quad (4.62)$$

表 4-4　居民模块函数变量与参数说明

居民模块函数内生变量说明			
序号	变量	变量定义	变量个数
1	$YL_{h,i}$	部门 i 的居民 h 劳动收入	$n \times h$
2	TYL	总劳动收入	1
3	$TYLHR_{h1i}$	农村居民 $h1i$ 的劳动收入	$h1i$
4	$TYLHU_{h2i}$	城镇居民 $h2i$ 的劳动收入	$h2i$
5	$YHRK_{h1i}$	农村居民 $h1i$ 的资本收入	$h1i$
6	$YHUK_{h2i}$	城镇居民 $h2i$ 的资本收入	$h2i$
7	$YEHU_{h2i}$	企业对城镇居民 $h2i$ 的福利补贴	$h2i$
8	$YHRG_{h1i}$	政府对农村居民 $h1i$ 的转移支付	$h1i$
9	$YHUG_{h2i}$	政府对城镇居民 $h2i$ 的转移支付	$h2i$
10	$YHRT_{h1i}$	农村居民 $h1i$ 的总收入	$h1i$
11	$YHUT_{h2i}$	城镇居民 $h2i$ 的总收入	$h2i$
12	SHR_{h1i}	农村居民 $h1i$ 的储蓄	$h1i$
13	SHU_{h2i}	城镇居民 $h2i$ 的储蓄	$h2i$
14	$HRDY_{h1i}$	农村居民 $h1i$ 的消费支出	$h1i$
15	$HUDY_{h2i}$	城镇居民 $h2i$ 的消费支出	$h2i$
16	$HRD_{h1i,j}$	农村居民 $h1i$ 对商品 i 的消费	$h1i \times n$
17	$HUD_{h2i,j}$	城镇居民 $h2i$ 对商品 i 的消费	$h2i \times n$

居民模块函数参数说明			
序号	参数	参数定义	说明
1	$wdist_{h,i}$	工资扭曲系数	部门实际工资水平存在显著差异
2	$rtylru_{h1i}$	劳动报酬分配系数	农村居民 $h1i$ 的劳动收入分配系数
3	$ratehrk_{h1i}$	农村居民资本收入的比例	农村居民 $h1i$ 的资本收入/资本总收入
4	$ratehuk_{h2i}$	城镇居民资本收入的比例	城镇居民 $h2i$ 的资本收入/资本总收入

序号	参数	参数定义	说明
5	$savhr_{h1i}$	农村居民储蓄比例系数	农村居民 $h1i$ 的储蓄额除以居民总收入
6	$savhu_{h2i}$	城镇居民储蓄比例系数	城镇居民 $h2i$ 的储蓄额除以居民总收入
7	$ratehrg_{h1i}$	政府转移支付率	政府对农村居民 $h1i$ 的转移支付/政府总收入
8	$ratehug_{h2i}$	政府转移支付率	政府对城镇居民 $h2i$ 的转移支付/政府总收入
9	thr_{h1i}	农村居民个人所得税税率	农村居民 $h1i$ 个人所得税/农村居民 $h1i$ 总收入
10	thu_{h2i}	城镇居民个人所得税税率	城镇居民 $h2i$ 个人所得税/城镇居民 $h2i$ 总收入
11	βr_i	农村居民边际消费率	农村居民 $h1i$ 对商品 i 的边际消费量
12	βu_i	城镇居民边际消费率	城镇居民 $h2i$ 对商品 i 的边际消费量

四 企业模块

（1）企业收入模块函数

部门 i 的资本收入：

$$YK_i = R \cdot rdist_i \cdot K_i \tag{4.63}$$

总资本收入：

$$TYK = \sum_i R \cdot rdist_i \cdot K_i \tag{4.64}$$

企业的资本收入：

$$YEK = \left(1 - \sum_{h1i} ratehrk_{h1i} - \sum_{h2i} ratehuk_{h2i}\right) \cdot TYK \tag{4.65}$$

（2）企业支出模块函数

企业对城镇居民 $h2i$ 的转移支付：

$$YEHU_{h2i} = ratehue_{h2i} \cdot YEK \tag{4.66}$$

企业储蓄：

$$SE = \left(1 - \sum_{h2i} ratehue_{h2i}\right) \cdot (1 - t_e) YEK \tag{4.67}$$

部门 i 的存货：

$$STO_i = sto_i \cdot QQ_i \tag{4.68}$$

表 4-5　企业模块函数变量与参数说明

企业模块函数内生变量说明

序号	变量	变量定义	变量个数
1	YK_i	部门 i 的资本收入	n
2	TYK	总资本收入	1
3	YEK	企业的资本收入	1
4	$YEHU_{h2i}$	企业对城镇居民 $h2i$ 的转移支付	$h2i$
5	SE	企业储蓄	1
6	STO_i	部门 i 的存货	n

企业模块函数参数说明

序号	参数	参数定义	说明
1	$rdist_i$	资本扭曲系数	部门实际收益率存在显著差异
2	$ratehue_{h2i}$	企业对城镇居民 $h2i$ 转移支付的比例系数	企业对城镇居民 $h2i$ 转移支付除以企业的资本收入
3	sto_i	部门 i 的存货比例系数	部门 i 的存货占商品的比例系数

五　政府模块

（1）政府收入模块函数

部门 i 的增值税收入：

$$GADDVTAX_i = t_{addvi} \cdot (YL_i + YK_i) \tag{4.69}$$

部门 i 的营业税收入：

$$GBUSTAX_i = t_{bussi} \cdot PX_i \cdot QX_i \tag{4.70}$$

部门 i 的消费税收入：

$$GCONSPTAX_i = t_{conspi} \cdot PX_i \cdot QX_i \tag{4.71}$$

部门 i 的其他间接税收入：

$$GOTHETAX_i = t_{othei} \cdot PX_i \cdot QX_i \qquad (4.72)$$

产品 i 进口关税收入：

$$GTRIFM_i = t_{mi} \cdot PM_i \cdot QM_i \qquad (4.73)$$

农村居民 $h1i$ 所得税：

$$GHRTAX_{h1i} = t_{h1i} \cdot YHRT_{h1i} \qquad (4.74)$$

城镇居民 $h2i$ 所得税：

$$GHUTAX_{h2i} = t_{h2i} \cdot YHUT_{h2i} \qquad (4.75)$$

企业所得税：

$$GETAX = t_e \cdot YEK \qquad (4.76)$$

政府的国外收入：

$$GWY = rategw \cdot \sum_i PM_i \cdot QM_i \qquad (4.77)$$

政府总收入：

$$YGT = \sum_i^n GADDVTAX_i + \sum_i^n GBUSTAX_i + \sum_i^n GCONSPTAX_i + \sum_i^n GOTHETAX_i$$
$$+ \sum_i GTRIFM_i + \sum_{h1i} GHRTAX_{h1i} + \sum_{h2i} GHUTAX_{h2i} + GETAX + GWY \qquad (4.78)$$

（2）政府支出模块函数

政府对农村居民 $h1i$ 的转移支付：

$$YHRG_{h1i} = ratehrg_{h1i} \cdot YGT \qquad (4.79)$$

政府对城镇居民 $h2i$ 的转移支付：

$$YHUG_{h2i} = ratehug_{h2i} \cdot YGT \qquad (4.80)$$

政府对国外的援助：

$$YWG = rategw \cdot YGT \qquad (4.81)$$

政府储蓄：

$$SG = sg \cdot YGT \qquad (4.82)$$

政府对商品 i 的消费：

$$GD_i = \mu_{gi}(1 - \sum_{h1i} ratehrg_{h1i} - \sum_{h2i} ratehug_{h2i} - rategw - sg) \cdot YGT/PQ_i \qquad (4.83)$$

表 4-6　政府模块函数变量与参数说明

政府模块函数内生变量说明

序号	变量	变量定义	变量个数
1	$GADDVTAX_i$	部门 i 的增值税收入	n
2	$GBUSTAX_i$	部门 i 的营业税收入	n
3	$GCONSPTAX_i$	部门 i 的消费税收入	n
4	$GOTHETAX_i$	部门 i 的其他间接税收入	n
5	$GTRIFM_i$	产品 i 进口关税收入	n
6	$GHRTAX_{h1i}$	农村居民 $h1i$ 所得税	$h1i$
7	$GHUTAX_{h2i}$	城镇居民 $h2i$ 所得税	$h2i$
8	$GETAX$	企业所得税	1
9	GWY	政府的国外收入	1
10	YGT	政府总收入	1
11	$YHRG_{h1i}$	政府对农村居民 $h1i$ 的转移支付	$h1i$
12	$YHUG_{h2i}$	政府对城镇居民 $h2i$ 的转移支付	$h2i$
13	YWG	政府对国外的援助	1
14	SG	政府储蓄	1
15	GD_i	政府对商品 i 的消费量	n

政府模块函数参数说明

序号	参数	参数定义	说明
1	t_{addvi}	部门 i 的增值税税率	部门 i 的增值税除以部门 i 的总产出
2	t_{bussi}	部门 i 的营业税税率	部门 i 的营业税除以部门 i 的总产出
3	t_{conspi}	部门 i 的消费税税率	部门 i 的消费税除以部门 i 的总产出
4	t_{othei}	部门 i 的其他间接税税率	部门 i 的其他间接税除以部门 i 的总产出
5	t_{h1i}	农村居民 $h1i$ 所得税税率	农村居民 $h1i$ 所得税除以农村居民 $h1i$ 总收入
6	t_{h2i}	城镇居民 $h2i$ 所得税税率	城镇居民 $h2i$ 所得税除以城镇居民 $h2i$ 总收入
7	t_e	企业所得税税率	企业所得税除以企业的资本收入

序号	参数	参数定义	说明
8	$rategw$	政府国外收入的比例系数	政府的国外收入除以进口额
9	$ratehrg_{h1i}$	政府对农村居民 $h1i$ 转移支付的比例系数	政府对农村居民 $h1i$ 的转移支付在政府总收入中的占比
10	$ratehug_{h2i}$	政府对城镇居民 $h2i$ 转移支付的比例系数	政府对城镇居民 $h2i$ 的转移支付在政府总收入中的占比
11	$rategw$	政府国外转移支付比例系数	政府对国外的转移支付除以政府总收入
12	sg	政府储蓄的比例系数	政府储蓄除以政府总收入
13	μ_{gi}	政府对商品 i 消费的比例系数	政府对商品 i 的消费量占总消费量的比例

六　均衡模块

（一）国际收支平衡

国际收支平衡是指"世界其他"部门的"收入"与"支出"相均衡，具体的均衡规则有：一是把汇率作为外生变量，而国外储蓄作为内生变量，其经济学含义为：国际贸易顺差或逆差是通过汇率来调整的，本币贬值则可以使顺差增加，本币升值则使顺差减少；二是把国外储蓄作为外生变量，而汇率作为内生变量，其经济学含义为：国际贸易汇率的贬或升是通过控制贸易差额来调整的，扩大贸易顺差则使本币贬值，减少贸易顺差则使本币升值。选择汇率作为内生变量、国外储蓄作为外生变量的均衡规则。

$$\sum_i PM_i \cdot QM_i + YWG = \sum_i PE_i \cdot QE_i + \sum_{h1i} \overline{YHRW_{h1i}} + \sum_{h2i} \overline{YHUW_{h2i}} + GWY + \overline{SF}$$

$$(4.84)$$

其中，$\overline{SF}$ 为国外储蓄、$\overline{YHRW_{h1i}}$ 和 $\overline{YHUW_{h2i}}$ 分别表示农村居民 $h1i$ 和城镇居民 $h2i$ 的侨汇收入，三者均是外生变量。

（二）储蓄投资均衡

总储蓄：

$$TSAV = SE + SG + \sum_{h1i} SHR_{h1i} + \sum_{h2i} SHU_{h2i} + \overline{SF} \qquad (4.85)$$

总投资：

$$TINV = TSAV - \sum_{i} STO_i \cdot PQ_i \qquad (4.86)$$

部门投资：

$$INV_i \cdot PQ_i = INV_i \cdot TINV_i \qquad (4.87)$$

储蓄投资均衡：

$$TINV = TSAV + WALRAS \qquad (4.88)$$

（三）商品市场均衡

商品总需求等于总供给：

$$\sum_{h1i} HRD_{h1i,j} + \sum_{h2i} HUD_{h2i,j} + GD_j + INV_j + STO_j + ND_j = QQ_j \qquad (4.89)$$

（四）劳动力市场均衡

劳动力市场均衡有两种方式：一是假设劳动收入具有刚性，劳动力市场调整不充分，即不一定实现充分就业，因此可以将劳动收入作为外生变量，这种方式比较适用于拥有大量剩余劳动力的发展中国家，或者是经济大萧条后社会存在大量失业人口的经济体。二是假设劳动收入为内生变量，劳动力市场调整充分，可以实现充分就业，这种方式比较适用于经济发达国家或者那些劳动力普遍缺乏的经济体。目前我国劳动力市场供给相对紧张，并且随着我国人口老龄化加剧，劳动力供给和需求之间的矛盾会越来越突出，劳动力市场将进一步趋近于卖方市场，因此选择第二种方式，即假设劳动收入为内生变量，劳动力市场可以实现充分就业。

$$\sum_{h} \sum_{i} L_{k,i} = \overline{ls0} \qquad (4.90)$$

(五) 资本市场均衡

资本市场与劳动力市场一样，也存在两种均衡方式，一是认为资源、权力和技术垄断等因素，使得资本具有一定的专用性，资本在部门之间难以有效自由流动和转化，因此资本价格为外生变量；二是认为在市场经济条件下，企业可以通过调整库存、改变投资方向，使得资本在部门间自由流动和转化，即可以实现资本的充分利用，因此资本价格为内生变量。考虑到随着我国经济体制改革的不断深入，政府不断放权、行业准入门槛逐渐降低、行业垄断得以削弱或打破，我国市场经济运行效率将进一步提高，资本流动和配置也将进一步充分而有效，因此采用第二种假设。

$$\sum_i K_i = \overline{K_s} \tag{4.91}$$

(六) 名义 *GDP* 与实际 *GDP*

$$RGDP = \sum_j^n \sum_{h1i} HRD_{h1i,j} + \sum_j^n \sum_{h2i} HUR_{h2i,j} + \sum_i^n GD_i + \sum_i^n INV_i$$
$$+ \sum_i^n STO_i + \sum_i \left[QE_i - (1 + tm_i) QM_i \right] \tag{4.92}$$

$$SGDP_i = r \cdot kdist_i \cdot K_i + \sum_h w \cdot wdist_{h,i} \cdot L_{h,i} + (t_{addvi} + t_{bussi} + t_{conpi} + t_{othei}) \cdot PX_i \cdot QX_i \tag{4.93}$$

$$NGDP = \sum_i SGDP_i \tag{4.94}$$

$$PGDP = \frac{NGDP}{RGDP} \tag{4.95}$$

表 4-7 均衡模块函数变量与参数说明

均衡模块函数内生变量说明			
序号	变量	变量定义	变量个数
1	INV_i	部门投资	n
2	$TINV$	总投资	1
3	$TSAV$	总储蓄	1

续表

序号	变量	变量定义	变量个数
4	*WALRAS*	瓦尔拉斯虚拟变量	1
5	*RGDP*	实际国内生产总值	1
6	$SGDP_i$	部门 i 的名义国内生产总值	n
7	*NGDP*	名义国内生产总值	1
8	*PGDP*	国内生产总值的价格指数	1

均衡模块函数外生变量说明

序号	变量	变量定义	变量个数
1	$\overline{SF}$	代表国外储蓄	1
2	$\overline{K_s}$	资本的总供给	1
3	$\overline{L_s}$	劳动力的总供给	1
4	$\overline{YHRW}_{h1i}$	农村居民 $h1i$ 的侨汇收入	$h1i$
5	$\overline{YHUW}_{h2i}$	城镇居民 $h2i$ 的侨汇收入	$h2i$

均衡模块函数参数说明

序号	参数	参数定义	说明
1	inv_i	部门 i 的投资比例系数	部门 i 的投资占总投资的比例
2	tm_i	部门 i 的进口关税税率	部门 i 的关税除以该部门进口额
3	$wdist_{h,i}$	工资扭曲系数	相对平均工资水平的扭曲程度
4	$kdist_i$	资本收益率扭曲系数	相对平均资本收益的扭曲程度

七 社会福利模块

衡量社会福利有多种指标，在国内外相关 CGE 文献中，运用比较普遍的是希克斯等价变动（Hichsian Equivalent Variation），本研究也遵循这一做法，即用希克斯等价变动来衡量外部政策冲击对社会福利的影响。希克斯等价变动以政策实施前的商品价格为基础，测算政策实施后居民效用变化情况（以居民消费效用函数来衡量），计算公式为：

$$EV = E(U, PQ0) - E(U0, PQ0)$$

$$= \sum_j PQ0_i \cdot \left(\sum_{h1i} HRD_{h1i,j} + \sum_{h2i} HUD_{h2i,j} \right) - \sum_j PQ0_i \left(\sum_{h1i} HRD0_{h1i,j} + \sum_{h2i} HUD0_{h2i,j} \right)$$

$$(4.96)$$

其中，EV，代表社会福利的希克斯等价变动。

E（U，$PQ0$），表示在政策实施后的效用水平，以政策变动前的价格支出函数计算。

E（$U0$，$PQ0$），表示在政策实施前的效用水平，以政策变动前的价格支出函数计算。

$PQ0_i$，表示第 i 种商品在政策实施前的消费价格。

$HRD0_{h1i,j}$，表示第 i 种商品在政策实施前的农村居民 $h1i$ 消费数量。

$HUD0_{h2i,j}$，表示第 i 种商品在政策实施前的城镇居民 $h2i$ 消费数量。

$HRD_{h1i,j}$，表示第 i 种商品在政策实施后的农村居民 $h1i$ 消费数量。

$HUD_{h2i,j}$，表示第 i 种商品在政策实施后的城镇居民 $h2i$ 消费数量。

可以计算出希克斯等价变动 EV，当 EV 为正，说明社会福利在政策实施后得以改善；当 EV 为负，则说明政策的实施损害或减少了社会福利。

八 环境污染模块

根据国内外相关文献，在 CGE 模型中常用的衡量生产过程和消费过程中污染物排放量的计算方式有两种：一种是根据各部门使用化石能源的多少，以各部门的产出乘以给定的排放系数，即可得到该部门生产所排放的污染物，然后将各部门所排放的某项污染物相加即可得到该污染物的排放总和。另一种是根据各部门中间投入品的数量乘以中间投入品的某项污染物排放系数，从而得到该部门某项污染物的排放量，然后将各部门中间投入品污染物排放量相加，最后可以得到该污染物排放总量。

Dessus（2002）根据美国 1988 年 487 个部门的数据，通过经济计量模型估计出了 13 种主要污染物对应的排放系数，研究结果表明：每种污染物的排放总量中，约有 90% 可以单归因于投入品的使用；能造成各种污染物的投入品仅是有限的十几种，大多数污染物对应的投入品不超过五种。从 Dessus 的研究结论可以看出，衡量污染物排放量时采用第二种方式更简便，因此，主要考虑在生产过程中因化石能源（煤炭、石油、天然气）消耗而产生的污染物，另外，为与现实污染情况保持一致，本研究还考虑了居民消费能源所产生的污染物。

另外，污染物包括多种，主要有废水、二氧化硫、二氧化碳、总悬浮颗粒物、固体废弃物等，由于篇幅所限，仅以二氧化碳排放量的计算为例，其他污染物排放量的计算方式可类推。

$$QXO_{p,j} = \sum_{nele} \zeta_{p,nele} \cdot X_{nene} \cdot QXA_{nene,j} \tag{4.97}$$

$$TQXO_p = \sum_j QXO_{p,j} \tag{4.98}$$

部门生产过程中因化石能源投入而产生的二氧化碳排放量：

$$CO_{2_i} = \sum_j E_{i,j} \cdot \varepsilon_j \cdot \theta_j \cdot o_j \tag{4.99}$$

其中，$j = E_{petromi}$、$E_{petrorei}$、E_{nagasi}、E_{magasi}、E_{coalmi}、E_{recoi} 等化石能源的投入量。

ε_j 为各类化石能源的二氧化碳排放系数，θ_j 为各类能源由价值型向实物型的转换因子，o_j 为各类能源的碳氧化率。

化石能源最终消费所排放的二氧化碳量计算如下。

化石能源消费：

$$EN_f = \sum_i \sum_j \left[(D_{bji} + M_{bji}) + (D_{Hj} + M_{Hj}) \right] \tag{4.100}$$

清洁能源消费总量：

$$EN_c = A_{ENc} EN_f \tag{4.101}$$

为方便起见，假定清洁能源与化石能源成比例，其中 A_{ENc} 就是外生的清洁能源与化石能源的比值。

能源消费总量：

$$EN = EN_c + EN_f \tag{4.102}$$

生产部门的碳排放：

$$C_I = \sum_i \sum_j \delta_{ji} Z_{bji} \tag{4.103}$$

农村居民 $h1i$ 的消费碳排放：

$$C_{h1i} = \sum_j \delta_{h1i,j} Z_{h1i,j} \tag{4.104}$$

城镇居民 $h2i$ 的消费碳排放：

$$C_{h2i} = \sum_j \delta_{h2i,j} Z_{h2i,j} \qquad (4.105)$$

碳排放总量：

$$C = C_I + \sum_{h1i} C_{h1i} + \sum_{h2i} C_{h2i} \qquad (4.106)$$

能源强度：

$$I_{EN} = EN/Z_{GDP} \qquad (4.107)$$

碳排放强度：

$$I = C/Z_{GDP} \qquad (4.108)$$

在具体计算过程中，在碳排放强度、碳排放总量和碳税税率中任选一个作为外生变量，其他两个作为内生变量。

九 动态模块

如上文所述，CGE 模型动态类型可以分为递推动态和跨期动态。鉴于递推动态的诸多优点，本研究同大多数国外相关文献一样，选择递推动态的方式构建模型，具体方程如下。

假设在同一时期，劳动力供给变量与人口指数 pop_t 的增长率是相同的：

$$ls_t = ls0 \cdot pop_t, 等价于 ls_{t+1} = ls_t \cdot (1 + n_t) \qquad (4.109)$$

假设一些常量增长率同人口指数 pop_t 增长率 n_t 相同，比如：
农村居民 $h1i$ 的国外侨汇收入：

$$\overline{YHRW0}_{h1i,t+1} = \overline{YHRW0}_{h1i,t} \cdot (1 + n_t) \qquad (4.110)$$

城镇居民 $h2i$ 的国外侨汇收入：

$$\overline{YHUW0}_{h2i,t+1} = \overline{YHUW0}_{h2i,t} \cdot (1 + n_t) \qquad (4.111)$$

农村居民 $h1i$ ELES 需求方程中商品消费的最低值：

$$\overline{LHRD0}_{h1i,t+1} = \overline{LHRD0}_{h1i,t} \cdot (1 + n_t) \tag{4.112}$$

城镇居民 $h2i$ ELES 需求方程中商品消费的最低值：

$$\overline{LHUD0}_{h2i,t+1} = \overline{LHUD0}_{h2i,t} \cdot (1 + n_t) \tag{4.113}$$

国外储蓄：

$$\overline{FSAV0}_{t+1} = \overline{FSAV0}_t \cdot (1 + n_t) \tag{4.114}$$

之所以假设主要外生变量的增长与劳动力供给率的增长相同，是为了能使模型拟合出平衡的增长路径。如果所有的变量都遵循一种稳定的增长规则，那么该经济也会遵循平衡的增长路径。虽然这种均衡增长路径与现实情况有所出入，但是在这种假设体条件下，如果检验模型具有一致性，这样的均衡增长路径便是有效的。在静态模型中，均衡增长可以被看成均匀性检验的动态模拟，或者是宏观经济模型中货币中性的检验。

此外，动态 CGE 模型的其他主要方程还包括技术进步（全要素生产率的提高）、资本积累及其在部门间的流动，具体方程如下：

$$\lambda_{t+n}^{tfp} = \lambda_t^{tfp} \cdot (1 + \gamma^{tfp})^n \tag{4.115}$$

$$ARK_t = \sum \left[\left(\frac{K_{i,t}}{\sum_i K_{i,t}} \right) \cdot R_t \cdot kdist_{i,t} \right] \tag{4.116}$$

$$\eta_{i,t} = \left(\frac{K_{i,t}}{\sum_i K_{i,t}} \right) \cdot \left[1 + \beta_i \cdot \left(\frac{R_t \cdot kdist_{i,t}}{ARK_t} - 1 \right) \right] \tag{4.117}$$

$$\Delta K_{i,t} = \frac{\eta_{i,t} \cdot \sum_i PQ_i \cdot INV_i}{PK_t} \tag{4.118}$$

$$PK_t = \frac{\sum_i PQ_i \cdot INV_i}{\sum_i INV_i} \tag{4.119}$$

$$K_{i,t+1} = K_{i,t} \cdot \left(1 + \frac{\Delta K_{i,t}}{K_{i,t}} - depr_i\right) \qquad (4.120)$$

$$K_{t+1} = K_t - \sum_i K_{i,t} \cdot depr_i + \sum_i \Delta K_{i,t} \qquad (4.121)$$

表 4-8　动态模块函数内生变量

变量	变量定义	变量个数
$L_{s,t+n}$	$t+n$ 期的劳动力供给量	1
ARK_t	t 期的资本平均收益率	1
$\Delta K_{i,t}$	t 期部门 i 的新资本积累量	n
PK_t	t 期单位资本的价格	1
$K_{i,t+1}$	$t+1$ 期部门 i 的资本存量	n
K_{t+1}	$t+1$ 期资本供给总量	1

CGE 模型的动态模块中相关参数

参数	参数定义
n_t	劳动力增长率
λ^{tfp}	全要素生产率增长率
$kdist_i$	资本收益率扭曲系数
β_i	资本的部门流动系数
$\eta_{i,t}$	t 期部门 i 的新资本积累系数
$depr_i$	资本折旧率

第三节　数据来源及处理与参数设定

社会核算矩阵（Social Accounting Matrix，SAM）是校准 CGE 模型参数及外生变量的数据基础。本研究首先根据中国财政动态可计算一般均衡（CNT-DCGE）模型的基本框架，编制中国社会核算矩阵表，SAM 中的数据大部分来源于投入产出表（2017），储蓄及政府转移支付等数据来源于《中国统计年鉴 2018》，税收数据来源于《中国税务年鉴 2018》，产品的进出口关税税率来自海关进出口数据（根据 2017 年 1 月至 2018 年 1 月进出口 HS6

位商品情况表整理）。根据上述数据构建的均衡 SAM 为刻画经济中各部门（企业、住户、政府、国外）的行为提供了基础数据，并包含了其重要特征及相关参数。

以此数据集为基础，估计 CGE 模型中的重要参数，包括各生产部门的相关份额参数、规模参数、投入产出消耗系数，住户的边际储蓄倾向、边际消费倾向，增值税、营业税、消费税、其他间接税、个人所得税、企业所得税、关税等税收的实际税率。根据通常做法，CES 生产函数中的要素替代弹性、Armington 弹性和 CET 弹性均使用相关文献的估计数值，张军令（2019）、赵永和王劲峰（2008）对不同学者及其使用不同方法所估计得到的数值进行了综述，本研究以此为基础。①

根据研究需要，各产业部门缴纳的各项间接税和各组居民的收入支出数据集中表现出间接税和居民特征，数据的可靠性和准确性尤为重要。本书中的上述数据均来自国家权威部门。

其中，增值税、营业税、消费税税收数据来自《中国税务年鉴》中的"全国税收收入分税种分产业收入情况表"，其他间接税则由投入产出表中的"生产税净额"项减去上述三项间接税得到。居民收入与支出数据全部来自国家统计局发布的入户调查数据，其中农村数据来自《中国农村住户调查年鉴 2018》，城镇数据来自《2018 中国城市（镇）生活与价格年鉴》。

按国家统计局对城乡居民收入分组，农村居民分为低收入户、中低收入户、中等收入户、中高收入户和高收入户；城镇居民分为最低收入户、低收入户、中等偏下户、中等收入户、中等偏上户、高收入户、最高收入户。

居民收入包括工薪收入、资本收入和转移净收入。其中资本收入由两部分组成，一是经营净收入，二是财产净收入。其中经营净收入是指居民从事生产经营活动所获得的净收入，在农村包括家庭联产承包经营、乡镇企业等经营净收入等，在城镇包括个体工商户及各类企业性经营净收入等。财产净收入具体包括利息收入、股息与红利收入、保险收益、其他投资收入、出租房屋收入、知识产权收入等。转移净收入包括养老金、社会救济收入、保险

---

① 具体 SAM 及参数表，如读者需要可与笔者联系。

收入、捐赠收入等。

居民支出包括消费支出、个人所得税、储蓄。其中消费支出包括食品、衣着、居住、家庭设备用品及服务、医疗保健、交通和通信、教育文化娱乐服务及其他商品和服务 8 项。SAM 中将商品细分为 41 项，因此，上述居民的八大类消费还需进一步细分。对此，根据投入产出表中农村和城镇居民对 41 类商品的具体消费比例，进一步将上述八大类消费细分为 41 个具体商品类别。

模型共有方程 130792 个，内生变量 130792 个。通过 GAMS（The General Algebraic Modeling System）软件求解。值得说明的是，EXCEL 有行列限制，构建的社会核算矩阵行列数超过 EXCEL 行列限制，故把 SAM 数据纳入 QSL 数据库，然后通过 GAMS 相关命令直接从 SQL 数据库中调入社会核算具体数据。

第四节　中国财政动态可计算一般均衡模型的垄断市场行为刻画和处理细节

中国现有 CGE 模型，以及国外许多 CGE 模型，大都假设各行业的生产行为和产品分配行为均建立在完全竞争市场理论的基础上，然而我国目前市场经济具有中国特色，个别行业并没有完全市场化，因此，若直接按照国外 CGE 模型的完全市场竞争理论假设分析我国的现实问题，可能会导致偏差甚至错误的结论。因此，在构建中国财政动态 CGE 模型时，把我国的部门行业实际情况考虑进去，从而进一步完善模型运行机制，使之与现实经济运行状况更加一致。

以前所有的模型都是基于规模收益不变的完全竞争模型。当市场上有非常多的厂商和消费者时，充分的市场竞争将导致均衡价格等于厂商的边际成本。而在现实经济中，存在只有一个厂商（垄断市场）或者为数不多的几个厂商（寡头市场）的情况，因此需要对标准 CGE 模型进行修正才能实现对这些情景的刻画。本书初步构建了垄断市场条件下的 CGE 模型垄断部门的核心方程，具体思路如下。

首先，考虑垄断市场情况。当第 i 个产业部门只有一家垄断企业时，则可以认为企业的需求价格 p_i 与边际成本 MC_i 之间的差异取决于需求的价格弹性 Γ_i（$\Gamma_i > 1$）：

$$\left(1 - \frac{1}{\Gamma_i}\right) p_i = MC_i$$

在此基础上，可以在第 i 种国内商品的市场中引入垄断结构。由于该国内商品的供给价格 p_i^d 等于其边际成本，而价格弹性 Γ_i 等于 CES 函数的替代弹性 σ_i，替代参数 η_i 等于 $(\sigma_i - 1)/\sigma_i$。通过用 η_i 置换上述方程中的 Γ_i，p_i^d 置换边际成本 MC_i，可以得到需求价格涨价幅度为 $(1 - \eta_i)/\eta_i$，即需求价格 p_i 等于 $(1/\eta_i) p_i^d$。

然后，将标准 CGE 模型中的国内商品需求函数的分母需求价格进行替换，就可以得到垄断市场情况下新的需求函数：

$$D_i = \left[\frac{\gamma_i^{\eta_i} \delta d_i p_i^q}{(1/\eta_i) p_i^d}\right]^{\frac{1}{1-\eta_i}} Q_i \quad \forall i$$

当在模型中引入垄断结构时，需要确定垄断利润的主体 RT_i。如果没有任何一个主体获得部分垄断利润，则模型无法实现完全稳定。假定垄断利润首先由企业获得，然后转移支付给生产要素提供者，即居民。垄断利润同样等于商品价值（成本）的一定比例〔即涨价幅度 $(1-\eta_i)/\eta_i$〕，因此，可以采取类似按税率征收生产税的处理方法来计算垄断利润：

$$RT_i = \frac{1 - \eta_i}{\eta_i} p_i^d D_i$$

所有的垄断利润最终转移支付给居民，因此，还需要将 RT_i 汇总加入居民收入，成为居民预算约束的一部分。于是，居民的需求函数，相对于原来的模型方程，变化为：

$$X_i^p = \frac{\alpha_i}{p_i^q}\left(\sum_h p_h^f FF_h + \sum_j RT_i - S^p - T^d\right) \quad \forall i$$

假设垄断利润归属政府，例如以国有企业利润上缴方式，相应地，需要将 RT_j 加总后计入政府收入。

进一步，由于居民所得税、储蓄都与居民收入有关，居民所得税函数和居民储蓄函数也需要作如下调整：

$$T^d = \tau^d \left(\sum_h p_h^f FF_h + \sum_j RT_j \right)$$

$$S^p = ss^p \left(\sum_h p_h^f FF_h + \sum_j RT_j \right)$$

这样，就基本完成了一个基于垄断市场的 CGE 模型中垄断部门的核心方程刻画。

第五节　异质性的微观居民家庭数据纳入 CNT-DCGE 模型的处理方法思路

本报告的异质性主要体现在对居民的微观处理上，国内有关 CGE 模型文献都是把居民作为一个整体部门，或者把居民分为城镇居民和农村居民，或者把城镇居民分为七组、农村居民分为五组。这种同质化或类同质化的处理方法的优点是可以利用国家统计局公布的居民收入和支出信息表的相关数据，简易方便；但由于同质化或类同质化居民家庭处理方法依然会掩盖居民微观主体的差异，不能充分地分析和挖掘政策对微观居民个体家庭的真实影响；国际最新的 CGE 理论文献已经做到了结合居民家庭微观数据库把居民微观化处理，而我国也有居民家庭收支微观数据，因此居民微观化处理已经具备了数据和理论基础。本书在参照相关文献基础上，尝试在 CGE 模型系统中，结合中国居民家庭收入调查数据（CHIP），进行居民微观化处理，以便充分分析异质性的居民家庭在政策作用下的影响。

本书使用的是 2013 年中国家庭收入调查数据（CHIP），分城镇、农村、农村—城镇移民三大类共 10 个子数据库。本书使用的是农村家庭收入、消费和就业数据库与城镇家庭收入、消费和就业数据库这两个子数据库。为保持城乡住户结构的可比性，经过数据整理和剔除，共保留 4592 个农村家庭和 5127 个城镇家庭数据。值得说明的是，本书构建的 CNT-DCGE 模型对应的社会核算矩阵（SAM）是基于 2017 年中国投入产出表，从数据时效来看，应该使用 2017 年的中国家庭收入调查数据（CHIP），这样才能完美匹配数据，但本研究使用的是 CHIP 数据库（2013）。同时，为克服数据在时效上的差异，假定 2013 年和 2017 年农村和城镇家庭的收入和支出结构没有发生明显改变。因此，在具体处理和使用 2013 年中国家庭收入调查数据（CHIP）时，总体思路是：保持 2013 年中国家庭收入调查数据（CHIP）中的农村和城镇居民家庭收入和消费的结构关系，并用 2017 年投入产出表中的农村和城镇居民家庭收入支出总量进行控制。这样，可以把居民家庭收入和支出的异质性有效地体现在社会核算矩阵（SAM）表中。

把微观的中国家庭收入调查数据（CHIP）纳入宏观的社会核算矩阵表，是一项烦琐而精细的工作，采用以下四步程序来调和两者之间的差异。

第一，使微观居民家庭的收入和支出比例与投入产出表中的家庭总收入和开支相一致。

第二，在投入产出表中，使微观居民家庭的收入与 2017 年总收入因素相一致。

第三，调整每一户家庭的开支份额，同时控制每个产品的总开支，使聚集的所有开支是一致的，商品消费模式的代表性家庭如输入输出表所示。

第四，在每一个行业中的投入产出表中，调整子收入因素（资本收入和劳动力收入），同时保持总价值中每个因素的收入不变，因此，在输入输出表中聚集的收入模式是一致的，均来自所有住户的收入模式。

第五章
间接税归宿测算与居民负担

第一节 间接税归宿测算的基本原理

在税收归宿测量中，等价变量（Equivalent Variation，EV）[1] 是普遍使用的测量方法，通过课税前后居民消费支出的变化来测量消费者福利（效用）的变化，并将其视为税收负担的变化，如 Ballard 等（1985）运用该方法测量美国税收负担。但 EV 仅考虑了居民作为消费者而负担的税收，即收入使用端的税收负担，而忽略了收入来源端的税收负担，因此用该方法测量的税收负担并不能反映居民所负担的全部间接税。相对于 EV 测量方法，本章采用 Browning（1978）的测量方法，以使居民间接税负担的测量更加完整。

在测量税收归宿时，政府税收收入的使用是必须要考虑的重要因素。在局部均衡分析中，通常忽略分配的过程和政府税收收入。一般均衡分析下，政府也作为一个重要部门被加入模型，政府的收入与支出同样会影响商品和要素价格，并影响税收归宿。通常对政府税收收入的处理方式有三种：一是绝对归宿分析（Absolute Incidence Analysis），即政府税收收入可以改变，同时政府支出保持不变，通过政府债务变化来平衡政府收支；二是平衡预算归宿分析

---

[1] 补偿变量（Compensating Variation，CV）与 EV 原理相同，不同之处在于计算消费者效用损失时基期价格的选择。

（Balanced-budget Incidence Analysis），假定政府税收收入全部用于支出，预算保持平衡；三是差别归宿分析（Differential Incidence Analysis），假定政府预算不变，分析用一种税替代另一种税后的税收归宿。通常选择一次性总付税（Lump Sum Tax）作为参照点。由于一次性总付税不影响个人行为，不影响相对价格和税负变化，同时政府收入规模和支出不变，政府支出不影响相对价格，从而可以集中分析某一被替代税种的税收归宿（哈维·S. 罗森等，2009）。

该方法的具体原理可以通过图 5-1 来说明。假定有 X 和 Y 两种商品，在未课税时，消费者的预算约束线为 AD，与 i 无差异曲线相切于效用最大化点 E_1，此时商品 Y 与 X 的价格之比为预算线 AD 的斜率，数量分别为 OB_1、OC_1。当对商品 Y 征税后，预算约束线变为 AB_3，与 ii 无差异曲线相切于 E_2 点，税后商品 Y 与 X 的价格之比为预算线 AB_3 的斜率，数量分别为 OB_2、OC_2，政府所征得的税收收入为 GE_2。在保证政府税收收入不变的情况下，用比例所得税（相当于一次性总付税）来代替差别商品税，征税后居民的预算约束线为 HF。替代后，商品 Y 和 X 的相对价格恢复到课税前。

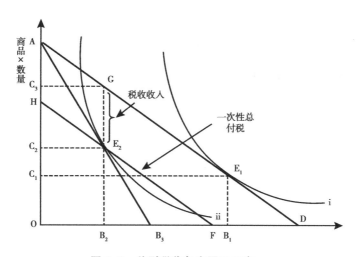

图 5-1　差别税收归宿原理示意

虽然上述为局部均衡分析，但其原理同样适用于一般均衡分析。商品的相对价格发生改变将触发需求的替代效应、产出效应和要素替代效应等一系列一般均衡变化。同时，由于对各组居民都按相同的比例征收所得税，不会影响居民的相对收入变化，也不会产生收入分配效应。该方法可以剔除其他影响价格变化的因素，而单独分析因课征某项间接税所带来的价格和居民税收负担变化。

Devarajan 和 Hossain（1998）、Delfin 等（2005）均在 CGE 模型中使用此方法，用比例个人所得税作为一次性总付税，代替相关间接税。为了剔除其他因素对税收归宿的影响，本研究通过模型设置，采用差别税收归宿分析方法。

第二节　测算结果与分析

在前文构建的中国税收 CGE 模型基础上，本节首先从来源端间接税和支出端间接税对农村居民和城镇居民所承担的间接税税负进行了测算。继而，从增值税、营业税、消费税、城市维护建设税、房产税、城镇土地使用税、土地增值税、资源税、印花税、车船税、车辆购置税、耕地占用税、契税、环境保护税等各项间接税维度，测算了农村居民和城镇居民的具体某项间接税的税收负担，此外，还对城乡居民的间接税税负进行了对比分析。

一　农村居民间接税税负

（一）全部间接税税负

农村居民各项间接税总税负、来源端间接税和支出端间接税测算结果如图 5-2 所示。从间接税总税负的角度看，税负整体上呈现累进性分布。具体而言，从来源端间接税的角度看，农村居民税负整体呈"U"形分布，低收入户承担的间接税总税负最大，为 0.1937%，随后逐渐下降，中等偏上收入户的税负最低，为 0.1613%，高收入户的税负有所增加，为 0.1895%。从支出端间接税的角度看，税负整体呈累进性分布，低收入户税负最低，为 11.1788%，高收入户的税负最高，为 11.5250%，其余收入组的居民间税负差异不大。由于农村居民支出端税负明显大于来源端税负，即便是来源端税负呈"U"形分布，但二者综合作用后，总税负仍呈累进性分布。

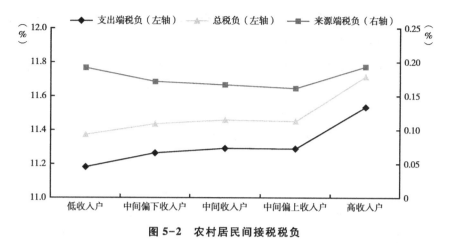

图 5-2　农村居民间接税税负

（二）分项间接税税负

农村居民承担的各分项间接税税负测算结果如表 5-1 所示。具体而言，对于增值税而言，其总税负分布与间接税总税负分布基本一致，整体上呈累进性分布，税负在 5.95%~6.27%，来源端税负呈先减后增的"U"形分布，税负在 0.15%~0.20%，支出端税负呈累进性分布，税负在 5.75%~6.08%。对于营业税而言，其总税负呈累进性分布，税负在 0.020%~0.024%，不同组别居民的来源端税负差异不大，基本上呈比例分布，税负在 0.0009%左右，支出端税负呈累进性分布，税负在 0.019%~0.023%。对于消费税而言，其总税负呈明显的累退性，税负在 1.73%~2.13%，不同组别居民来源端税负差异不大，税负在 0.009%左右，支出端税负呈明显的累退性分布，税负在 1.72%~2.12%。对于城市维护建设税而言，总税负呈弱累退性分布，税负在 0.51%~0.53%，来源端税负基本呈比例分布，税负在 0.009%左右，支出端税负呈弱累退性分布，税负在 0.50%~0.52%。对于房产税而言，其总税负呈累进性分布，税负在 0.29%~0.33%，来源端间接税基本呈比例分布，税负在 0.008%左右，支出端税负呈明显的累进性分布，税负在 0.28%~0.32%。对于城镇土地使用税而言，其总税负呈弱累进性分布，税负在 0.23%~0.26%，来源端税负在不同组别居民间的差异不大，整体上呈比例分布，税负在 0.007%左右，支出端税负呈明显的累进性

— 105 —

分布，税负在 0.22%～0.25%。对于土地增值税而言，其总税负呈明显的累进性分布，税负在 0.71%～0.88%，来源端税负在不同组别居民间的差异不大，整体上呈比例分布，税负在 0.04% 左右，支出端税负呈累进性分布，税负在 0.66%～0.83%。对于资源税而言，其总税负、来源端税负和支出端税负在不同组别居民间的差异不大，整体上呈比例分布，税负分别为 0.12%、0.01%、0.11% 左右。对于印花税而言，其总税负呈明显的累进性分布，税负在 0.26%～0.31%，来源端税负在不同组别居民间差异不大，整体上呈比例分布，税负为 0.0006% 左右，支出端税负呈明显的累进性分布，税负在 0.26%～0.31%。对于车船税而言，其总税负呈累进性分布，税负在 0.06%～0.09%，来源端税负在不同组别居民间的差异不大，整体上呈比例分布，税负为 0.001% 左右，支出端税负呈明显的累进性分布，税负在 0.06%～0.08%。对于车辆购置税而言，其总税负、来源端税负和支出端税负在不同组别居民间的差异不大，整体上呈比例分布，税负分别为 0.19%、0.02%、0.17% 左右。对于耕地占用税而言，其总税负、来源端税负和支出端税负在不同组别居民间的差异不大，整体上呈比例分布，税负分别为 0.095%、0.004%、0.090% 左右。对于契税而言，其总税负呈明显的累进性分布，税负在 0.59%～0.73%，来源端税负在不同组别居民间差异不大，基本呈比例分布，税负在 0.02% 左右，支出端税负呈明显的累进性分布，税负在 0.57%～0.70%。对于环境保护税而言，其总税负、来源端税负和支出端税负在不同组别居民间的差异不大，整体上呈比例分布，税负分别为 0.0110%、0.0005%、0.0105% 左右。

表 5-1 农村居民各项间接税税负

单位：%

类型		农村居民		
		总税负	来源端	支出端
营业税	低收入户	0.0200	0.0010	0.0190
	中等偏下收入户	0.0206	0.0009	0.0198
	中等收入户	0.0211	0.0008	0.0202
	中等偏上收入户	0.0214	0.0008	0.0206
	高收入户	0.0236	0.0009	0.0226

续表

类型		农村居民		
		总税负	来源端	支出端
消费税	低收入户	2.1263	0.0106	2.1157
	中等偏下收入户	2.0269	0.0094	2.0175
	中等收入户	1.9686	0.0091	1.9595
	中等偏上收入户	1.8968	0.0088	1.8880
	高收入户	1.7389	0.0104	1.7286
城市维护建设税	低收入户	0.5217	0.0104	0.5113
	中等偏下收入户	0.5182	0.0092	0.5090
	中等收入户	0.5157	0.0089	0.5068
	中等偏上收入户	0.5121	0.0086	0.5035
	高收入户	0.5124	0.0101	0.5022
房产税	低收入户	0.2939	0.0094	0.2845
	中等偏下收入户	0.3001	0.0083	0.2917
	中等收入户	0.3038	0.0081	0.2957
	中等偏上收入户	0.3070	0.0078	0.2992
	高收入户	0.3257	0.0092	0.3165
城镇土地使用税	低收入户	0.2320	0.0085	0.2235
	中等偏下收入户	0.2349	0.0075	0.2274
	中等收入户	0.2370	0.0073	0.2297
	中等偏上收入户	0.2383	0.0071	0.2312
	高收入户	0.2501	0.0083	0.2418
土地增值税	低收入户	0.7167	0.0501	0.6667
	中等偏下收入户	0.7399	0.0443	0.6956
	中等收入户	0.7593	0.0430	0.7163
	中等偏上收入户	0.7704	0.0417	0.7287
	高收入户	0.8711	0.0490	0.8221
资源税	低收入户	0.1225	0.0110	0.1115
	中等偏下收入户	0.1216	0.0097	0.1119
	中等收入户	0.1217	0.0094	0.1123
	中等偏上收入户	0.1214	0.0091	0.1123
	高收入户	0.1255	0.0107	0.1148
印花税	低收入户	0.2627	0.0007	0.2621
	中等偏下收入户	0.2780	0.0006	0.2774
	中等收入户	0.2814	0.0006	0.2809
	中等偏上收入户	0.2872	0.0006	0.2867
	高收入户	0.3023	0.0007	0.3016

续表

类型		农村居民		
		总税负	来源端	支出端
车船税	低收入户	0.0695	0.0011	0.0684
	中等偏下收入户	0.0739	0.0010	0.0729
	中等收入户	0.0747	0.0009	0.0738
	中等偏上收入户	0.0763	0.0009	0.0754
	高收入户	0.0801	0.0011	0.0790
车辆购置税	低收入户	0.1956	0.0275	0.1681
	中等偏下收入户	0.1952	0.0243	0.1709
	中等收入户	0.1965	0.0236	0.1728
	中等偏上收入户	0.1982	0.0229	0.1753
	高收入户	0.2088	0.0269	0.1819
耕地占用税	低收入户	0.0950	0.0041	0.0909
	中等偏下收入户	0.0967	0.0036	0.0930
	中等收入户	0.0975	0.0035	0.0939
	中等偏上收入户	0.0983	0.0034	0.0949
	高收入户	0.1029	0.0040	0.0989
契税	低收入户	0.5990	0.0267	0.5723
	中等偏下收入户	0.6190	0.0236	0.5955
	中等收入户	0.6346	0.0229	0.6117
	中等偏上收入户	0.6441	0.0222	0.6219
	高收入户	0.7212	0.0261	0.6951
环境保护税	低收入户	0.0109	0.0006	0.0103
	中等偏下收入户	0.0109	0.0006	0.0104
	中等收入户	0.0109	0.0005	0.0104
	中等偏上收入户	0.0109	0.0005	0.0104
	高收入户	0.0113	0.0006	0.0106

二 城镇居民间接税税负

（一）全部间接税税负

城镇居民各项间接税总税负、来源端间接税和支出端间接税测算结果如图5-3所示。从间接税总税负的角度看，税负整体上呈倒"U"形分布，低收入户承担较高的税负，为 11.8321%，中等偏下收入户承担的税负最高，为 11.9041%，高收入户（uhh）承担的税负最低，为 11.7383%。具体来看，城镇居民来源端税负整体呈"U"形分布，与农村居民来源端税负分布情况相一致。支出端税负分布与总税负基本保持同步变化，也呈现倒"U"形分布。这一分布特征与农村居民支出端税负存在明显的差异。这侧面反映了城乡居民消费支出结构的不同会对其自身税负承担情况产生明显的影响。

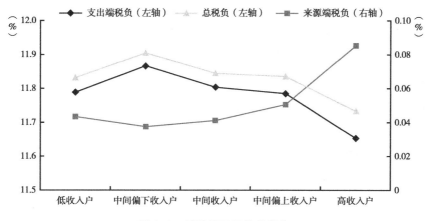

图 5-3 城镇居民间接税税负

（二）分项间接税税负

城镇居民承担的各分项间接税税负测算结果如表 5-2 所示。具体而言，对于增值税而言，其总税负分布与城镇居民总间接税税负分布基本一致，呈倒"U"形分布，税负在 6.28%~6.35%，来源端税负呈"U"形分布，税负在 0.03%~0.09%，支出端税负呈倒"U"形分布，税负在 6.20%~6.32%。对于营业税而言，其总税负基本呈倒"U"形分布，税负在 0.021%~0.024%，来源端税负在不同组别居民间差异不大，基本呈比例分布，税负为 0.0003%左右，支出端税负呈倒"U"形分布，税负在 0.021%~0.024%。对于消费税而言，其总税负呈明显的累进性分布，税负在 1.67%~1.76%，来源端税负整体上呈比例分布，税负为 0.003%左右，支出端税负呈明显的累进性分布，税负在 1.67%~1.76%。对于城市维护建设税而言，其总税负、来源端税负和支出端税负整体呈比例分布，税负分别为 0.515%、0.003%、0.513% 左右。对于房产税而言，其总税负呈倒"U"形分布，但税负在不同组别居民间的差异不大，税负为 0.33% 左右，来源端税负呈"U"形分布，税负在 0.001%~0.005%，支出端税负呈倒"U"形分布，税负在 0.32%~0.34%。对于城镇土地使用税而言，其总税负基本呈倒"U"形分布，税负在 0.24%~0.26%，来源端税负呈"U"形分布，税负在 0.001%~0.004%，支出端税负呈倒"U"形分布，税负在 0.24%~0.26%。对于土地增值税而言，其总税负呈倒"U"形分布，税负在 0.73%~0.84%，来源端税负呈"U"形分布，税负在 0.009%~0.023%，支出端税负呈倒"U"形分布，税负在 0.70%~0.83%。对于资源税而言，其总税负、来源端税负和支出端税负在不同组别居民间的差异不大，整体上呈比例分布，税负分别为 0.128%、0.003%、0.125% 左右。对于印花税而言，其总税负呈明显的累进性分布，税负在 0.28%~0.32%，来源端税负呈累进性分布，税负在 0.0001%~0.0003%，支出端税负呈明显的累进性分布，税负在 0.28%~0.32%。对于车船税而言，其总税负呈明显的累进性分布，税负在 0.18%~0.21%，来源端税负基本呈累进性分布，税负在 0.0002%~0.0005%，支出端税负呈累进性分布，税负在 0.18%~0.21%。对于车辆购置税而言，其总税负、来源端税负和支出端税负在不同组别居民间的差异不大，整体上呈比例分布，税负分别为 0.195%、0.005%、0.190% 左右。对于耕地占用税而言，总税负、来源端税负和支出端税负在不同组别居民间的差异不大，整体上呈比例分布，税负分别为 0.107%、0.001%、0.106% 左右。对于契税而言，其总税负呈倒"U"形分布，税负在 0.62%~0.71%，来源端税负呈"U"形分布，税负在 0.005%~0.012%，支出端税负呈倒"U"形分布，税负在 0.61%~0.71%。对于环境保护税而言，总税负、来源端税负和支出端税负在不同组别居民间的差异不大，整体上呈比例分布，税负分别为 0.0112%、0.0002%、0.0110% 左右。

表 5-2　城镇居民各项间接税税负

单位：%

类型		城镇居民		
		总税负	来源端	支出端
营业税	低收入户	0.0230	0.0002	0.0228
	中等偏下收入户	0.0234	0.0002	0.0232
	中等收入户	0.0231	0.0002	0.0229
	中等偏上收入户	0.0228	0.0003	0.0226
	高收入户	0.0218	0.0004	0.0214
消费税	低收入户	1.6732	0.0024	1.6708
	中等偏下收入户	1.6866	0.0020	1.6845
	中等收入户	1.6921	0.0022	1.6898
	中等偏上收入户	1.7068	0.0028	1.7040
	高收入户	1.7573	0.0047	1.7527
城市维护建设税	低收入户	0.5139	0.0023	0.5116
	中等偏下收入户	0.5166	0.0020	0.5146
	中等收入户	0.5155	0.0022	0.5133
	中等偏上收入户	0.5172	0.0027	0.5145
	高收入户	0.5196	0.0046	0.5150
房产税	低收入户	0.3352	0.0021	0.3331
	中等偏下收入户	0.3372	0.0018	0.3354
	中等收入户	0.3346	0.0020	0.3326
	中等偏上收入户	0.3334	0.0024	0.3310
	高收入户	0.3265	0.0041	0.3223
城镇土地使用税	低收入户	0.2553	0.0019	0.2534
	中等偏下收入户	0.2558	0.0016	0.2541
	中等收入户	0.2533	0.0018	0.2515
	中等偏上收入户	0.2511	0.0022	0.2489
	高收入户	0.2449	0.0037	0.2411
土地增值税	低收入户	0.8269	0.0112	0.8157
	中等偏下收入户	0.8371	0.0097	0.8274
	中等收入户	0.8180	0.0106	0.8074
	中等偏上收入户	0.7961	0.0131	0.7831
	高收入户	0.7317	0.0221	0.7096
资源税	低收入户	0.1279	0.0025	0.1254
	中等偏下收入户	0.1284	0.0021	0.1262
	中等收入户	0.1276	0.0023	0.1253
	中等偏上收入户	0.1263	0.0029	0.1234
	高收入户	0.1249	0.0048	0.1201

续表

类型		城镇居民		
		总税负	来源端	支出端
印花税	低收入户	0.2888	0.0001	0.2886
	中等偏下收入户	0.2940	0.0001	0.2939
	中等收入户	0.2953	0.0001	0.2952
	中等偏上收入户	0.3035	0.0002	0.3034
	高收入户	0.3107	0.0003	0.3104
车船税	低收入户	0.1821	0.0002	0.1818
	中等偏下收入户	0.1871	0.0002	0.1869
	中等收入户	0.1893	0.0002	0.1890
	中等偏上收入户	0.1992	0.0003	0.1989
	高收入户	0.2095	0.0005	0.2090
车辆购置税	低收入户	0.1956	0.0061	0.1895
	中等偏下收入户	0.1947	0.0053	0.1893
	中等收入户	0.1951	0.0058	0.1893
	中等偏上收入户	0.1957	0.0072	0.1886
	高收入户	0.1988	0.0121	0.1867
耕地占用税	低收入户	0.1067	0.0009	0.1057
	中等偏下收入户	0.1073	0.0008	0.1065
	中等收入户	0.1069	0.0009	0.1060
	中等偏上收入户	0.1071	0.0011	0.1061
	高收入户	0.1064	0.0018	0.1046
契税	低收入户	0.7009	0.0060	0.6949
	中等偏下收入户	0.7094	0.0052	0.7043
	中等收入户	0.6948	0.0057	0.6892
	中等偏上收入户	0.6778	0.0070	0.6708
	高收入户	0.6265	0.0117	0.6148
环境保护税	低收入户	0.0112	0.0001	0.0111
	中等偏下收入户	0.0112	0.0001	0.0111
	中等收入户	0.0112	0.0001	0.0110
	中等偏上收入户	0.0110	0.0002	0.0109
	高收入户	0.0110	0.0003	0.0107

三 城乡居民间接税税负比较

城乡居民间接税平均税负如表 5-3 所示，具体而言，从总的间接税的角度看，农村居民的平均税负为 11.4861%，略低于城镇居民的 11.8308%。从来源端税负的角度看，农村居民的税负为 0.1765%，城镇居民的税负为 0.0515%；从支出端税负的角度看，农村居民的税负为 11.3096%，城镇居民的税负为 11.7793%，可以发现，来源端税负农村居民高于城镇居民，而支出端税负情况则恰好相反。从具体税种来看，增值税与总间接税在总税负、来源端税负和支出端税负方面表现相似，其余的营业税等税种的税负在农村居民和城镇居民之间差异不大。

表 5-3　城乡居民各项间接税平均税负

单位：%

税种	农村居民			城镇居民		
	总税负	来源端	支出端	总税负	来源端	支出端
总间接税	11.4861	0.1765	11.3096	11.8308	0.0515	11.7793
增值税	6.0629	0.1746	5.8883	6.3210	0.0510	6.2700
营业税	0.0213	0.0009	0.0204	0.0228	0.0003	0.0226
消费税	1.9515	0.0096	1.9419	1.7032	0.0028	1.7004
城市维护建设税	0.5160	0.0094	0.5066	0.5166	0.0028	0.5138
房产税	0.3061	0.0086	0.2975	0.3334	0.0025	0.3309
城镇土地使用税	0.2384	0.0077	0.2307	0.2521	0.0023	0.2498
土地增值税	0.7715	0.0456	0.7259	0.8020	0.0133	0.7886
资源税	0.1225	0.0100	0.1125	0.1270	0.0029	0.1241
印花税	0.2823	0.0006	0.2817	0.2985	0.0002	0.2983
车船税	0.0749	0.0010	0.0739	0.1934	0.0003	0.1931
车辆购置税	0.1988	0.0250	0.1738	0.1960	0.0073	0.1887
耕地占用税	0.0981	0.0037	0.0943	0.1069	0.0011	0.1058
契税	0.6436	0.0243	0.6193	0.6819	0.0071	0.6748
环境保护税	0.0110	0.0006	0.0104	0.0111	0.0002	0.0109

综上所述，首先，不同组别居民间收入与支出差异是其收入来源端和支出端税收负担差异的根本原因；要素替代弹性对居民收入来源端和支出端间接税负变化的影响方向相反；要素替代弹性与收入来源端税负差异呈反向变化，弹性越大，差异越小，而与支出端税负差距并非单调关系。

其次，从农村居民的角度看，总税负呈累进性分布，来源端间接税税负呈"U"形分布，支出端间接税税负呈累进性分布。分税种来看，增值税总税负呈累进性分布，来源端税负呈"U"形分布，支出端税负呈累进性分布；营业税总税负呈累进性分布，来源端税负呈比例分布，支出端税负呈累进性分布；消费税总税负呈累退性分布，来源端税负呈比例分布，支出端税负呈累退性分布；城市维护建设税总税负呈累退性分布，来源端税负呈比例分布，支出端税负呈累退性分布；房产税总税负呈累进性分布，来源端税负呈比例分布，支出端税负呈累进性分布；城镇土地使用税总税负呈累进性分布，来源端税负呈比例分布，支出端税负呈累进性分布；土地增值税总税负呈累进性分布，来源端税负呈比例分布，支出端税负呈累进性分布；资源税总税负、来源端税负和支出端税负均呈比例分布；印花税总税负呈累进性分布，来源端税负呈比例分布，支出端税负呈累进性分布；车船税总税负呈累进性分布，来源端税负呈比例分布，支出端税负呈累进性分布；车辆购置税总税负、来源端税负和支出端税负均呈比例分布；耕地占用税总税负、来源端税负和支出端税负均呈比例分布；契税总税负呈累进性分布，来源端税负呈比例分布，支出端税负呈累进性分布；环境保护税总税负、来源端税负和支出端税负均呈比例分布。

最后，从城镇居民的角度看，总税负呈倒"U"形分布，来源端税负呈"U"形分布，支出端税负呈倒"U"形分布。分税种来看，增值税总税负呈倒"U"形分布，来源端税负呈"U"形分布，支出端税负呈倒"U"形分布；营业税总税负呈倒"U"形分布，来源端税负呈比例分布，支出端税负呈倒"U"形分布；消费税总税负呈累进性分布，来源端税负呈比例分布，支出端税负呈累进性分布；城市维护建设税总税负、来源端税负和支出端税负均呈比例分布；房产税总税负呈倒"U"形分布、来源端税负呈"U"形分布，支出端税负呈倒"U"形分布；城镇土地使用税总税负呈倒"U"形分布，来源端税负呈"U"形分布，支出端税负呈倒"U"形分布；土地增值税总税负呈倒"U"形分布，来源端税负呈"U"形分布，支出端税负呈倒"U"形分布；资源税总税负、来源端税负和支出端税负均呈比例分布；印花税总税负呈累进性分布，来源端税负呈累进性分布，支出端税负呈累进性分布；车船税总税负呈累进性分布，来源端税负呈累进性分布，支出端税负呈累进性分布；车辆购置税总税负、来源端税负和支出端税负均呈比例分布；耕地占用税总税负、来源端税负和支出端税负均呈比例分布；契税总税负呈倒"U"形分布，来源端税负呈"U"形分布，支出端税负呈倒"U"形分布；环境保护税总税负、来源端税负和支出端税负均呈比例分布。

第三节　敏感性分析

理论分析显示，CES 生产函数中的要素替代弹性 σ 是影响价格的重要参数，根据相关文献确定其基期数值为 0.8。[①] 此外模型测试显示，σ 在 0.28~1.44 的取值范围内有解。为了检验结果的可靠性，在基期数值基础上，令其在一定范围内变化，一方面，判断结论是否发生改变、结果是否稳健；另一方面，进一步观察 σ 对居民收入来源端和使用端税负影响的规律。

一　σ 对收入来源端和使用端税负变化的影响

以城镇各组居民的平均税负为研究对象。从图 5-4 可见，随着 σ 增加，收入来源端的税负逐渐降低并趋于平稳，收入使用端的税负先是快速上升，

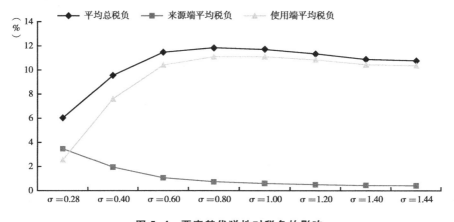

图 5-4　要素替代弹性对税负的影响

① 赵永、王劲峰著《经济分析：CGE 模型与应用》，中国经济出版社，2008，第 184~201 页。

之后达到极值后缓慢下降并趋于平稳，总税负的变化与使用端变化相似。使用端税负总体上高于来源端税负，只是在弹性非常小时，会出现来源端税负高于使用端税负的情况。测试结果表明，以 0.8 为基期值所得到的结果具有很强的稳健性，即使弹性在基期值附近变动很大，对本研究的测量结果和结论均不会产生实质性影响。

二　σ 对间接税累进性的影响

以城镇居民间接税总税负为研究对象，比较不同 σ 取值对总税负累进性的影响。从图 5-5 可见，当弹性较小时，间接税的累进性变化较大，随着弹性增大，累进性逐渐变小，但仍呈"U"形。该测试表明，σ 的变化并不会改变税负累进（退）性结论，本研究关于居民收入来源端和使用端累进（退）性的结论具有很强的稳健性。

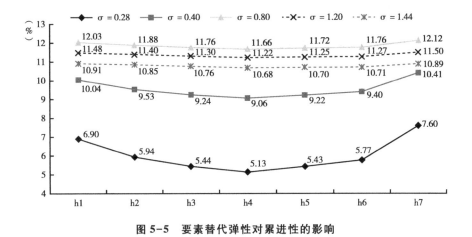

图 5-5　要素替代弹性对累进性的影响

三　σ 对城乡收入差距的影响

通过计算不同要素弹性下农村居民总税负、收入来源端税负和收入使用端税负的平均值，得到"城乡居民税负差异"（城乡居民税负差异=农村居民平均税收负担-城镇居民平均税收负担）。如图 5-6 所示，随着 σ 增加，城乡居民税负差异呈明显缩小趋势，弹性变化对总税负变化影响很大，税负从

19.73%减小到 1.01%；在可取值范围内的最大弹性下，农村居民总税负仍高于城镇居民总税负 1.01%。其中，收入来源端的税负差异呈下降趋势，且受弹性变化影响大，来源端税负从 21.28%减小到 2.56%；在最大弹性值下，农村居民来源端税负仍高于城镇居民来源端税负 2.56%；弹性变化对城乡居民收入使用端税负变化影响较小，使用端税负从−1.55%减小到−1.17%再增加到−1.56%；在最大弹性值下，城镇居民使用端税负高于农村居民 1.56%。由此可见，σ 变化不会改变本研究关于城乡居民税负差异的结论，结果具有很强的稳健性。

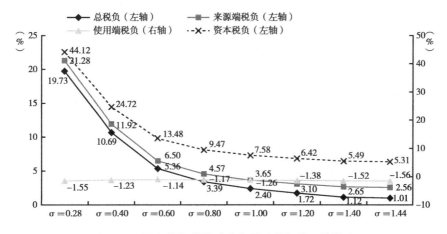

图 5-6　要素替代弹性对城乡居民税负差距的影响

敏感性测试结果表明，本研究的重要结论不因 σ 的变化而变化，具有很强的稳健性，同时 σ 与居民收入来源端和使用端税负间的关系也检验了相关推论。

第四节　结论与政策含义

中国的间接税，既有要素税性质的增值税，也有商品税性质的营业税、消费税等，而现有税收归宿模型不足以支撑起对中国间接税归宿的研究。为此，本研究基于一般均衡理论和中国间接税特点，构建间接税归宿的理论模型。模型表明，中国的各类间接税与其他重要参数一同对商品和要素价格产生影响，其中要素价格的变化形成居民收入来源端的税收负担，商品价格的变化形成居民收入使用端的税收负担，二者共同组成居民的间接税负担。居民收入来源端和使用端税收负担变化还遵循如下规律：不同组别居民的收入与支出结构差异是其间接税负担差异的根本原因；要素替代弹性对居民收入来源端和使用端税负的影响总体呈相反趋势，其中使用端税负可能会存在极值；要素替代弹性与不同组别居民的来源端负担差异成反向关系，弹性越大，差异越小，累进（退）性越小，反之越大，而与使用端税负差异并非单调关系。

本研究构建了我国税收 CGE 模型，运用差别税收归宿方法，从收入来源端和使用端两方面测量城乡居民内部及城乡之间各间接税的负担分布情况，结果显示：在城镇居民内部，对于全部间接税、增值税和其他间接税，居民使用端的税收归宿为累退性，来源端为"U"形分布，总税负为"U"形分布。对于营业税，使用端税负为倒"U"形，来源端税负呈"U"形分布，总税负呈累进性；对于消费税，使用端税负为累进性，来源端税负呈"U"形分布，其总税负为累进性。在农村居民内部，各项间接税来源端税负均呈明显的累退性，从使用端来看，增值税、消费税呈累退性，营业税呈累进性，各间接税总的税负均呈累退性。我国农村居民间接税的平均税负高于城镇居民，间接税促使城乡居民收入差距扩大。从使用端看，农村居民的负担低于城镇居民；但从来源端看，农村居民的负担远高于城镇居民。

敏感性测试显示，重要参数的变化不会改变上述结论，结论具有良好的稳健性。敏感性分析中，还得到关于居民收入来源端与使用端税负关系的如下结论：一是各组别居民来源端的各间接税负担均小于使用端，但来源端税负在不同组别居民间的变化大，对收入分配的影响大，总税负的分布形态更接近于来源端税负分布形态。二是随着要素替代弹性的增加，居民收入来源端的税负呈下降趋势，而使用端的税负则总体呈上升趋势。三是随着要素替代弹性的增加，间接税总体税负累退（进）性降低，逐渐接近比例税率。

四是要素替代弹性对城乡居民税负差异影响较大，弹性越大，税负差异越小。

根据上述研究结论，提出的政策建议主要有以下几方面。

第一，准确定位间接税在调节收入分配中的作用。我国税制以间接税为主体，在直接税对收入分配调节有限的情况下，充分发挥间接税调节收入分配的功能具有重要意义。通过对各项间接税的改革，降低税负累退性，增加税负累进性，这有利于改善收入分配。但同时也应看到，影响不同组别居民间税收负担差异的根本原因在于其收入和支出结构的差异，因此，在税收政策不变的情况下，如果能优化居民的收入和支出结构，同样可以起到降低税负累退性、增加税负累进性的作用。此外，其他有利于增加要素替代弹性的政策，同样有利于缩小不同组别居民间税负差距。

第二，高度重视居民收入来源端的税收负担。居民收入来源端的税收负担是居民间接税负担的重要组成部分，对间接税的累进（退）性有较大影响，忽略居民收入来源端的税收负担，可能会直接导致针对居民间接税收入来源端的税收政策的缺失。

第三，从结果入手调节税负差异。由城镇居民间接税税负呈"U"形分布、农村居民税负的累退性、农村居民税负高于城镇居民可见，来源端税负的影响大于使用端。从收入来源端看，为调节税负差异，就城镇居民税负的"U"形分布来说，"U"形曲线的左半部是调节的重点，应对最低收入户、低收入户、中等偏下收入户在收入来源端所负担的税收给予相应的补贴（居民来源端的间接税无法直接减免），以中等收入户税负为标准，各组居民补贴标准分别为其收入的 0.37%、0.22% 和 0.1%。对于农村居民来说，基于税负呈累退性，收入水平越低，补贴比例应该越高，以中等偏上收入户税负为标准，低收入户、中低收入户、中等收入户的补贴标准分别为其收入的 1.51%、0.57% 和 0.91%。上述补贴标准仅仅是消除累退性、达到比例税负的标准，如果要获得累进性效果，则在此基础上收入越低组的补贴应增多。从收入使用端看，其累退性的主要来源是增值税，从降低累退性的角度出发，有必要对初级食品、基本药品及生活服务业征收更低的商品税甚至免税；从增加累进性的角度出发，则有必要对更多的奢侈品和奢侈性服务课征更高的商品税。

第四，从原因入手调节税负差异。由于我国资本税负重于劳动税负，同时城镇和农村中低收入居民资本收入在其收入结构中占比高，导致收入来源端间接税负担重，且税制具有累退性。因此，对于城镇中低收入的个体工商户、小型微利企业和农村以经营收入为主的家庭，提高其劳动技能，有利于增加工资性收入，从而增加收入并减轻税收负担。

第五，从相关因素入手调节税负差异。由于随着劳动力和资本替代弹性的增加，税负累进（退）性将降低。从劳动力角度来看，对于农村中低收入者来说，可以通过土地流转、促进家庭联产承包生产方式向农业现代化方向转变，使农民获得地租收入和农业企业中的工资性收入，或者通过推动城镇化等，促进农民进入第二、三产业，获得更多的工资性收入。对于城镇中低收入者来说，对其小型微利经营应给予免税，对生活困难的应给予补贴。从资本角度来看，通过金融创新和政策扶持，加大对农户和城镇小型微利企业的金融支持力度，降低其获取资金的难度和成本，这有利于增强要素替代性，降低税负累退性。

第六章
中国财政再分配与收入分配效应测算

第一节　引言

　　财政是国家进行收入再分配的主要手段，财政再分配（Fiscal Redistribution）对于促进社会公平正义具有重要意义。党的十八届三中全会明确提出要"加快健全以税收、社会保障、转移支付为主要手段的再分配调节机制"。[①] 税收、社会保障和转移支付是财政再分配调节的主要工具，共同发挥调节功能。[②] 综合研究各项财政工具的收入再分配效应，对健全我国财政

---

① 《中共中央关于全面深化改革若干重大问题的决定》，人民出版社，2013。
② 从国外文献来看，"财政再分配"（Fiscal Redistribution）、"税收和转移支付再分配"（Redistribution of Taxes and Transfers）或"税收和社会保障再分配"（Redistribution Through Taxes and Social Security Benefits）在研究对象上相近，均研究税收和养老金、失业保险、社会救济等政府对居民的支出项目，如 Edwin 等（2008）、Nora（2015）、Stefan 等（2015）、Wang 等（2011）、Caminada 等（2012）、Gale 等（2007）、Bach 等（2015）等。从我国来看，转移支付通常指财政资金单方面的无偿转移，包括政府对居民的转移支付、对企业的转移支付和政府间转移支付，其中政府对居民的转移支付通常包括社会保险福利津贴、抚恤金、养老金、失业补助、救济金以及各种补助费等，如国家统计局在《中国城市（镇）生活与价格年鉴》中在统计上将居民的养老金、失业保险金、提取住房公积金、赡养收入、社会救济收入均列为居民的转移性收入。社会保障通常是指各种社会保险、社会救助、社会福利、军人保障、医疗保健、福利服务以及各种政府或企业补助、社会互助保障等社会措施的总称。由此可见，从广义上讲，政府对居民的转移支付和对居民的社会保障支出在内容上差别不大，然而，二者又存在不同，转移支付具有无偿性支付的特点，而社会保障的收入与其缴费相关，具有明显的有偿性。因此，从狭义上讲，我国居民缴纳的各项社会保险费及取得的相应的社保收入均属于社会保障项目，而政府单方转移给居民的支出，如社会救济性收入、捐赠收入则属于转移支付项目，本章采用这一狭义的界定。

及居民收入再分配调节机制具有重要意义。

近年来，我国学者对财政再分配与收入分配效应的研究取得了不少成果，如岳希明等（2014）对中国税制的收入分配效应的测度显示，我国税制整体上不仅没有降低 Gini 系数，反而使其增加，农村居民和城镇居民分别提高了 3.4% 和 1.6%。王延中等（2016）基于问卷调查对我国社会保障再分配效应的研究显示，我国社会保障制度的实行总体上缩小了居民收入差距，但仍存在一些扩大收入差距的制度安排。李吉雄（2010）研究表明，我国财政再分配没有起到缩小城乡居民收入差距的作用，财政再分配改善了城镇居民收入分配，但对农村居民收入分配呈"逆调节"效应。这些成果为研究我国财政再分配效应奠定了重要的理论基础。

以上文献均是以某一财政工具（如税收、社会保障、转移支付）为主要研究对象，而在实际中，这些财政工具作为一个组合共同发挥着再分配调节作用，从这个角度出发，我国财政再分配尚有很多课题有待进一步研究。如各项财政工具对收入分配的综合作用如何？不同财政工具在其中发挥作用的方向和大小如何？我国各项财政工具组合存在哪些问题？该如何完善我国财政再分配调节机制？对这些问题的回答，有利于从整体上综合掌握我国财政再分配效应，进一步深入掌握国家重大战略要求。本章拟在理论、实证和国际比较的基础上，解答这些问题。

目前，已有不少国家对财政再分配与收入分配效应进行了测算。例如，Higgins（2013）的研究显示，美国财政再分配使 Gini 系数由 0.448 降为 0.331，降幅约 26%，其中，社保和转移支付的贡献为 67%，个人所得税和工薪税的贡献为 35%，间接税的贡献为 -2%。Wang 等（2011）对 OECD 中的 28 个成员国的研究显示，政府税收和转移支付使 Gini 系数平均由 0.462 下降至 0.295，降幅达 36%，其中转移支付的贡献为 79%，直接税的贡献为 21%，没有考察间接税。Lustig 等（2013）对巴西、墨西哥和秘鲁等 6 个中等收入国家的测算显示，财政再分配使 Gini 系数平均由 0.517 降为 0.494，降幅为 4.4%，其中转移支付贡献为 43%，直接税贡献为 61%，间接税贡献为 -4%。这些研究加深了对财政再分配效应的认识，并为改进各项再分配政策提供了充分的理论和实证依据。关于中国财政再分配效应的综合测算，国内外研究尚为空白。

对财政再分配与收入分配效应的综合测算，普遍基于三个相关理论和研究方法——财政"预算归宿分析"（Budget Incidence Analysis）、居民"收入核算框架"（Income Accounting Framework）、MT 指数测算及分解方法。

然而，目前使用的"收入核算框架"主要包括直接税、社会保障和转移支付项目，未能有效地将间接税纳入。将间接税纳入分析框架是众多学者的共识，如 Musgrave 等（1974）认为，在测算财政再分配时应该考虑间接税的影响，征收间接税会引发居民的货币收入降低或商品价格上升，从而导致居民的真实收入下降，假定剔除间接税，则居民的真实收入增加，该收入为间接税征收前的收入。然而，要在研究中实现这一想法则困难重重，这也是很多研究将间接税剔除的原因。如 Smolensky 等（1987）指出，传统的预算归宿的核算框架（classical accounnting framework for measuring budget incidence）不能将生产者和消费者的行为纳入模型，不能计算没有间接税时居民的真实收入及其分配效应。Reynolds 和 Smolensky（1977）认为，传统的归宿研究将家庭消费商品时所缴纳的间接税从收入中扣除从而得到财政收入，这忽略了直接税和间接税的差异，会导致结果出现偏差（通常值偏大）。由于间接税通过价格影响收入分配，当无法准确计算价格变化对不同组别居民的收入影响时，在预算归宿分析中剔掉间接税则完全必要。

间接税是众多国家重要的税收来源，在全部税收收入中所占比重甚至超过直接税。2014 年我国间接税占比更是高达 93.8%。① 将间接税排除在分析框架之外，将直接影响对一国财政再分配与收入分配效应评价的完整性和准确性，甚至得出有偏误的结论。因此，要测算我国财政再分配与收入分配效应，需解决的一个重要问题是，设法将间接税纳入财政再分配与收入分配的分析框架。

---

① 根据财政部网站"统计数据"中"2014 年财政收支情况"计算得出，从广义上来说，除个人所得税外，其余税收几乎全部为企业缴纳，这些由企业缴纳的税收最终通过转嫁由居民负担，如果将这些税种均视为间接税，则 2014 年个人所得税占比为 6.2%，其余税收占比为 93.8%。本章的这一统计口径与国外学者研究财政的分配效应时所采用的口径一致，在后者的研究中，将个人所得税和工薪税（我国的社会保障费与此税类似）归为直接税，而其余税收均归为间接税，如 Higgins（2013）、Wang 等（2011）等。本章按这一口径来划分直接税和间接税，并采用不同方法测算其归宿和再分配效应。

在理论上，根据间接税归宿原理，间接税分为居民收入来源端间接税和使用端间接税两部分，并按顺序将其纳入居民的核算框架。进一步通过采用如下方法，使扩展后的核算框架在实证研究中得以实现：一是通过构建细分的一般均衡的数据集——社会核算矩阵（Social Accounting Matrix，SAM），将城乡不同组别居民的各项税收、社会保障和转移支付项目数据均纳入统一的数据集；二是以 SAM 为基础，构建可计算的一般均衡（CGE）模型，将生产者、消费者和政府行为纳入模型；三是根据各项税收、社会保障和转移支付的经济归宿原理，运用 CGE 模型按顺序分别测算其对不同组别居民的收入影响；四是在居民各项收入数据基础上，运用"顺序核算分解法"（Sequential accounting decomposition approach），通过按顺序计算 Gini 系数和 MT 指数，得出不同财政工具的再分配效应和整体再分配效应。

经测算显示，我国财政再分配使 Gini 系数由财政作用前的 0.4129 上升为财政作用后的 0.4316，上升幅度为 4.5%；其中，来源端间接税贡献为 -37%，社保支出贡献为 -28%，转移支付贡献为 69%，社保缴费贡献 9%，个人所得税的贡献为 15%，使用端间接税贡献为 -126%。这表明我国的财政再分配从整体上不仅没有缩小收入差距，反而拉大了收入差距。与中等收入国家和高收入国家相比，财政再分配与收入分配效应为负的结果在其他国家非常少见。我国转移支付、社会保障、个人所得税和工薪税对收入分配的正向调节力度过小，不仅小于发达国家平均水平，而且小于发展中国家平均水平；同时，中国间接税对收入分配的负向调节力度过大，不仅大于发达国家平均水平，而且大于中等收入国家平均水平。进一步测算各项不同财政工具对农村和城镇居民再分配的调节效应，结果显示，财政再分配导致农村 Gini 系数上升 0.1158，城镇 Gini 系数上升 0.0301，财政再分配拉大了城乡收入差距；城乡对比显示，转移支付对农村和城镇居民收入分配的影响分别为 0.0073 和 0.0002；支出端间接税对农村和城镇居民收入分配的影响分别为 -0.1237 和 -0.0354。

本研究的边际贡献体现在两个方面：一是从理论上对传统的财政再分配与收入分配方法进行拓展，根据间接税归宿原理，间接税分为居民收入来源端间接税和使用端间接税，并按财政工具作用将其按顺序纳入居民收入核算框架，拓展后的分析框架可用于分析包括间接税、直接税、社会保障和转移支付在内的各项财政工具的再分配效应。二是从实证上对我国财政再分配与收入分配效应进行测算，得出各项财政工具的再分配效应及其综合效应，并进一步与其他中等收入国家和高收入国家财政再分配效应进行比较，发现我国财政再分配存在的问题与改革方向。

第二节　财政再分配与收入分配效应测算的原理

文献研究表明，财政再分配与收入分配效应的测算原理由三部分组成：一是财政预算归宿分析，二是居民收入核算框架，三是 MT 指数测算及分解。三者可分别解决测算中的不同问题，从而共同完成对财政再分配与收入分配效应的测算。

财政预算归宿分析有两层含义：一是强调要把财政收支作为整体，综合考查其对收入分配的影响（Dalton，1955）；二是在考察财政收支的影响时，考察其经济归宿。其中直接税（如个人所得税）和政府转移支付的归宿较直观，由个人负担（受益），间接税（如商品税、企业所得税、流转环节的财产税等）的归宿较复杂，居民负担量无法直接获知（Musgrave 等，1974）。[1] 根据税收归宿原理，企业缴纳间接税后，一方面可以通过提高商品价格将税负向前转嫁给消费者，形成居民收入使用端的税收负担；另一方面还可以通过压低劳动力或（和）资本要素的价格，将税负向后转嫁给要素所有者，形成居民收入来源端的税收负担。间接税归宿由居民收入的来源端税收和使用端税收两部分组成（Musgrave，1959）。然而，在实证研究中，有两种不同的处理方法，一是以 Pechman 和 Okner（1974）为代表，假设间接税全部转嫁给消费者；二是以 Browning（1978）、Browning 和 Johnson（1979）为代表，假设间接税部分前转给消费者、部分后转给要素所有者。

---

① Musgrave 等（1974）认为，预算归宿分析法适用的范围，不仅应包括政府税收对居民收入分配的影响，还应包括政府的转移支付的影响，但不包括政府公共服务支出的影响。他们认为，在一定的税收归宿假设下，企业税、财产税、工薪税应视为间接税。

在现实经济活动中，税收无论是向前转嫁还是向后转嫁，转嫁程度受到许多经济因素和经济条件的影响，必须根据具体情况作分析（王传纶、高培勇，2002）。

从居民收入核算角度，分析财政的各项收支工具对居民收入的影响。居民的收入核算框架由两部分组成，一是关于居民收入概念的界定，通常涉及真实收入、市场收入、初始收入、总收入、税前（后）收入、财政前（后）收入、转移支付前（后）收入、可支配收入等概念，如 Reynolds 和 Smolensky（1977）、Kakwani（1977，1986）、Wang（2012）、Huesca 和 Araar（2014）、Lustig（2015）等的研究存在差异，因此，需要对其予以界定。二是财政收支对居民收入的影响，财政的各项收支工具按一定顺序对居民收入产生影响，据此可以得出各项财政工具作用前后居民收入的变化。需要强调的是，现有居民收入核算框架，未能很好地将间接税这一重要的财政工具纳入。Kakwani（1977）指出，测算方法适用于直接税、间接税和各项政府支出。然而他并没有直接测算间接税的再分配效应。Lustig（2015）的核算框架虽然包含了间接税，但是将其作为可支配收入的一个减项，假设间接税全部向前转嫁给消费者。这一假设不能准确反映间接税归宿原理，也不能准确反映间接税对居民收入分配的影响机制。本研究根据间接税归宿原理，将间接税分为居民来源端间接税和使用端间接税，并使用差别税收归宿方法，在一般均衡模型中，使用一次性总付税代替间接税，测算出在没有间接税状态下，居民的真实收入和支出，并将其纳入居民收入核算框架，这也是对现有居民收入核算框架的拓展。

MT 指数测算及分解是在居民收入核算框架的基础上，通过测算基于 Gini 系数的 MT 指数得出财政的再分配效应（Musgrave 和 Thin，1948；Kakwani，1977）。学者还通过对 MT 指数的分解[1]来测算各个财政工具的再分配效应，并形成"顺序核算分解法"（sequential accounting decomposition approach）。该方法强调财政工具对居民收入分配的影响"可分解"和"按

---

① 根据研究目的的不同，有多种 MT 指数分解方法，如 Kakwani（1977）通过对 MT 指数的分解来测算税收累进性；Kakwani（1986）通过 MT 分解来测算横向公平与纵向公平；Wilhelm（1990）通过对 MT 指数的分解来测算不同税制的收入分配效应。

顺序"。其中"可分解"是指财政再分配总效应是各个财政工具效应的综合结果，总效应可以分解为各个财政工具的分效应。"按顺序"是指不同财政工具对居民核算的影响遵循一定的顺序和过程。二者综合后，"按顺序分解"则要求在测算每一个财政工具再分配效应时，政策作用前后的收入是按顺序计算的，而不是某一固定的收入（如市场收入或财政前收入），并据此测算政策作用前后的 Gini 系数及 MT 指数，从而在分析某一政策工具再分配效应时有效排除了其他政策工具的效应（Kakwani，1986；Immervoll 等，2005；Whiteford，2008）。各国财政政策存在差别，加之研究者的理解不同，因此，针对不同国家，各个财政工具的作用顺序通常不同，如 Wang 等（2011）对 OECD 中的 28 个国家研究和 Lustig（2015）对 7 个中等收入国家研究，根据不同国家财政政策特点明确其作用顺序。因此，财政工具对居民收入分配的作用过程和机制，需要根据某国的财政制度的特点予以具体规定，而不能照搬其他文献，我国的具体顺序和机制详见表 6-1。

根据数据特点，采用 Mookherjee 和 Shorrocks（1982）、Aronson 和 Lambert（1994）、李实（2002）、金成武（2007）等研究中关于离散分布收入数据的基尼系数计算公式：

$$G = \sum_i \sum_j |Y_i - Y_j| / 2n^2\mu$$

其中，n 为个体数，μ 为所有个体的平均收入，Y_i 为个体 i 的收入水平，$|Y_i - Y_j|$ 为任意两个个体收入水平之差的绝对值。

在分析财政再分配与收入分配效应时，最常用的指标是由 Musgrave 和 Thin（1948）提出的 MT 指数。该指数为财政工具作用前与作用后的基尼系数之差，计算公式如下：

$$MT = G - G_F$$

其中，G 为财政工具作用前的基尼系数，G_F 为财政工具作用后的基尼系数，如果财政工具有利于改善收入分配状况，则其作用后，基尼系数下降，MT 为正，反之亦然，即 MT 为正值表示财政工具有利于缩小居民收入差距，反之，MT 为负值，则导致居民收入差距扩大。

表 6-1 反映了财政再分配与收入分配效应的测算原理。该原理将预算归宿分析、居民收入核算框架和 MT 指数测算相结合，形成统一完整的分析框架。表 6-1 是对以 Wang 等（2011）为代表的居民收入核算框架的进一步完善，特别是将间接税根据归宿机制纳入分析框架，体现为表中第 1 行、第 2 行和第 12 行、第 13 行。其中，第 2 行为居民收入来源端间接税，基于此可以计算居民间接税前的市场收入（第 1 列）；第 12 行为居民支出端间接税，基于此可以计算居民消费时扣除商品中间接税后的真实收入（第 13 行）。

表 6-1　财政再分配与收入分配效应分析与测算框架

序号	财政归宿及其对居民收入的调节	表达式	收入差距与财政再分配效应	表达式
1	市场收入	Y_i^m	财政工具作用前的收入差距	G_m
2	减：来源端间接税（增值税、营业税、消费税、城市维护建设税、进口税收、企业所得税、企业缴纳的房产税、城镇土地使用税、土地增值税等 14 项）	$-\sum_{c=1}^{14} T_{sc}^i$	来源端间接税的再分配效应	$MT_{T_s} = G_m - G_p$
3	＝初始收入	$= Y_i^p$	间接税作用后的收入差距	G_p
4	加：社会保障收入（养老金或离退休金、失业保险金、提取住房公积金 3 项）	$+\sum_{k=1}^{3} B_k^i$	社会保障收入的再分配效应	$MT_B = G_p - G_b$
5	＝社保收入后收入	$= Y_i^b$	社会保障收入作用后的收入差距	G_b
6	加：转移支付（社会救济收入、赡养收入、捐赠收入、其他转移性收入 4 项）	$+\sum_{z=1}^{4} B_z^i$	转移支付的再分配效应	$MT_{TR} = G_b - G_g$
7	＝总收入	$= Y_i^g$	直接税（费）作用前的收入差距	G_g
8	减：社会保障缴费（个人缴纳的养老基金、医疗基金、失业基金、住房公积金及其他社会保障支出 5 项）	$-\sum_{m=1}^{5} F_{fm}^i$	社会保障缴费的再分配效应	$MT_F = G_g - G_f$

序号	财政归宿及其 对居民收入的调节	表达式	收入差距 与财政再分配效应	表达式
9	社会保障费后可支配收入	$= Y_i^f$	社会保障缴费作用后的收入差距	G_f
10	减：个人所得税	$-T^i$	个人所得税的再分配效应	$MT_T = G_f - G_t$
11	个人所得税后可支配收入	$= Y_i^t$	直接税作用后的收入差距	G_t
12	减：支出端间接税 （增值税、营业税、消费税、城市维护建设税、进口税收、企业所得税、企业缴纳的房产税、城镇土地使用税、土地增值税等14项）	$-\sum_{c=1}^{14} T_{uc}^i$	支出端间接税的再分配效应	$MT_{Tu} = G_t - G_r$
13	＝真实收入	Y_i^r	财政工具作用后的收入差距	G_r

表 6-1 中各个财政工具对居民收入的再分配过程的表达公式如下：

$$Y_i^r = Y_i^m - \sum_{c=1}^{14} T_{sc}^i + \sum_{k=1}^{3} B_k^i + \sum_{z=1}^{4} B_z^i - \sum_{m=1}^{5} F_{fm}^i - T^i - \sum_{c=1}^{14} T_{uc}^i$$

式中，Y_i^r 表示居民 i 在所有财政工具作用后的"真实收入"。等式右边共有七项。这七项的顺序体现了各项再分配政策的作用过程和机制。其中第一项 Y_i^m 表示居民 i 劳动力和资本要素的"市场收入"，是假定在没有间接税而在纯市场情况下的收入。第二项 $\sum_{c=1}^{14} T_{sc}^i$ 表示居民 i 缴纳的各项来源端间接税之和，共有 14 项间接税，居民 i 缴纳的来源端间接税 c 为 T_{sc}^i。第三项 $\sum_{k=1}^{3} B_k^i$ 表示居民 i 的各项社会保障收入之和，共有 3 项社会保障收入项目，居民 i 的社会保障收入项目 k 为 B_k^i。第四项 $\sum_{z=1}^{4} B_z^i$ 表示居民 i 的各项转移支付之和，共有 4 项转移支付项目，居民 i 的转移支付项目 z 为 B_z^i。第五项 $\sum_{m=1}^{5} F_{fm}^i$ 表示居民 i 缴纳的各项社会保障费之和，共有 5 项社会保障费，居民 i 缴纳的社会保障费 m 为 F_{fm}^i。第六项 T^i 为居民 i 缴纳的个人所得税。第七项 $\sum_{c=1}^{14} T_{uc}^i$ 表示居民 i 缴纳的各项使用端间接税之和，共有 14 项间接税，居民 i 缴纳的使用端间接税 c 为 T_{uc}^i。在计算某一类项目对收入的影响时，均是在其前项基础之上。而在计算每一类项目中的各子项目对收入的影响时，则假定此类项目中其他子项目均未发生，仅计算该子项目对收入的影响。

表 6-1 中各个财政工具对居民收入的再分配效应表达公式如下：

$$\mathbf{MT} = \alpha \sum_{c=1}^{14}(G_m - G_{pc}) + \beta \sum_{k=1}^{3}(G_p - G_{bk}) + \chi \sum_{z=1}^{4}(G_b - G_{gz}) + \delta \sum_{m=1}^{5}(G_g - G_{fm})$$
$$+ (G_f - G_t) + \varphi \sum_{c=1}^{14}(G_t - G_{rc})$$

式中，**MT** 表示各个财政工具总的收入分配效应。等式右边共有六项，按顺序影响收入再分配，分别表示来源端间接税、社会保障收入、转移支付、社会保障缴费、个人所得税和使用端间接税的再分配效应。其中，每一项内部由多个项目组成，每一项目的再分配效应公式亦包含在上式中，如来源端间接税 c 的再分配效应为 $(G_m - G_{pc})$，社会保障收入 k 的再分配效应为 $(G_p - G_{bk})$，转移支付 z 的再分配效应为 $(G_b - G_{gz})$，社会保障缴费 f 的再分配效应为 $(G_g - G_{fm})$，个人所得税的再分配效应为 $(G_f - G_t)$，使用端间接税 c 的再分配效应为 $(G_t - G_{rc})$。需要强调的是，在每一大项财政工具内的各小项之间并无顺序规定，因此，在计算每一小项财政工具的收入再分配效应时，均直接测算只征收该财政工具而无同类其他财政工具时的再分配效应。分别计算各小项财政工具的再分配效应后再相加，其结果大于统一计算的各小项财政工具数值，因此需要使用调整系数对各小项再分配效应的加总值进行调整，其调整系数为上式中的 α、β、χ、δ、φ。

第三节　社会核算矩阵（SAM）扩展及核心方程说明

一　中国社会核算矩阵扩展及数据说明

在上述构建的中国社会核算矩阵基础上，除了细分为 14 项间接税和个人所得税外，增加扩展了 5 项社保缴费、3 项社保收入和 4 项转移支付。其中，增值税直接影响企业劳动力与资本的要素收入，营业税等商品税直接影响企业商品销售价格，企业所得税直接影响资本所有者收入，企业缴纳的房产税等各项财产行为税直接影响商品生产成本，这些税收影响商品和要素价格，最终归宿为各组别的城乡居民。而个人所得税、社保缴费、社保收入和转移支付直接作用于居民收入，以各组别的城乡居民为归宿。

以国家统计局对城乡居民收入分组为基础，将农村和城镇居民均分为五等分组，分别为低收入户、中低收入户、中等收入户、中高收入户和高收入户。居民收入包括工薪收入、资本收入、社保收入和转移性收入。社保收入具体包括养老金、住房公积金、失业保障金。转移支付收入具体包括社会救济收入、赡养收入、捐赠收入、其他转移性收入。居民支出包括消费支出、社会保障缴费、个人所得税、储蓄。其中，社会保障缴纳包括养老基金、医疗基金、失业基金、住房公积金和其他社会保障支出；消费支出包括 62 项商品。上述数据均来自国家政府部门。其中，各项税收数据来自《中国税务年鉴》中的"全国税收收入分税种分产业收入情况表"。居民收入与支出数据来自《中国统计年鉴 2018》和 2017～2018 年《中国城市（镇）生活与价格年鉴》。

二 模型核心方程

生产过程由两层嵌套的 CES 生产函数描述。假定资本和劳动力完全流动，生产的规模报酬不变。第一层 CES 生产函数，总产出 QX 由增加值 QKL 和中间投入组合 $QINT$ 决定。该 CES 函数是非线性的，各投入部分之间的比例随着相对价格的变化而变化，即不同投入部分之间存在替代性。PX、$PINT$、PKL 分别为总产出、中间投入和增加值的价格。λ_i^{qx} 为函数的规模参数，β_i^{kl}、β_i^{nd} 为份额参数，ρ_i^{qx} 为替代弹性参数。$rvat_i$ 为增值税实际有效税率。根据课税原理，增值税以增加值为课税对象，直接影响 PKL。该层 CES 生产函数最优条件下的价格和数量表达式如下：

$$QX_i = \lambda_i^{qx} \cdot \{\beta_i^{kl} \cdot QKL_i^{-\rho_i^{qx}} + \beta_i^{nd} \cdot QINT_i^{-\rho_i^{qx}}\}^{-\frac{1}{\rho_i^{qx}}}$$

$$QKL_i = \left(\frac{1}{\lambda_i^{qx}}\right)^{\frac{\rho_i^{qx}}{1+\rho_i^{qx}}} \cdot \left\{\beta_i^{kl} \cdot \frac{PX_i}{(1+rvat_i)PKL_i}\right\}^{\frac{1}{1+\rho_i^{qx}}} \cdot QX_i$$

$$QINT_i = \left(\frac{1}{\lambda_i^{qx}}\right)^{\frac{\rho_i^{qx}}{1+\rho_i^{qx}}} \cdot \left\{\beta_i^{nd} \cdot \frac{PX_i}{PINT_i}\right\}^{\frac{1}{1+\rho_i^{qx}}} \cdot QX_i$$

第二层增加值部分的生产函数也为 CES 函数表达，投入为劳动力 QL 和资本 QK，假定经济中统一的劳动力价格和资本价格分别为 WL、WK，λ_i^{kl} 为函数的规模参数，β_i^k、β_i^l 为份额参数，ρ_i^{kl} 为替代弹性参数。$rcit$ 为企业所得税有效税率。根据企业所得税原理，企业所得税是对税后利润的课征，直接影响资本所有者的回报率。该层的 CES 生产函数最优条件下的数量和价格表达式如下：

$$QKL_i = \lambda_i^{kl} \cdot \{\beta_i^k \cdot QK_i^{-\rho_i^{kl}} + \beta_i^l \cdot QL_i^{-\rho_i^{kl}}\}^{-\frac{1}{\rho_i^{kl}}}$$

$$QK_i = \left(\frac{1}{\lambda_i^{kl}}\right)^{\frac{\rho_i^{kl}}{1+\rho_i^{kl}}} \cdot \left\{\beta_i^k \cdot \frac{PKL_i}{(1+rcit_i)WK}\right\}^{\frac{1}{1+\rho_i^{kl}}} \cdot QKL_i$$

$$QL_i = \left(\frac{1}{\lambda_i^{kl}}\right)^{\frac{\rho_i^{kl}}{1+\rho_i^{kl}}} \cdot \left\{\beta_i^l \cdot \frac{PKL_i}{WL}\right\}^{\frac{1}{1+\rho_i^{kl}}} \cdot QKL_i$$

中间投入部分的生产函数是里昂惕夫生产函数。该函数为线性，各投入部分之间的比例固定，相对价格的变化不会影响各部分投入比例，不同投入部分之间不存在替代关系。ca_{ij} 为中间投入部分的投入产出直接消费系数，是指生产一个单位 i 部门的总中间投入，需要使用多少 j 部门的商品。PQ 为中间投入品价格，表达式如下：

$$QINTA_{ij} = ca_{ij} \cdot QINT_j$$

$$PINT_j = \sum_i ca_{ij} \cdot PQ_i$$

在开放经济下，中间投入使用 Armington 复合商品 QQ。该商品由国内生产国内消费商品 QD 和进口商品 QM 组成构成，价格为 PQ。λ_i^m 为函数的规模参数，δ_i^d 为份额参数，ρ_i^m 为替代弹性参数。$rimpt$ 为进口税收的有效税率。根据进口税收原理，进口税收以进口商品为课税对象，直接影响进口商

品价格 **PM**，表达式如下：

$$QQ_i = \lambda_i^m \cdot \{\delta_i^d \cdot QD_i^{-\rho_i^m} + \delta_i^m \cdot QM_i^{-\rho_i^m}\}^{-\frac{1}{\rho_i^m}}$$

$$QD_i = \left(\frac{1}{\lambda_i^m}\right)^{\frac{\rho_i^m}{1+\rho_i^m}} \cdot \left\{\delta_i^d \cdot \frac{PQ_i}{PD_i}\right\}^{\frac{1}{1+\rho_i^m}} \cdot QQ_i$$

$$QM_i = \left(\frac{1}{\lambda_i^m}\right)^{\frac{\rho_i^m}{1+\rho_i^m}} \cdot \left\{\delta_i^m \cdot \frac{PQ_i}{(1+rimpt_i)PM_i}\right\}^{\frac{1}{1+\rho_i^m}} \cdot QQ_i$$

国内商品 **QX** 分为国内销售 **QD** 和出口 **QE** 两部分，λ_i^e 为函数的规模参数，ε_i^d 为份额参数，ρ_i^e 为替代弹性参数。$\sum_{c=1}^{12} rint_i^c$ 为营业税、消费税、城市维护建设税、房产税、城镇土地使用税等间接税的实际有效税率之和。这些间接税分为两类，一类是营业税和消费税等直接以商品为课税对象的间接税，直接影响国内商品价格 **PX**；另一类是房产税、城镇土地使用税等间接税，以企业的财产为课税对象，这些税收在企业会计核算中作为成本列支，并影响国内商品价格 **PX**。其替代关系由 CET 函数代表：

$$QX_i = \lambda_i^e \cdot \{\varepsilon_i^d \cdot QD_i^{-\rho_i^e} + \varepsilon_i^e \cdot QE_i^{-\rho_i^e}\}^{-\frac{1}{\rho_i^e}}$$

$$QD_i = \left(\frac{1}{\lambda_i^e}\right)^{\frac{\rho_i^e}{\rho_i^e-1}} \cdot \left\{\varepsilon_i^{\ d} \cdot \frac{(1+\sum_{c=1}^{12} rint_i^c)PX_i}{PD_i}\right\}^{\frac{-1}{\rho_i^e-1}} \cdot QX_i$$

$$QE_i = \left(\frac{1}{\lambda_i^e}\right)^{\frac{\rho_i^e}{\rho_i^e-1}} \cdot \left\{\varepsilon_i^{\ e} \cdot \frac{(1+\sum_{c=1}^{12} rint_i^c)PX_i}{PE_i}\right\}^{\frac{-1}{\rho_i^e-1}} \cdot QX_i$$

上述公式中，包含了我国各项间接税，并根据其课税原理进行了设置。这些间接税对要素和商品价格产生影响，企业在利润最大化目标下，将税收负担转嫁给居民。

三　居民与税收、社会保障和转移支付

居民在效用最大化目标和收入约束下安排支出。居民收入包括劳动收入 **YHL**、资本收入 **YHK**、社会保障收入 **RSSR^K**、转移支付收入 **RSSR^Z**。居民的支出包括各项社会保障缴费 **RSSF^m**、个人所得税 **GIHTAX**、各项商品服务支出 **HD$_i$**，表达公式如下：

$$TYH_h = YHL_h + YHK_h + \sum_{k=1}^{3} RSSR_h^k + \sum_{z=1}^{4} RSSR_h^z$$

$$SH_h = RSH_h \cdot \left(1 - \sum_{m=1}^{5} RSSF_h^m - RIHTAX_h\right) \cdot TYH_h$$

$$PQ_i \cdot HD_{ih} = CONH_{ih} \cdot \left(TYH_h - \sum_{m=1}^{5} RSSF_h^m - GIHTAX_h - SH_h\right)$$

根据居民收入核算框架和顺序分解法,其真实收入 RY 为初始收入 (YHL_h+YHK_h)、社保收入 ($\sum_{k=1}^{3} RSSR_h^k$)、转移支付收入 ($\sum_{z=1}^{4} RSSR_h^z$)、社会保障缴费 ($\sum_{m=1}^{5} RSSF_h^m$)、个人所得税 ($GIHTAX_h$) 和消费支出 ($\sum_i PQ_i \cdot HD_{ih}$) 按顺序相加减得到。需要指出的是,各项直接税费和收入均已包含在公式中,间接税并未出现在公式中,而是内含于公式中。其中,(YHL_h+YHK_h) 为包含居民收入来源端间接税的收入,$\sum_i PQ_i \cdot HD_{ih}$ 为包含居民收入使用端间接税的消费支出。通过使用一次性总付税代替间接税,可以测得不含来源端间接税的初始收入和不含使用端间接税的真实收入。

$$RY_h = (YHL_h + YHK_h) + \sum_{k=1}^{3} RSSR_h^k + \sum_{z=1}^{4} RSSR_h^z$$

$$- \sum_{m=1}^{5} RSSF_h^m - GIHTAX_h - \sum_i PQ_i \cdot HD_{ih}$$

政府行为也以实现效用最大化为目标来安排各项财政收支。收入 TYG 来源包括个人所得税 ($\sum_h GIHTAX_h$)、各项间接税 ($\sum_i \sum_{C=1}^{14} GINT_i^c$)、各项社保缴费($\sum_h \sum_{m=1}^{5} RSSF_h^m$);支出包括社会保障支出 ($\sum_{k=1}^{3} RSSR_h^k$)、对居民转移支付 ($\sum_{z=1}^{4} RSSR_h^z$)、对企业转移支付 ($TRANSGTE$)、一般性支出 ($PQ_i \cdot GD_i$)、政府储蓄 ($SG$),表达公式如下:

$$TYG = \sum_h GIHTAX_h + \sum_i \sum_{C=1}^{14} GINT_i^c + \sum_h \sum_{m=1}^{5} RSSF_h^m$$

$$PQ_i \cdot GD_i = cong_i \cdot \left[TYG - \sum_h \left(\sum_{k=1}^{3} RSSR_h^k + \sum_{z=1}^{4} RSSR_h^z\right) - TRANSGTE - SG\right]$$

第四节　实证结果与分析

根据拓展后的财政再分配与收入分配分析方法,基于现实数据,运用

CGE 模型，对包括间接税在内的各项税收、社会保障缴费和收入、转移支付收入等各财政工具的再分配效应进行了测算，结果如表 6-2 所示。

从全国来看，财政工具作用前居民收入的 Gini 系数为 0.4129，各财政项工具作用后居民真实收入的 Gini 系数为 0.4317，MT 指数的变化为 -0.0187，变化幅度为 -4.5%。这表明，在各财政工具综合作用下，不仅没有缩小居民收入差距，反而导致居民收入差距进一步扩大。考虑到间接税对居民资本和劳动收入的影响，居民收入在扣除来源端间接税后的初始收入的基尼系数为 0.4199，MT 指数变化为 -0.007，表明来源端间接税使 Gini 系数增加，扩大了居民收入分配差距。-0.007 的变化与各财政工具综合作用导致的基尼系数的变化的绝对值 0.0187 相比，得出来源端间接税在整个财政再分配中的贡献为 -37%。同理，社会保障收入导致 MT 指数变化为 -0.0053，贡献为 -28%；转移支付导致 MT 指数变化为 0.0127，贡献为 69%；社会保障缴费导致 MT 指数变化为 0.0017，贡献为 9%；个人所得税导致 MT 指数变化为 0.0028，贡献为 15%；支出端间接税导致 MT 指数变化为 -0.0236，贡献为 -126%。图 6-1 更加直观地反映了整体财政再分配效应和各财政工具对全国居民收入分配影响的方向和大小。

表 6-2　我国财政再分配与收入分配总效应及其分解

项目	测算指标	全国居民	农村居民	城镇居民
居民收入	G_m	0.4129	0.3640	0.2972
来源端间接税	MT_{Ts}	-0.0070	0.0006	0.0018
	$MT_{Ts}/\|MT\|$	-37%	1%	6%
初始收入	G_p	0.4199	0.3634	0.2954
社会保障收入	MT_B	-0.0053	0.0000	0.0005
	$MT_B/\|MT\|$	-28%	0	2%
社保后收入	G_b	0.4252	0.3634	0.2949
转移支付	MT_{TR}	0.0127	0.0073	0.0002
	$MT_{TR}/\|MT\|$	69%	7%	1%
总收入	G_g	0.4125	0.3561	0.2947
社会保障缴费	MT_F	0.0017	0.0000	-0.0005
	$MT_F/\|MT\|$	9%	0%	-2%

续表

项目	测算指标	全国居民	农村居民	城镇居民
费后可支配收入	G_f	0.4108	0.3561	0.2952
个人所得税	MT_T	0.0028	0.0000	0.0033
	$MT_T/\lvert MT\rvert$	15%	0%	11%
税后可支配收入	G_t	0.4080	0.3561	0.2919
支出端间接税	MT_{Tu}	−0.0236	−0.1237	−0.0354
	$MT_{Tu}/\lvert MT\rvert$	−126%	−107%	−118%
真实收入	G_r	0.4317	0.4798	0.3272
整体财政收支	MT	−0.0187	−0.1158	−0.0301
	$MT/\lvert MT\rvert$	−100%	−100%	−100%

从农村来看，整体财政再分配，使基尼系数由财政工具作用前的 0.3640 变为财政工具作用后的 0.4798，MT 指数变化为−0.1158，变化幅度为−32%。其中，收入来源端间接税导致 MT 指数变化为 0.0006，贡献为 1%；社会保障收入和缴费方面，考虑到农村居民养老、失业、生育等相关制度尚待建立健全，农村合作医疗保障水平低、缴费少，加之统计数据缺失，忽略其对收入分配的影响。转移支付，导致 MT 指数变化为 0.0073，贡献为 7%；农村居民的个人所得税缴纳也几乎为零，因此个人所得税对农村居民的收入分配也没有调节作用；支出端间接税导致 MT 指数变化为−0.1237，贡献为−107%。从图 6-2 可以更加直观地看出各个财政工具对农村居民收入分配影响的方向和大小。

从城镇来看，整体财政再分配，使基尼系数由财政工具作用前的 0.2972 变为财政工具作用后的 0.3272，MT 指数变化为−0.0301，变化幅度为−10%。其中，收入来源端间接税导致 MT 指数变化为 0.0018，贡献为 6%；社会保障收入导致 MT 指数变化为 0.0005，贡献为 2%；转移支付导致 MT 指数变化为 0.0002，贡献为 1%；社会保障缴费导致 MT 指数变化为−0.0005，贡献为−2%，这表明社会保障缴费具有较弱的逆向调节作用，其负向调节作用与社会保障收入的正向调节作用抵消，即从整个城镇社会保障收支综合来看，其对收入分配的影响为零；个人所得税导致 MT 指数变化为

0.0033，贡献为 11%；支出端间接税导致 MT 指数变化为 -0.0354，贡献为 -118%。图 6-3 更直观地显示了不同财政工具对城镇居民收入分配调节的方向与大小。

从城乡对比来看，现有财政再分配制度对农村居民收入分配的逆向调节作用远大于城镇居民，财政再分配导致农村居民 Gini 系数下降 0.1158，城镇居民 Gini 系数下降 0.0301，财政再分配对农村居民的负效应是城镇居民的 3.8 倍，拉大了城乡居民收入差距，其主要原因在于支出端间接税对农村居民的影响是 -0.1237，对城镇居民的影响是 -0.0354，支出端间接税对收入分配的逆向调节方面，农村居民为城镇居民的 3.5 倍。此外，农村居民和城镇居民的相比还有一个突出特点，即转移支付对农村居民和城镇居民收入分配均发挥着正向调节作用，对农村居民的作用效果为 0.0073，远大于城镇居民的 0.0002，但相对于支出端间接税的逆向调节作用则较为微弱。

值得注意的是，来源端间接税对农村居民和城镇居民的影响的 MT 指数分别为 0.0006 和 0.0018，均为正值，表明来源端间接税的正向调节作用，而对全国的影响为 -0.0007，表明其作用为逆向调节。来源端间接税导致城乡居民收入差距拉大。同理，社会保障收入对农村居民调节几乎为零，而对城镇居民为 0.0005，更加有利于城镇居民，导致城乡居民收入差距拉大，并在全国表现为逆向调节。转移支付对农村居民和城镇居民的调节效果分别为 0.0073 和 0.0002，均为正向调节，同时有利于缩小城乡居民差距，转移支付对全国居民的影响效果进一步增为 0.0127。社会保障缴费对农村居民的影响为零，对城镇居民为 -0.0005，由于农村居民缴纳的社保费远少于城镇居民，导致城镇居民收入差距缩小，从全国来看，有利于缩小居民收入差距，其效果为 0.0017。个人所得税方面，农村居民基本不缴纳，而城镇居民相对缴纳较多，因此有利于缩小城乡居民差距，同时个人所得税在城镇居民内部也对收入分配调节起着正向作用，效果为 0.0033，对全国居民的综合效果为 0.0028。

上述分析可见，不同财政工具的调节效果和比重是影响我国财政再分配效果的两个关键因素。从财政工具的调节效果来看，测算结果表明，我国间接税的效应为负，个人所得税、社会保障缴费、转移支付的效应均为正，社

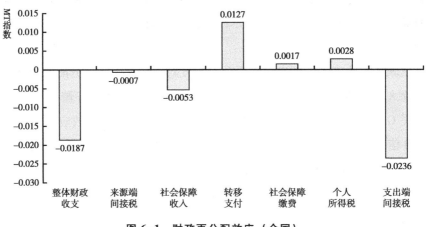

图 6-1 财政再分配效应（全国）

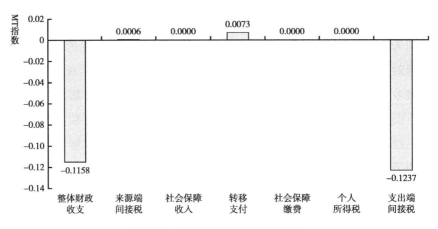

图 6-2 财政再分配效应（农村）

会保障收入的效应为负；社会保障缴费的正效应与社会保障收入的负效应大体相抵。从不同财政工具的比重来看，2017 年我国个人所得税占全部税收收入的比重仅为 5.8%，[①] 同时间接税比重过大；社会保障和转移支付在财政支出中的比重过小，2017 年中国社会保障和转移支付占 GDP 的比重为

---

① 根据《中国税务年鉴 2013》计算得出。

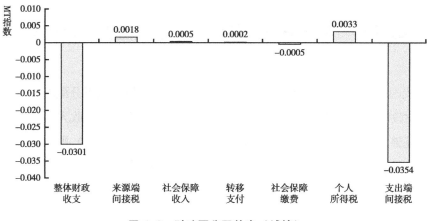

图 6-3 财政再分配效应（城镇）

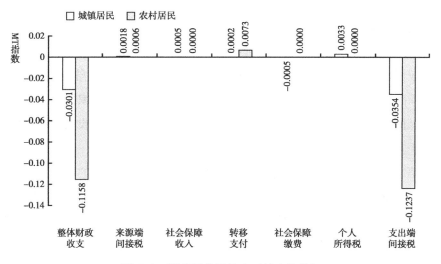

图 6-4 财政再分配效应（城乡比较）

10%，OECD 国家可比口径的转移支付和社保支出占 GDP 的比重平均达到 31.5%[①]。

_____

① OECD 数据根据 IMF Government Finance Statistics Yearbook（2012）计算得出，中国根据《中国财政年鉴 2013》计算得出。

第五节　财政再分配与收入分配效应的国际比较

我国正在推进现代财政制度建设。进一步完善我国财政再分配功能是建设现代财政制度的重要内容。为此，在上述对我国财政再分配与收入分配效应测算的基础上，有必要与其他中等收入国家和高收入国家（地区）财政再分配与收入分配效应进行比较，从而进一步发现问题、分析原因和明确改革方向。

根据数据的可得性，选择了16个国家或地区进行比较，包括10个发达国家或地区，即美国、英国、法国、德国、爱尔兰、瑞士、加拿大、俄罗斯、韩国、中国台湾，5个中等收入国家，即巴西、墨西哥、秘鲁、乌拉圭、玻利维亚，通过对比中国大陆与这些国家或地区的财政再分配效应，可以得出如下结论。

第一，与中等收入国家或地区相比，中国大陆财政分配前居民收入差距处于较低水平，财政分配后也处于较低水平。然而，中国大陆的转移支付、社会保障和直接税费的再分配调节作用小于所列中等收入国家或地区的平均水平，同时中国大陆的间接税导致居民收入差距拉大，其对收入分配的负作用大于其他中等收入国家或地区。

第二，与高收入国家或地区相比，中国大陆财政分配前的居民收入差距也处于较低水平，财政分配后却高于发达国家或地区。中国大陆的转移支付、社会保障和直接税费的再分配调节作用小于高收入国家或地区，间接税对收入分配的负作用较大。

第三，中等收入国家或地区财政作用前居民收入分配差距大于高收入国家或地区，财政作用后仍高于高收入国家或地区。高收入国家或地区社会保障、转移支付和直接税的调节力度显著高于中等收入国家或地区。这些财政工具在降低 Gini 系数上发挥着主导作用。其中，发达国家或地区的转移支付的调节力度普遍大于直接税，在缩小居民收入分配差距上发挥着主要作用。

第四，中国大陆的转移支付、社会保障、直接税的再分配正效用不仅低于中等收入国家或地区，也低于高收入国家或地区，间接税再分配的负效应不仅高于中等收入国家或地区也高于高收入国家或地区。由于中国大陆间接税对收入分配的负效应大于其他财政工具的正效应，中国大陆整体财政再分配效应为负，而其他中等收入国家或地区和高收入国家或地区财政整体再分配效应普遍为正。

第五，韩国和中国台湾与其他高收入国家或地区不同，其财政作用前的收入差距较小，即初次分配后的收入差距较小，同时其社会保障、转移支付和直接税的再分配效应要小于发达国家或地区，但其财政作用后的收入差距较发达国家或地区仍然更小。这表明，如果能通过初次分配缩小收入差距，则财政的再分配力度可大大降低。

图 6-5 中的一些国家或地区缺少间接税再分配效应的测算，但由于这些国家或地区间接税比重相对较小，间接税对其总的财政再分配影响不大。Figari 和 Paulus 等（2012）、Lustig 等（2013）在测算中等收入国家或地区财政再分配效应时考虑了间接税，但是其假定间接税全部转嫁给消费者，因此高估了该作用效果。即使如此，本研究认为，这一比较仍然可以帮助我们更好地了解中国财政再分配效应。

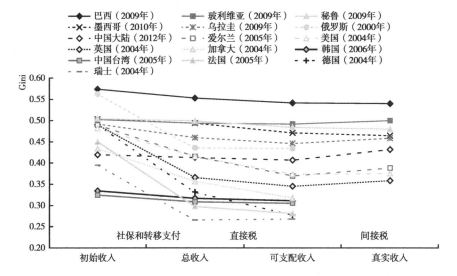

图 6-5　财政再分配效应比较：中国与中等收入或高收入国家或地区

资料来源：Chen Wang 和 Koen Caminada（2011）、Figari 和 Paulus 等（2012）、Lustig 等（2013）。

第六节　结论与政策建议

现有对财政再分配的研究未将间接税纳入分析框架，对于间接税比重相对较低的发达国家来说，对其财政再分配与收入分配效应的影响较小，然而，我国直接税比重过小，而间接税比重过大，因此，将间接税排除在外，将极大地影响测算结果的准确性。本章根据间接税归宿原理，将间接税划分为居民收入来源端间接税和使用端间接税，并将其纳入由财政预算归宿分析、居民收入核算框架和 MT 指数测算组成的分析模型中。在此基础上，对我国税收、社会保障和转移支付三类重要的财政工具的再分配效应进行了综合测算，得出如下结论。

从全国居民、农村居民和城镇居民来看，财政再分配与收入分配效应均为负，其对农村居民负作用大于城镇居民，即财政再分配没有起到缩小居民收入差距的作用，反而拉大了居民收入差距，其原因在于支出端间接税的负效应远大于社会保障、转移支付和支付税费的正效应，且对农村居民的影响大于城镇居民。

不同财政工具的再分配效应存在明显差异。从全国来看，转移支付、社会保障缴费和个人所得税的再分配效应为正，合计贡献为 93%，来源端间接税、社会保障收入和支出端间接税的再分配效应为负，合计贡献为 -191%；从农村来看，来源端间接税、转移支付的效应为正，合计贡献为 8%，支出端间接税的效应为负，贡献为 -107%；从城镇来看，来源端间接税、社会保障收入、转移支付和个人所得税效应为正，合计贡献为 20%，社会保障缴费和支出端间接税效应为负，合计贡献为 -120%。

与中等收入国家或地区比较显示，中国大陆初始收入分配差距小于其他中等收入国家或地区，财政再分配后也低于其他国家或地区，但财政再分配的效应为负，不同于其他中等收入国家或地区。与 10 个发达国家或地区的比较显示，中国大陆初始收入分配差距也小于多数发达国家或地区，但中国大陆财政再分配与收入分配效应为负，而其他发达国家或地区财政再分配与收入分配效应为正且对收入分配的调节力度大，因此财政再分配后中国大陆的收入分配差距远大于其他发达国家或地区。其原因在于，中国大陆转移支付、社会保障和直接税的正向调节力度较弱，同时间接税的负向调节作用强。

为了实现党的十八届三中全会提出的"加快健全以税收、社会保障、转移支付为主要手段的再分配调节机制"，建设现代财政制度，必须进一步改善我国财政再分配与收入分配。为此，提出如下政策建议：以税制改革为重心促进财政政策更加积极有效，即实施积极有效的财政政策，不仅要求在财政支出方面保持适度的增速，优化支出结构、提高资金使用效率，更要求以税制改革为重心，完善税收体系，降低宏观税负，从而激发企业活力，增强居民购买力。

一　推进税制改革，降低宏观税负

宏观税负较重仍是我国保持经济增长、推进供给侧改革需要解决的重要问题。本章将全国一般公共预算收入与 GDP 之比作为宏观税负的衡量指标，2006~2016 年我国财政收入占 GDP 的比重由 17.8% 上升到 21.5%，这表明该指标口径度量的宏观税负不断提高。从税收承担主体来看，不仅产品生产者或企业主所承担税负较重，而且终端的消费者或居民的赋税压力也较大。在个人所得税制基本不变的前提下，2017 年前两个季度居民人均可支配收入同比名义增长率为 8.8%，而同期个人所得税 6753 亿元，同比增长 18.6%，远高于居民人均可支配收入增速。整体来说，我国的税收制度仍需进一步完善。

首先，从税收结构来看，我国财政税收收入中间税所占比重过大。不考虑关税，国内增值税、营业税和消费税这三项间接税占财政总收入的比重从 2000 年的 57.9% 下降到 2016 年的 47.9%，整体有所降低，但是比重仍然偏高。间接税税负较易转嫁，造成商品价格体系扭曲。相较于直接税而言，间接税更具有累退性，不符合公平原则。间接税为主的税制也更具有顺周期性，限制了政府通过税收调控宏观经济的有效性。

其次，无论从企业还是从居民角度来看，我国经济主体承担的税负仍较重。企业税负方面，2016 年我国"营改增"全面推开，对降低企业税率、理顺税制体系有着重要意义。"营改增"减少了重复征税，减轻了企业负担，但是我国企业的整体税负仍然偏重，需要进一步降低税率。居民税负方面，个人所得税增速高于居民人均可支配收入，表明我国个人所得税制并不适应经济发展形势，在调节居民收入方面效果较差。建议我国加快个人所得税制改革方面的研究和论证工作，并尽可能快地加以实行。

最后，税收体系的不完善造成政府宏观调控手段不足。税收政策是我国市场经济宏观调控的基本工具，而税收体系的不完善会导致宏观调控力度的减弱，甚至造成政府过多利用非市场化的行政行为对市场经济进行不当干预。近期这一问题突出表现在环保部门对企业污染问题的治理上。由于我国还未开征环境保护税，政府治理企业污染更多依靠罚款和关停等手段，难以形成有效地促进企业运用节能减排技术减少污染的长效激励机制。某些地区的环保部门为了实现节能减排目标将区域内某些行业所有企业"一刀切"地全部关停，而不考虑行业内企业真实排放情况的差异。这样简单粗暴的方法不仅有悖于市场化改革的大方向，也不利于节能减排长期目标的实现。而建立环境保护税收体系，采用更加市场化的方法，依据企业实际排放水平课税，将企业外部性内化等，激励企业采用更为环保的生产技术，保障达到环保标准的企业正常生产，不仅有利于实现节能减排的目标，也有利于兼顾经济增长和改善民生的发展目标，保障市场经济秩序。应尽快完善环境保护、资源利用方面的税收体系，更多利用税收手段调节企业行为，减少行政行为对企业的直接干预。

总之，随着我国各项改革逐渐进入深水区，我国亟须进一步解决税收体系中不适应当前经济发展形势的深层次问题，切实提高宏观调控效率和经济增长质量，推动我国经济平稳较快发展。

二 采取多种措施提高财政政策有效性

第一，扩大财政支出规模，保持 3% 的赤字率。根据财政税收理论，过高的财政支出往往导致赤字率升高进而增加财政风险，因此近年来我国的赤字率总体保持在 3% 以下。需要继续保持一定力度的扩张性财政政策以稳定经济增长水平。建议全年赤字率仍然保持在 3%，既保持对经济一定的刺激力度，也避免过高的财政风险。

第二，进一步提高资金使用效率，增强财政政策的有效性。从财政支出角度来看，财政政策效果不仅仅取决于支出规模，而且还受到财政资金的使用效率影响。尤其是在当前我国财政收入增速有限的背景下提高财政资金使用效率显得更为重要和迫切。因此，我国需要进一步探索提升财政资金使用效率的方法，从而充分发挥财政资金效用，尽可能地避免财政资金闲置甚至浪费情况。积极探索和推广政府和社会资本合作模式，吸引更多的社会资本参与基础设施建设等项目，这样不仅可以有效弥补和缓解政府资金投入不足，而且可以通过加强社会监督，优化财政资金项目运行，有效提升财政资金使用效率。

第三，坚定推进税制改革，切实降低宏观税负。首先，与许多国家不同的是，我国的间接税比重明显过高，往往导致价格扭曲、再分配功能偏弱等问题；其次，总体而言，我国企业和居民承担的宏观税负相对偏重；另外，近年来，我国个人所得税收入增速持续高于人均可支配收入增速，说明我国个人所得税在调节居民收入方面的实际效果较差。这也说明，我国推进税制改革需要充分重视调整税收结构，优化包括增值税、消费税、企业所得税、资源税、环保税等税种在内的间接税税种和税率结构，调节直接税与间接税的合理比例；进一步减轻企业税负负担，从而切实降低企业经营成本，增强企业竞争力，促进产业升级转型；推进个人所得税改革，尤其是要降低低收入和中低收入家庭的税收负担。

第四，完善环境保护税实施方法，促进企业节能减排。降低企业能耗和污染是推进经济结构调整、转变增长方式的必由之路。目前我国节能减排工作主要采用行政命令方式推进，但是效果并不理想。我国《环境保护税法》于 2018 年 1 月 1 日起在全国范围内正式实施，未来的节能减排工作需要以环境保护税这种征收"矫正税"的方式为核心，一方面完善税法的具体实施方案和税收标准，另一方面要减少其他节能减排的行政手段对市场经济的干预。

第五，合理利用税收、社会保障、转移支付等手段，进一步改善我国财政再分配。一是优化财政收入结构，逐步提高直接税和社会保障缴纳的比重，同时相应地逐步降低间接税比重，这一方面可以增加直接税和社会保障缴纳的正效应，另一方面可以相应地降低间接税的负效应。二是优化财政支出结构，逐步提高转移支付和社会保障支出的比重，同时相应地逐步降低一般性财政支出的比重，从而在财政支出端增加调节收入分配的正效应。三是优化个人所得税制度，实现由分类税制向综合税制的转变，通过综合收入、以家庭为单位纳税、完善费用扣除和税收抵免制度、完善累进税制等方面的改革，提升个人所得税的累进性。四是优化间接税制度，降低间接税的累退性和增加其累进性，如对初级食品和普通药品实行免征增值税的政策，将更多的奢侈品消费纳入消费税的征收范围等。

第七章
财政政策调整对收入再分配效应的影响

整个社会经济活动是由生产、分配、交换和消费环节构成，经济活动与分配密切相关，因此，收入分配是社会经济活动中的重要组成部分。从新中国成立到现阶段的发展经验表明，我国历来都比较重视收入分配问题，经济体制的完善和改革涉及经济利益分配的再调整，其实质是收入分配格局的再调整，从而促进经济政策的有效实施和经济的平稳运行。在计划经济体制下，我国实行高度集中的计划分配体制。为了打破"平均主义"，调动广大人民群众的生产积极性，我国政府实施了以家庭联产承包责任制改革为代表的一系列经济体制机制和收入分配体制改革措施。收入分配机制改革极大地激发了广大人民群众的生产积极性，促进了经济快速增长。但是，收入分配机制改革涉及社会的各个方面，是一项长期而艰巨的任务。随着我国经济的快速发展，居民生活水平极大地提升，但与此同时，逐渐扩大的居民收入差距也引起广泛关注。

从世界各国的发展经验来看，在工业化发展过程中，各国积极采取各种旨在促进社会公平和稳定的政策措施，通过实施财政再分配调节措施改善收入分配。马斯格雷夫（1959）指出，再分配是政府财政职能的重要组成部分，通过对收入和财富的重新分配，进而达到合理的收入分配状态。财政再分配在改善居民收入分配的同时，也能促进经济增长，收入分配与经济增长并不是完全对立的两面，应该重视财政政策的再分配作用（保罗和沃德，1996）。仔细研究国际上关于收入不平等的证据就会发现，拉美国家与西欧国家之间的巨大差异，与其说是由市场力量造成的，不如说是由政策的再分配功能造成的。换句话说，就收入不平等而言，这两个地区在征税后和公共转移支付后的收入差距要比征税前和转移支付前大得多，这意味着拉美国家相对于国际平均水平的过度不平等在很大程度上反映了该地区财政体系未能履行发挥再分配职能。在欧洲国家，通过直接税收和现金转移实现的财政再分配使收入分配基尼系数平均减少约15%，而在拉美国家，该值平均仅为2%。可见，在财政再分配能力方面存在的巨大差距是拉美国家收入不平等现象严峻的重要原因。

财政再分配工具主要包括税收和政府转移支付两大类，税收又可以分为直接税和间接税。直接税方面，以个人所得税为主的再分配调节工具，间接税并不包含在居民收入调查范畴内，其再分配效应多为宏观估计，由于间接税存在税负转嫁，其一定程度上降低了居民收入。政府转移支付主要是指对符合条件的个人通过财政转移以实现再分配调节目标的关键工具，具有再分配调节的潜力。从发达国家的实际情况来看，政府转移支付的再分配效应的贡献率高达80%，远远超过税收的再分配效应（万莹、史忠良，2010）。财政政策作为国家进行宏观经济调控的主要手段之一，其对宏观经济的调控也是对各方利益主体格局的重新组合，进而形成社会分配新格局。随着经济的不断发展和经济体制改革的不断深入，我国财政政策不断健全，尤其是财政政策对收入分配的作用日益凸显。因此，为更好地探究财政政策的收入分配和再分配效应，分析财政再分配机制可能存在的问题，本章将从政府税收政策调整和政府转移支付等方面入手考察政府再分配工具调整对再分配效应的影响，进而寻找提高财政再分配效应的路径。

第一节　财政政策对收入再分配的影响机理

在经济学和政治学中，财政政策是政府通过其收支行为来调控宏观经济运行。税收政策作为一种常见的财政政策，是指国家为了完成特定历史时期的目标任务，确立的税收分配活动的指导原则，是我国宏观经济政策工具的重要组成部分。通常情况下，国民收入分配一般由初次分配和再分配组成，随着经济社会的不断发展，第三次分配也逐渐发展起来。总体而言，三次分配的顺序为，国民收入在生产过程中进行第一次分配，即初次分配；然后在初次分配的基础上，政府通过各种政策手段进行第二次分配，即再分配；最后在再分配的基础上，完成第三次分配。但随着各经济主体之间的交流日益紧密，第三次分配并非严格意义上的位于初次分配和再分配之后，有可能在初次分配和再分配之间，但这并不影响接下来分析财政政策对收入分配的影响机制。作为调整收入分配的重要手段，本节简要分析税收政策和转移支付政策等对收入分配的作用机理。

一 初次分配阶段

初次分配是指国民总收入与生产要素紧密联系的分配。任何生产活动都离不开劳动力、资本、土地、技术等生产要素。在市场经济条件下，必须付出一定的货币报酬才能获得这些要素，而这种货币报酬会形成各个要素供给者的初始分配收入。在假设市场完全竞争的条件下，企业的利润函数取决于企业自身的生产和成本函数，企业的生产活动需要投入劳动力和资本，两种要素的价格又取决于要素市场的供求关系。劳动者获得劳动力收入，进而实现自身效用最大化。令企业的生产函数为 $F(K, L)$，相应地，企业的利润函数 π 为：

$$\pi = P \times F(K,L) - (\omega \times L + r \times K) \tag{7.1}$$

其中，P 为产出品价格，ω 和 r 分别为工资水平和资本价格，L 和 K 分别为企业生产活动所需要的劳动力投入和资本投入。对式（7.1）分别关于 L 和 K 求一阶导数，得：

$$\frac{\partial \pi}{\partial L} = P \times \frac{\partial F}{\partial L} - \omega = 0 \tag{7.2}$$

$$\frac{\partial \pi}{\partial K} = P \times \frac{\partial F}{\partial K} - r = 0 \tag{7.3}$$

假设 P 为基准价格 1，则有：

$$\omega = P \times \frac{\partial F}{\partial L} = P \times MP_L = MP_L \tag{7.4}$$

$$r = P \times \frac{\partial F}{\partial K} = P \times MP_K = MP_K \tag{7.5}$$

因此，劳动者 i 的劳动收入为：

$$W_i = \omega_i \times L_i = MP_{L,i} \times L_i \tag{7.6}$$

假设经济体中存在熟练劳动力（L_{skill}）和非熟练劳动力（$L_{unskill}$）两种劳动力类型，由于劳动者禀赋不同，获得的工资率 ω_i 也不同，那么，

熟练劳动力获得的劳动收入（W_{skill}）为：

$$W_{skill} = \omega_{skill} \times L_{skill} \tag{7.7}$$

非熟练劳动力获得的劳动收入（$W_{unskill}$）为：

$$W_{unskill} = \omega_{unskill} \times L_{unskill} \tag{7.8}$$

令 G 为因劳动者禀赋差异而形成的收入差距，则有：

$$G = W_{skill} - W_{unskill} \tag{7.9}$$

熟练劳动力相比于非熟练劳动力具有更高的禀赋，$\omega_{skill} > \omega_{unskill}$，因此收入差距在劳动者的初次分配阶段就已存在。

二　再分配阶段

（一）税收类再分配项目

税收类再分配项目调节再分配的核心是"削峰调高"，因此经过该项目的调节，居民人均可支配收入降低，但是高收入群体的收入降低幅度更大，从而达到缩小居民收入差距的目的。对于税收类再分配项目，要使其能够更好地发挥正向的再分配效应，那么税负需要具有累进性，也就是说，高收入群体的税收负担要大于低收入群体的税收负担。设 $T(x)$ 为收入为 x 的居民承担的税负，对于所有收入 x，当 $T(x)$ 相对于 x 的弹性等于 1 时，税收制度是成比例的，当弹性大于 1 时，税收制度是累进性的，当弹性小于 1 时，税收制度是累退性的。可以看出，这种累进性定义相当于，当边际税率分别大于、等于和小于平均税率时，税收制度是累进性的、比例的和累退性

的。令 C 代表税收集中度系数，G 代表税前收入基尼系数，在此基础上，Kakwani（1977）提出用 $P=C-G$ 作为衡量税收累进（退）程度的指标。如果对于所有收入 x，税收弹性大于（小于）1，则 P 为正数（负数）。当所有收入的税收弹性等于 1 时，P 假定为 0。P 大于 0 意味着累进性税制，反之亦然。在所有收入水平上，P 随着税收弹性的增加而增加，反之亦然。

设收入为 x 的居民人均可支配收入为：

$$d(x) = x - T(x) \tag{7.10}$$

Kakwani（1977）指出，税收的再分配效应取决于平均税率和税收的累进程度：

$$G^* = G - \frac{t}{1-t}P \tag{7.11}$$

其中，G 为税前收入基尼指数，G^* 为税后收入基尼指数，t 为平均税率。

从式（7.11）可以看出，税后收入基尼系数受到三个变量的影响，即税前收入基尼系数、平均税率和税收累进性指数。需要指出的是，在税收累进性不变的情况下，平均税率可以变化。因此，税后收入基尼系数相对于平均税率和累进性的弹性为：

$$\eta_t = -\frac{Pt}{(1-t)^2 G^*} \tag{7.12}$$

$$\eta_P = -\frac{Pt}{(1-t)G^*} \tag{7.13}$$

式（7.12）和式（7.13）表明，对于累进（退）性税制，收入不平等性随着 t 和 P 的增加而减少（增加）。此外，两个弹性的比率 η_t 和 η_P 的绝对值超过了 1。由此得出，税后收入不平等对平均税率的敏感性高于税收累进性。这也解释了虽然我国的个人所得税是累进性的，但是由于平均税率过低，其并未很好地发挥收入再分配效用。

总税收函数 $T(x)$ 可以表示为 n 个单项税收项目的总和：

$$T(x) = T_1(x) + T_2(x) + \cdots + T_n(x) \tag{7.14}$$

参考 Kakwani（1977）的方法，得到：

$$C = \sum_{i=1}^{n} \frac{t_i}{t} C_i \qquad (7.15)$$

式（7.15）中，C_i 表示税收 i 的集中系数，t_i 是税收 i 的平均税率。由式（7.15）可知：

$$P = \sum_{i=1}^{n} \frac{t_i}{t} P_i \qquad (7.16)$$

其中，P_i 表示税收 i 的累进程度。该方程表明，所有税加总的累进性等于各税收累进性的加权平均值，权重与其平均税率成正比。式（7.16）可用于分析各税种占总税收累进性的比重。

将式（7.16）代入式（7.11）可以得到：

$$\frac{G - G^*}{G} = \frac{\sum_{i=1}^{n} P_i t_i}{(1 - t) G} \qquad (7.17)$$

因此，可以测算出不同税收项目对收入再分配的贡献度，如果 P_i 为正，则税收 i 的贡献为正，反之亦然。

将式（7.11）改写为：

$$G^* - G = \frac{t}{1 - t} P \qquad (7.18)$$

实际上，式（7.18）的右侧并不是全部的再分配效应，而是垂直效应，其还应该包括水平效应或者再排序效应（Kakwani，1984）：

$$G^* - G = VE + HE \qquad (7.19)$$

（二）经常转移支付再分配项目

政府的经常转移支付是增加居民收入的再分配项目，政府从财政支出的角度对居民收入进行调节，这对于政府而言是转移性支出，对于居民而言是转移性收入，主要包括社会救助、保险福利等。该项目的主要目标对象是低收入群体、困难弱势群体或者根据社会保障制度应当享有相应待遇的居民，其核心原则是"补低提低"。如果低收入群体或者困难群体的收入增加快于高收入群体，经常转移支付项目就是累退性的，就可以起到缩小居民收入差距的效果。也就是说，经常转移支付项目如果要发挥正向的再分配调节效应，其"加数"需具有累退性，即居民收入越高，获得的转移支付就越少，就越能发挥其缩小居民收入差距的作用。

定义 X_{TR} 为低收入群体或者困难群体获得经常转移支付项目前的收入，X_{NTR} 为未获得经常转移支付项目前的高收入群体的收入，TR 为经常转移收入，则获得经常转移支付项目后的低收入群体或者困难群体的收入为 $X_{TR} + TR$，不获得经常转移支付项目的高收入群体收入保持不变。经常转移支付项目前的低收入群体或困难群体与高收入群体之间的收入差距用倍率表示为：

$$\phi_0 = \frac{X_{NTR}}{X_{TR}} \tag{7.20}$$

获得经常转移支付项目后的倍率表示为：

$$\phi_{TR} = \frac{X_{NTR}}{X_{TR} + TR} \tag{7.21}$$

从式（7.21）可以看出，经常转移支付项目能够缩小居民收入差距。一般而言，经常转移支付项目不会使得低收入群体或困难群体的收入水平提升至超过高收入群体，即 $X_{NTR} - X_{TR} > TR$。用经常转移支付前后收入差距倍率的变化表示再分配效应，则：

$$RE = \phi_0 - \phi_{TR} = \frac{X_{NTR}}{X_{TR}} - \frac{X_{NTR}}{X_{TR} + TR} \tag{7.22}$$

对式（7.22）关于经常转移支付项目 TR 求一阶导数，则：

$$\frac{dRE}{dTR} = \frac{X_{NTR}}{(X_{TR} + TR)^2} \tag{7.23}$$

可以看出，经常转移支付项目能够缩小居民收入差距，并且在 $TR < X_{NTR} - X_{TR}$ 的前提下，经常转移支付项目 TR 越大，再分配效应就越强。

定义 P_i^{TR} 为转移性支付项目的累退性指数，其等于累进性指数的相反数，即再分配项目作用前的收入基尼系数（G_x）与任何一种转移支付项目的集中系数（C_i）之间的差额，具体公式为：

$$P_i^{TR} = G_x - C_i \tag{7.24}$$

如果 P_i^{TR} 大于 0，则表示转移支付项目能够缩小居民收入差距，反之则表示居民收入差距扩大。

（三）政府购买性支出的收入分配机制

政府购买性支出对收入分配的影响是间接的，为了便于分析，假定在封闭的经济环境下，社会总收入由消费需求、投资需求及政府消费性购买支出构成。其中，消费需求表示为：

$$C = C_0 + c(1-t)Y \tag{7.25}$$

其中，C 表示消费需求，C_0 表示收入以外的影响消费的其他因素，如对股票债券等金融资产的持有，t 为对总收入征收的比例税率，c 表示社会的边际消费倾向，Y 为总收入。

总需求可以写为：

$$Y = C_0 + c(1-t)Y + I_p + I_g + G_c \tag{7.26}$$

其中，I_p 代表私人投资，I_g 代表政府投资，G_c 代表政府购买性支出。

对式（7.26）关于 G_c 求导，则：

$$\eta = \frac{dY}{dG_c} = \frac{1}{1-c(1-t)} \tag{7.27}$$

其中，η 表示政府购买性支出乘数。该式表示，在封闭的经济环境下，政府购买性支出每增加一单位，将引起国民收入增加 $1/[1-c(1-t)]$。

可以看出，政府购买性支出对居民收入差距的影响是间接的，这种间接影响体现为政府购买性支出的乘数效应，且该支出对再分配效应是否发挥正向调节作用存在不确定性。如政府在进行采购时，作为采购对象的生产企业及其员工的工资就有可能增加，如果这些人原本的收入较低，那么他们工资水平的提升就有利于缩小居民收入差距，反之，如果他们原本的工资水平较高，其工资水平的进一步提升反而不利于居民收入差距的缩小。因此，无法确定受益人初始收入水平，就很难确定政府购买性支出的再分配效果。

三　第三次分配阶段

要缩小收入分配差距，就需要第三次分配。初次分配强调效率，旨在让有知识、善于创新、努力工作的人获得更多的收入，率先富裕起来；再分配强调公平，要求政府应当通过税收等政策措施来帮助弱势群体，建立全面、系统、适度、公平和有效的社会保障体系；第三次分配强调社会责任，富人应该自愿捐出一部分财富，帮助改善生活、教育和医疗条件。

相比于市场按照各类生产要素贡献进行的初次分配和政府为了促进社会公平进行的再分配，第三次分配是各社会主体基于自主自愿原则参与推动财富在不同社会主体之间的流动。与关注效率的初次分配和体现社会整体公平正义的再分配相比，第三次分配体现各社会主体更高的精神追求。在传统文化、道德习俗等的影响下，各社会力量自愿通过慈善捐赠、志愿活动等方式帮助弱势群体，有效补齐初次分配和再分配过程中存在的短板，对缩小居民收入差距，形成更加公平合理的收入分配格局具有重要意义。第三次收入分配的贡献主要体现在以下两方面，第一，弥补市场失灵。向低收入群体提供技术要素，通过开展培训提升其技能，并通过资本要素供给，给予其一定的风险投资，从而提高低收入人群的收入水平，同时兼顾市场效率要求，增加社会整体财富。第二，弥补政府失灵。通过第三次分配，可以缩小因税收问题而带来的居民收入差距，同时高收入者的无偿捐赠必然导致其收入在全社会收入中的比重降低，抵消因政府转移支付而带来的负面影响。例如，慈善在教育中起着重要的作用（如希望工程），一方面直接减轻了低收入群体的教育负担，另一方面也为其家庭成员实现自身发展提供了物质保障。从长远来看，这不仅仅是一种智力救济，也是对政府社会保障制度的有效补充，客观上促进了居民收入差距缩小。

第二节　个人所得税政策对收入再分配效应的
实证分析

一　政策模拟方案设定

在研究财政政策对收入再分配效应的影响时，本节模拟分析了个人所得税改革、政府对居民的转移支付以及居民的社会保障缴费等变化对再收入分配效应的影响。具体而言，设定了以下三种政策模拟方案，分别是个人所得税税率降低10%、政府对居民的转移支付率提高5%、居民的社会保障缴费率降低10%。

二　个人所得税税率下调对收入分配的影响

（一）对全国收入分配的总体影响

降低个人所得税税率将直接影响居民税负和实际收入，进而产生收入分配效应。首先从全国层面对下调个人所得税税率对收入分配效应的影响测算，个人所得税改革前后，各项指标变化如表7-1所示。个税改革后，真实收入基尼系数从0.447058上升至0.447119，MT指数由-0.005147下降为-0.005213，相对再分配（RMT）指数由-1.16%变化为-1.18%。该结果表明，现有政府调节工具并未有效缩小城乡居民的收入差距，个税改革不仅没有改善现有政府调节工具的再分配效应，反而不利于改善收入分配。具体而言，纵向公平（VE）从-0.008853下降至-0.008872，横向公平（HE）由0.003706下降为0.003659，这两项指标在一定程度上均受到负面影响，表明降低个税税率并不利于改善收入分配，反而加剧了本就严峻的居民收入差距问题。此外，值得注意的是，下调个税税率导致累进性指数P值由-0.010485降低为-0.010642，说明降低个税税率导致现有的政府调节工具的累退性进一步增强。同时，从平均税率（收益率）T值的变化来看，T值由个税改革前的0.457800降低至 0.454656，在一定程度上抵消了累退性增强带来的负面效果，但并未从根本上改善收入分配。

表7-1 个税改革对收入分配的总体影响

指标	政策改革前	政策改革后
市场收入基尼系数	0.441910	0.441906
真实收入基尼系数	0.447058	0.447119
MT 指数	−0.005147	−0.005213
RMT 指数（%）	−1.160000	−1.180000
VE	−0.008853	−0.008872
HE	0.003706	0.003659
P	−0.010485	−0.010642
T	0.457800	0.454656

（二）对城乡之间收入分配的影响

本部分在测算全国再分配效应指标的基础上，分别对农村居民、城镇居民以及城乡居民的再分配效应进行了测算，相关结果见表7-2。

对于农村居民而言，个税改革后，MT 指数由 0.011975 降低为 0.011873，农村居民收入差距有所扩大。具体而言，纵向公平（VE）由个税改革前的−0.030212 上升为−0.029987，横向公平（HE）由个税改革前的 0.042186 降低为 0.041861。累退性指数 P 由 0.037091 上升为 0.037238，表明个税改革使得政府调节工具税制的累退性进一步提高，平均税率（收益率）T 值由 0.448892 下降为 0.446075，二者综合效果导致整体调节工具的纵向公平水平提升。

对于城镇居民而言，个税改革后，MT 指数由 −0.008860 上升至 −0.008823，城镇居民收入差距有所缩小。具体而言，纵向公平（VE）由 −0.011302 上升至 −0.011095，横向公平（HE）由 0.002442 下降至 0.002272。累退性指数 P 由 0.013234 下降为 0.013163，平均税率（收益率）T 由 0.460624 下降为 0.457375，二者综合效果使得整体调节工具的纵向公平水平提升。

表 7-2　个税改革对城乡居民收入分配的影响

指标	政策改革前		政策改革后	
	农村居民	城镇居民	农村居民	城镇居民
MT 指数	0.011975	−0.008860	0.011873	−0.008823
VE	−0.030212	−0.011302	−0.029987	−0.011095
HE	0.042186	0.002442	0.041861	0.002272
P	−0.037091	−0.013234	−0.037238	−0.013163
T	0.448892	0.460624	0.446075	0.457375
城乡家庭人均收入均值	21423.023738	46837.224582	21459.374210	46938.497000
城乡户数比重	0.404198	0.595802	0.404198	0.595802
城乡收入份额	0.236816	0.763184	0.236732	0.763268
城乡各自基尼系数	0.357174	0.332491	0.357276	0.332460
全国家庭人均收入均值	36564.851882		36639.882971	
城乡混合基尼系数	0.447058		0.447119	
城乡收入分配差距	16507.491574		16550.969823	

　　从城乡对比来看，下调个税税率后，农村家庭和城镇家庭人均收入略有上涨，但农村家庭人均收入上涨幅度小于城镇家庭。此外，可以看出，城乡收入份额中，农村居民收入份额略有下降，城镇居民收入份额略有上升，全国家庭人均收入略有上涨。同时，城乡收入分配差距由个税改革前的16507.49元上升为改革后的16550.97元，略有上升，表明下调个税税率并未缩小城乡居民的收入差距。

三　政府转移支付政策的收入再分配效应实证分析

（一）对全国收入分配的总体影响

　　提高政府对居民的转移支付率将直接影响居民收入水平，从而影响收入分配。本部分首先测算了政府转移支付率变化前后的再分配效应，相关指标的测算结果如表 7-3 所示，可以看出，政府对居民的转移支付率提高后，真实收入的基尼系数由政策前的 0.447058 下降为 0.446834，MT 指数由−0.005147变化为−0.004945，相对再分配（RMT）指数由−1.16%变化为−1.12%，表明提高政府对居民的转移支付率有利于缩小居民收入差距。其中，纵向公平（VE）由 -0.008853 变化为 -0.009549，说明提高政府对居民的转移支付率不利于纵向公平，横向公平（HE）由 0.003706 变化为 0.004604，说明提高政府对居民的转移支付率改善了横向公平，二者综合效果导致 MT 指数上升。此外，政府对居民的转移支付率提高后，累退性指数 P 由 0.010485 变化为 0.010946，说明政府对居民转移支付率的提高导致整体调节工具的累退性进一步增强，平均税率（收益率）T 由 0.457800 变化为 0.465915，进一步增强了整体政府调节工具的累退性。由于横向公平效应的增强，在二者综合作用下改善居民收入分配。

表 7-3　政府转移支付变化对收入分配的总体影响

指标	政策改革前	政策改革后
市场收入基尼系数	0.441910	0.441889
真实收入基尼系数	0.447058	0.446834
MT 指数	-0.005147	-0.004945
RMT 指数（%）	-1.160000	-1.120000
VE	-0.008853	-0.009549
HE	0.003706	0.004604
P	-0.010485	-0.010946
T	0.457800	0.465915

（二）对城乡之间收入分配的影响

本部分在对全国再分配效应指标测算的基础上，对农村居民、城镇居民以及城乡居民的再分配效应进行了测算，相关结果见表 7-4。

从农村来看，政府对居民的转移支付率提高后，MT 指数由 0.011975 变化为 0.012617，表明提高政府对居民的转移支付率改善了农村居民收入分配。其中，政府对居民的转移支付率提高后，纵向公平（VE）由 -0.030212 变化为 -0.032167，横向公平（HE）由 0.042186 变化为 0.044784。具体而言，政策改革后，累退性指数 P 由 0.037091 上升为 0.038131，表明政府提高对居民的转移支付率导致整体调节工具的累退性进一步增强，平均税率（收益率）T 由 0.448892 上升为 0.457579，导致整体调节工具的累退性进一步增强，其综合作用后有利于改善农村居民收入分配。

表7-4　政府转移支付变化对城乡之间收入分配的影响

指标	政策改革前		政策改革后	
	农村居民	城镇居民	农村居民	城镇居民
MT 指数	0.011975	−0.008860	0.012617	−0.008781
VE	−0.030212	−0.011302	−0.032167	−0.011763
HE	0.042186	0.002442	0.044784	0.002982
P	−0.037091	−0.013234	−0.038131	−0.013342
T	0.448892	0.460624	0.457579	0.468558
城乡家庭人均收入均值	21423.023738	46837.224582	21563.275962	47107.079167
城乡户数比重	0.404198	0.595802	0.404198	0.595802
城乡收入份额	0.236816	0.763184	0.236957	0.763043
城乡各自基尼系数	0.357174	0.332491	0.356536	0.332434
全国家庭人均收入均值	36564.851882		36782.321434	
城乡混合基尼系数	0.447058		0.446834	
城乡收入分配差距	16507.491574		16600.675100	

从城镇居民来看，政府对居民的转移支付率提高后，MT 指数由−0.008860变化为−0.008781，表明提高政府对居民的转移支付率改善了城镇居民收入分配。其中，政府对居民的转移支付率提高后，纵向公平（VE）由−0.011302变化为−0.011763，横向公平（HE）由0.002442变化为0.002982。具体而言，政策改革后，累退性指数 P 由0.013234上升为0.013342，表明政府提高对居民的转移支付率导致整体调节工具的累退性进一步增强，平均税率（收益率）T 由0.460624上升为0.468558，导致整体调节工具的累退性进一步增强，其综合作用有利于改善城镇居民收入分配。

从城乡对比来看，增加政府对居民的转移支付后，农村和城镇居民人均收入略有增加，且农村家庭人均收入高于城镇家庭。此外，可以看出，城乡收入份额中，农村居民收入份额略有上升，城镇居民收入份额略有下降，全国家庭人均收入略有上涨。同时，城乡收入分配差距由政策改革前的

16507.49 元上升为改革后的 16600.68 元，略有上升，表明提高政府对居民的转移支付并未有效缩小城乡居民收入差距。

四 社会保障政策的收入分配效应模拟分析

（一）对全国收入分配的总体影响

降低居民的社会保障缴费率将直接影响居民收入水平，进而影响收入分配。本部分首先对降低居民社会保障缴费率对全国收入分配效应进行了测算，居民社会保障缴费率降低后，再分配效应变化指标如表 7-5 所示。可以看出，居民社会保障缴费率降低后，真实收入基尼系数由 0.447058 降低至 0.446537，MT 指数由 -0.005147 变化为 -0.004647，相对再分配（RMT）指数由 -1.16% 变化为 -1.05%，表明降低居民社会保障缴费率在一定程度上改善了居民收入分配。其中，纵向公平（VE）由 -0.008853 变化为 -0.006842，说明降低居民社会保障缴费率改善了纵向公平，横向公平（HE）由 0.003706 变化为 0.002194，说明降低居民社会保障缴费率减小了横向公平效应，二者综合作用有利于改善居民收入分配。具体而言，政策改革后，累退性指数 P 由 0.010485 变化为 0.008559，说明降低居民社会保障缴费率导致整体调节工具累退性降低，平均收益率 T 由 0.457800 变化为 0.444243，在一定程度上抵消了累退性的影响，二者综合作用下再分配效应有所提高。

表 7-5 居民社会保障缴费率变化对收入分配的总体影响

指标	政策改革前	政策改革后
市场收入基尼系数	0.441910	0.441890
真实收入基尼系数	0.447058	0.446537
MT 指数	-0.005147	-0.004647
RMT 指数(%)	-1.160000	-1.050000
VE	-0.008853	-0.006842
HE	0.003706	0.002194
P	-0.010485	-0.008559
T	0.457800	0.444243

（二）对城乡之间收入分配的影响

本部分在对全国再分配效应指标测算的基础上，分别对农村居民、城镇居民以及城乡居民的再分配效应进行了测算，相关结果见表7-6。

表7-6　居民社会保障缴费率变化对城乡之间收入分配的影响

指标	政策改革前		政策改革后	
	农村居民	城镇居民	农村居民	城镇居民
MT 指数	0.011975	-0.008860	0.011877	-0.008665
VE	-0.030212	-0.011302	-0.028166	-0.010361
HE	0.042186	0.002442	0.040043	0.001696
P	-0.037091	-0.013234	-0.036916	-0.012773
T	0.448892	0.460624	0.432781	0.447877
城乡家庭人均收入均值	21423.023738	46837.224582	21671.977867	47211.923487
城乡户数比重	0.404198	0.595802	0.404198	0.595802
城乡收入份额	0.236816	0.763184	0.237465	0.762535
城乡各自基尼系数	0.357174	0.332491	0.357276	0.332318
全国家庭人均收入均值	36564.851882		36888.724983	
城乡混合基尼系数	0.447058		0.446537	
城乡收入分配差距	16507.491574		16588.007943	

从农村居民来看，居民社会保障缴费率降低后，MT 指数由 0.011975 变化为 0.011877，说明降低居民社会保障缴费率并未改善农村居民收入分配。其中，居民社会保障缴费率降低后，纵向公平（VE）由 -0.030212 变化为 -0.028166，横向公平（HE）由 0.042186 变化为 0.040043。具体而言，政策改革后，累退性指数 P 由 0.037091 变化为 0.036916，说明降低居民社会保障缴费率会降低政府整体调节工具的累退性，平均收益率 T 由 0.448892 变化为 0.432781，抵消了累退性变化产生的部分影响，最终整体再分配效应有所降低。

从城镇居民来看，居民社会保障缴费率降低后，MT 指数由 -0.008860 变化为 -0.008665，说明居民社会保障缴费率的降低在一定程度上改善了城镇居民收入分配。其中，降低居民社会保障缴费率后，纵向公平（VE）由-0.011302 变化为-0.010361，说明降低居民社会保障缴费率改善了城镇居民纵向公平效应，横向公平（HE）由 0.002442 变化为 0.001696，说明降低社会保障缴费率不利于城镇居民横向公平。具体而言，政策改革后，累退性指数 P 由 0.013234 变化为 0.012773，说明降低居民社会保障缴费率导致整体调节工具的累退性降低，平均收益率 T 由 0.460624 变化为 0.447877，叠加累退性变化以及横向公平效应变化带来的影响，导致整体再分配效应有所提高。

从城乡对比来看，居民社会保障缴费率降低后，农村和城镇家庭人均收入都略微上涨，且农村家庭人均收入上涨幅度大于城镇家庭。此外，可以看出，城乡收入份额中，农村居民收入份额占比略有上升，城镇居民收入份额下降，全国居民人均收入略有上涨。此外，城乡收入分配差距由改革前的16507.49 元上升为改革后的 16588.01 元，略有上升，表明降低居民社会保障缴费率并未有效缩小城乡居民收入差距。

五　消费税改革政策对居民收入的影响分析

（一）政策模拟方案设定

为了分析消费税改革对国民经济的影响，设定以下政策模拟方案。

政策模拟方案一（S1）：消费税税收收入全部归为地方政府。

政策模拟方案二（S2）：消费税税收收入归为中央和地方共享，其中，中央政府占 70%，地方政府占 30%。

政策模拟方案三（S3）：对食品和烟草部门、交通运输部门以及文娱部门加征 10%的消费税。

（二）对宏观经济的影响

由表 7-7 可以看出，消费税作为我国间接税税收体系的重要组成部分，由于存在税收转嫁，在一定程度上也会对居民收入产生影响。具体而言，在将消费税税收收入全部划归地方政府后，虽然居民所承担的消费税税负不变，但由于地方政府收入增加，地方政府对居民的转移支付也呈现了一定幅度的上涨，居民收入增加使得消费支出增长，具体表现为居民消费支出增加 0.1391%。由于将消费税税收收入全部划归地方政府，中央政府收入降低，地方政府收入增加，政府收入的变化也使得政府支出表现出相同的变化，具体表现为中央政府支出降低 -10.1519%，地方政府支出增加 2.5275%。此外，国民经济作为一个有机整体，消费的变化必将通过供需机制的变化来影响整个宏观经济，具体表现为，总投资减少 0.6990%，总产出减少 0.1235%，总出口减少 0.2165%，总进口减少 0.2258%，从而导致 GDP 下降 0.0060%。在政策模拟方案二中，假设将消费税作为央地共享税，且中央政府获得 70% 的消费税税收收入，地方政府获得 30% 的消费税税收收入，各宏观经济指标的变动情况如表 7-7 所示，可以发现，其变化与政策模拟方案一呈现出相同的变化。在政策模拟方案三中，考虑到消费税要起到引导居民健康消费、绿色消费，抑制不良消费的作用，故设定对烟草加征 10% 的消费税。由于食品和烟草部门中烟草消费税占据很大比重，假设对食品和烟草部门加征 10% 的消费税。对于交通运输部门加征 10% 的消费税，主要是为了引导居民绿色出行，减少对能源的消耗。对文娱部门加征 10% 的消费税，主要是随着居民收入水平的提高，人们对文娱等消费需求愈发强烈。因此，对文娱部门加征 10% 的消费税，不仅有利于倡导健康消费，抑制不良消费，而且在一定程度上还可以起到抑制居民收入差距拉大的作用。在政策模拟方案三的情景下，居民消费减少 0.3424%，政府收入增加，从而中央政府支出增加 1.6392%，地方政府支出增加 0.4914。消费的变化引起其他宏观经济指标也随之发生一系列变化，表现为总投资增加 0.0866%，总产出增加 0.0226%，总出口增加 0.3444%，总进口增加 0.3591%，GDP 增加 0.0008%。

表 7-7　宏观经济指标变化情况

单位：%

方案	GDP	总产出	总出口	总进口	总投资	居民消费	中央政府支出	地方政府支出
S1	-0.0060	-0.1235	-0.2165	-0.2258	-0.6990	0.1391	-10.1519	2.5275
S2	-0.0018	-0.0371	-0.0650	-0.0678	-0.2098	0.0417	-3.0449	0.7582
S3	0.0008	0.0226	0.3444	0.3591	0.0866	-0.3424	1.6392	0.4914

（三） 对政府收入的影响

在本章构建的税收 CGE 模型中，政府收入主要为各项税收收入。在政策模拟方案一和方案二的情景下，消费税征收税率并未改变，但由于消费税税收收入的共享机制发生了变化，中央政府和地方政府收入也随之改变，具体表现为，在政策模拟方案一的情景下，中央政府收入减少 10.2311%，地方政府收入增加 2.4371%；在政策模拟方案二的情景下，中央政府收入减少 3.0707%，地方政府收入增加 0.7314%。在政策模拟方案三的情景下，由于对部分产业部门加征了 10% 的消费税，在一定程度上增加了政府的财政收入，具体表现为中央政府收入增加 1.8574%、地方政府收入增加 0.7072%。

（四） 对居民收入的影响

为了能够准确分析各项政策变动对居民收入的影响，在国家统计局公布的数据基础上，将农村居民和城镇居民细分为五类。从表 7-8 可以看出，在不同的政策模拟方案下，不同收入水平的居民受到的影响是不同的，具体表现为，在政策模拟方案一的情景下，农村居民和城镇居民收入水平均有所提升，其中，农村居民收入水平平均提升 0.0980%，城镇居民收入水平平均提升 0.1089%，略高于农村居民。此外，对比不同组别居民收入变化情况可以发现，农村居民（城镇居民）收入水平呈现倒 "U" 形变化。在政策模拟方案二的情况下，农村居民收入平均提升 0.0294%，城镇居民收入平均提升 0.0326%，与政策模拟方案一情景下呈现出相同的变化。在政策模拟方案三的情景下，对部分产业部门加征消费税，导致居民收入出现不同程度的下降，具体表现为，农村居民收入平均降低 0.1307%，城镇居民收入平均降低 0.1302%，对比不同组别居民收入变化情况可以发现，农村居民收入绝对值变化基本呈倒 "U" 形，城镇居民收入绝对值变化基本呈 "U" 形，表明即便是相同的政策措施下，城乡居民收入仍存在差异，使得城乡居民对政策的反应也不尽相同。

表7-8　居民收入变化情况

单位：%

组别		S1	S2	S3
农村居民	低收入户	0.0967	0.0290	−0.1304
	中等偏下收入户	0.0986	0.0296	−0.1306
	中等收入户	0.0988	0.0296	−0.1309
	中等偏上收入户	0.0992	0.0297	−0.1309
	高收入户	0.0964	0.0289	−0.1308
城镇居民	低收入户	0.1090	0.0327	−0.1306
	中等偏下收入户	0.1103	0.0331	−0.1303
	中等收入户	0.1106	0.0332	−0.1299
	中等偏上收入户	0.1096	0.0329	−0.1299
	高收入户	0.1048	0.0314	−0.1305

第三节　研究结论

本章基于金融可计算一般均衡模型，设定了三种财政政策模拟方案，分析了财政政策变动对再分配效应的影响，并得出以下结论。

从全国来看，降低个人所得税税率不利于改善居民收入分配，但提高政府对居民的转移支付率和降低居民的社会保障缴费率在一定程度上可以改善居民收入分配。分城乡看，对于农村而言，降低个税税率和降低居民社会保障缴费率在一定程度减弱了政府调节工具的再分配效果，提高政府对居民的转移支付率在一定程度上增强了政府调节工具的再分配效果。对于城镇而言，降低个税税率、提高政府对居民的转移支付率以及降低居民社会保障缴费率均在一定程度了增强了政府调节工具的再分配效应。可以看出，由于农村和城镇存在的差异，即便是相同的政策变化，也会产生截然不同的结果。

从城乡居民收入差距来看，虽然在三种政策模拟方案下，农村家庭和城镇家庭人均收入均有略微上涨，但涨幅不同。具体而言，在降低居民个人所得税率时，农村家庭人均收入上涨幅度小于城镇家庭；在提高政府对居民的转移支付率和降低居民的社会保障缴费率时，农村家庭人均收入上涨幅度明显大于城镇家庭。之所以出现这种差异，与现阶段城乡居民收入水平以及我国整体财政体系密切相关。此外，可以发现，三种政策模拟方案下，城乡居民收入差距均呈现出略微上升的态势。

消费税改革结果显示，在政策模拟方案一和方案二的情景下，消费税税收收入分享机制改革对 GDP、总产出、总投资和总进出口等均产生了不同程度的负面影响。同时，基准情景下消费税为中央税、消费税税收收入分享机制的调整，会导致中央政府收入受到一定的负面影响，相反，地方政府收入明显增长，政府收入的变化使得政府支出呈现同方向变化。此外，不同组别居民收入呈现不同程度的增长，居民总消费也呈现一定程度的增长。在政策模拟方案三的情景下，除居民收入水平和总体消费水平出现不同程度的下降外，其余宏观经济指标，如 GDP、总产出、总投资、总进出口、政府收入和政府消费均出现不同程度的增加。

根据以上的研究结论，得出如下政策启示。

第一，不断优化我国现阶段财税体系。在当前的税收体系中，间接税占比较大，直接税占比较小，虽然间接税是对企业法人等征收，但由于间接税易于转嫁，法律意义上的纳税人并非实际税负的承担者。同时，研究表明，居民承担的间接税总税负较大，进而影响城乡居民收入分配。因此，应不断优化我国现阶段财税体系，降低间接税在整个税收体系中的比重，同时提高直接税在整个税收体系中的占比。

第二，正确认识不同类型间接税对收入分配的影响。理论模型表明，居民间的税负差距主要源于不同组别居民收入和支出结构的差异。即便是相同的税收政策，由于居民间收支结构的差异，也会表现出不同的效果。因此，如何优化居民收支结构，是一项亟待解决的问题。此外，在制定税收政策时，可以综合考虑不同组别居民的实际税负情况，制定更具针对性的税收政策。

第三，确定合理的消费税税收收入在中央政府和地方政府之间的分享机制。从增加地方政府财政收入的角度看，将消费税全部划归地方政府有效增加地方政府收入，但研究结果表明，在将全部消费税划归地方政府后，虽然地方政府收入和支出明显增加，但与此同时也对 GDP、总产出等宏观经济指标产生了负面冲击。在将消费税改为央地共享税之后，这种负面影响明显减弱。因此，应寻找最优的消费税税收收入分配方式，避免对宏观经济产生负面冲击。

第四，调整消费税税率和征税范围。适度上调烟酒和交通运输部门的消费税税率，更好地发挥消费税引导绿色消费和健康消费的作用。同时，随着人民群众生活水平的不断提升，需要动态化调整消费税的征税范围，如金银首饰等，应逐渐降低或取消这部分商品的消费税税率。同时，将奢侈消费和不合理消费行为纳入征收范围，从而达到调节收入分配的效果。

第八章
中国居民房产税对收入分配的
作用机理和效应分析

近十年来房地产市场快速发展，关于征收房产税或房地产税以稳定房地产市场的讨论增多。征收房产税在发达国家相当普遍，并逐渐成为政府提供公共物品（如公立学校、警察系统等）的主要税收来源。伴随着党的十八大的胜利召开，我国经济逐渐由注重增长速度转向更加注重发展质量。当前，我国经济正处于产业升级、结构优化、质量提升、动能转换的关键期。财政是国家治理的基础和重要支柱，财税体制在治国安邦中始终发挥着基础性、制度性、保障性作用，如何更好地发挥财税政策的作用，促进我国经济高质量发展，成为各界关注的重要话题。

早在 2011 年就在沪渝两地试点房产税改革，标志着我国房产税改革正式启动。《中共中央关于全面深化改革若干重大问题的决定》提出要"加快房地产税立法并适时推进改革"，为我国房产税改革提供了法理依据。2017 年党的十九大召开，明确提出"深化税收制度改革，健全地方税体系"，同时，2018 年政府工作报告提出"稳妥推进房产税立法"。2019 年政府工作报告强调"健全地方税体系，稳步推进房产税立法"，从"稳妥"到"稳步"，仅一字之差，却反映了我国房产税改革正在提速。是否将沪渝两地的试点项目推广到全国，在全国范围内全面征收房产税，仍然是一个备受争议的问题。美国和经合组织等发达国家或组织的经验表明，房地产税在控制房价、抑制某些投机行为方面有重要的作用（况伟大等，2012）。因此，一个悬而未决的问题是，如果我国实施房产税，各个家庭将受到怎样的影响？宏观经济又会受到何种影响？因此，设计合适的房产税改革方案将是这一政策成功的关键。本章利用中国投入产出表等数据，构建了包含居民房产税在内的可计算一般均衡（CGE）模型，分析不同房产税改革政策可能产生的效果。

第一节 文献综述

目前国内外关于房产税改革的文献主要涉及以下几个方面。

首先，房产税改革对地方财政的影响。胡洪曙（2011）通过构建地方财力缺口测算模型，发现开征房产税不仅不会给地方财力带来难以承受的缺口，反而能为地方政府带来持续稳定的收入，进而有效缓解地方政府的财政困难；韦志超和易刚（2006）在相关理论基础上进行实证分析发现，只要政府改革措施得当，物业税改革将有助于政府职能转变；财政部课题组（2013）认为随着城镇化进程的不断推进，房产税收入将成为增加地方政府财政收入的重要渠道。

其次，房产税改革对房价的影响。陈多长和踪家峰（2004）认为，房产税会降低住宅资产的长期均衡价格，但是短期内会提高房租、减少住房供给量，同时还会产生效率损失；朱润喜（2006）认为，物业税的征收不会对房价产生明显的抑制作用；畅军锋（2013）认为在我国各项社会福利保障制度仍不健全的条件下，不宜全面开征房产税。全面开征房产税只会降低人们的幸福感，对定制高房价的作用甚微，但差别化征收房产税，对抑制投机投资房产有一定作用；Bai 等（2014）基于上海和重庆两地数据探讨房产税改革对房价的影响，结果表明，房产税改革使上海平均房价下降了15%，而重庆平均房价却上升了11%。

再次，房产税改革对居民收入分配的影响。詹鹏和李实（2015）基于城镇住户调查数据研究发现房产税改革能够有效缓解居民收入不平等；胡海生等（2012）运用可计算一般均衡模型模拟分析了在不同政策方案下房产税改革对居民收入差距的影响；黄潇（2014）认为房产税在影响居民收入和财富的同时，还通过转移支付来改善中低收入群体获得的住房和公共服务，具有调节收入分配的功能；夏商末（2011）却认为房产税不仅无法对收入分配起到调节作用，反而引发福利损失；Lai 和 David（2009）在扩展 Frank 模型的基础上，分析了财产税对福利的影响，结果表明，房产税会使拥有房产者福利减少，如果财产税也提升，对于常住居民来说情况会变得更糟。

最后，房产税改革对宏观经济的影响。李言（2019）、骆永民和伍文中（2012）通过构建包含房产税的 DSGE 模型，模拟分析了房产税改革对主要宏观经济变量的影响。梁云芳等（2013）利用 CGE 模型模拟分析了房产税对房地产业及宏观经济的影响，结果表明，房地产资本税率提高可以推动房地产业发展，而房地产资本税率降低则有利于房地产业的内部结构优化。Zodrow（1986）认为征收房产税会降低资本收入，进而对房地产市场和宏观经济产生了一定影响。Sullivan（1984）利用城市一般均衡效应模型来研究房产税效应，结果表明税收政策改革会使土地所有者获益，而普通居民的利益是受损的。

从国内外文献可以看出，房产税改革是一项系统性工程，不仅会影响某一具体产业部门，还会影响社会经济系统的方方面面，但大多数研究是基于单一视角分析房产税改革的影响，关于房产税改革对国民经济整体影响的研究缺乏对产业部门的微观分析。因此，本章在借鉴以往研究的基础上，构建了包含居民房产税在内的可计算一般均衡（CGE）模型，从微观、中观、宏观的视角分析房产税改革对我国国民经济的影响。相比以往研究，本章的创新主要包括：第一，基于 2017 年中国投入产出表等数据构建了包含房产税的 CGE 模型。在模型中，将产业部门划分为 26 个部门，可以较好地反映房产税改革在产业层面的具体影响。第二，将城镇居民和农村居民按照收入水平划分为五类，可以更准确地分析房产税改革对不同收入水平的居民的影响，同时，还测算了基尼系数，可以用来分析不同的房产税改革政策对基尼系数的影响。第三，从理论上，基于两阶段模型理论，阐述了房产税征收对国民经济的影响机制。从实证上，对可能实施的房产税改革方案的影响进行了测算，得出各个房产税改革方案对国民经济影响的综合效应，弥补了现有研究的不足。

第二节　理论分析

根据 Jae-Cheol 等（2014）提出的两阶段模型理论，假设商品房的销售仅存在两个时期，并且在这两期中所有的商品房都是同质的。由于商品房销售只持续两个时期，第二个时期是最后一个时期，这一时期生产的商品房的经济寿命缩短为一个时期。q_t 表示第 t 期建造商品房的产量，Q_t 表示 t 时期商品房的存货量，且 $Q_t = q_t + q_{t-1}$。在该模型中，厂商决定是否在生产的同时销售或者租赁商品房，s_t 为厂商在 t 时期销售的商品房数量，l_t 为厂商在 t 时期租赁的商品房数量，且 $q_t = s_t + l_t$。在 t 时期厂商出租和销售商品房的价格分别为 p_{lt} 和 p_{st}，商品房出租的需求函数为 $p_{lt} = p(Q_t)$，当出租的商品房数量为 q 时，收益函数为 $\psi(q) = p(q) q$。

假设对商品房所有者征收房产税，房产税税率 r（$r \geqslant 0$）固定不变且为比例税率，则：

$$\hat{\Pi}_{1r} = (1 + r)\Pi_1$$
$$\hat{\Pi}_{2r} = (1 + r)\Pi_2$$
$$c_{1r} = (1 + r)c$$

其中，Π_1 和 Π_2 分别为第一时期和第二时期的利润函数，c 为商品房的边际生产成本。

由于第二期是最后一个时期，无套利行为的存在，则：

$$(1 + r)p_{st} = p_{lt}$$
$$\begin{aligned}
\Pi_2 &= \Pi_2(q_2, s_1, l_1 : r) \\
&= (1 + r)\{p_{s2}s_2 + p_{l2}(l_2 + l_1) - rp_{s2}(l_2 + l_1) - cq_2\} \\
&= (1 + r)p_{s2}s_2 + (1 + r)p_{l2}(l_2 + l_1) - (1 + r)rp_{s2}(l_2 + l_1) - (1 + r)cq_2 \\
&= p_{l2}s_2 + s_2(l_2 + l_1) - c_r q_2 \\
&= \psi(Q_2) - p(Q_2)s_1 - c_r q_2
\end{aligned}$$

由于第二期为最后一期，s_2 和 l_2 无区别，假定 $s_2 = l_2$。

在第一期，销售价格与不征税情况下的价格不同。如果消费者购买商品房并使用两期，则花费 $(1+r)p_{s1}+\beta rp_{s2}$。如果消费者租住两个时期的商品房，需要花费 $p(q_1)+\beta p(Q_2)$。因此，在不存在套利行为的情况下，有：

$$(1+r)p_{s1}+\beta rp_{s2}=p(q_1)+\beta p(Q_2)$$

整理可得：$(1+r)p_{s1}=p(q_1)+\dfrac{\beta p(Q_2)}{1+r}$

则得：

$$\hat{\Pi}_r=\hat{\Pi}_r(s_1,l_1:r)$$
$$=(1+r)(p_{s1}s_1+p_{l1}l_1-rp_{s1}l_1-cq_1+\beta\hat{\Pi}_{2r})$$
$$=\psi(q_1)+\beta p(\hat{Q}_2)(\frac{q_1}{1+r}+\hat{q}_2)-c,(q_1+\beta\hat{q}_2)$$

通过将利润函数与无税情况下的利润函数进行比较，发现两者在函数形式上非常相似，不同的是，第一期的生产需要在第二期进行折现 $1+r$。

现在讨论房产税对生产和福利的影响，为了便于处理，假设边际生产成本 $c=0$，下文考虑两个特定条件：一是税率足够低时，二是需求是线性时。对方程：

$$\psi'(Q_2)-\frac{r}{1+r}p'(Q_2)q_1=c_r$$
$$\psi'(q_1)-\frac{\beta r}{1+r}p(Q_2)=(1-\beta)c_r$$

求微分，则有：

$$D\begin{bmatrix}\dfrac{\partial q_1^*}{\partial r}\\[2mm]\dfrac{\partial Q_2^*}{\partial r}\end{bmatrix}=\frac{1}{1+r}\begin{bmatrix}\beta p(Q_2^*)\\p'(Q_2^*)q_1\end{bmatrix}$$

其中，$D=\begin{bmatrix}(1+r)\psi''(q_1^*)&-\beta rp'(Q_2^*)\\-rp'(Q_2^*)&(1+r)\psi''(Q_2^*)-rq_1^*p''(Q_2^*)\end{bmatrix}$

因此，有：

$$\frac{\partial q_1^*}{\partial r} = \frac{1}{1+r} \frac{\begin{vmatrix} \beta p(Q_2^*) & -\beta r p'(Q_2^*) \\ p'(Q_2^*)q_1^* & (1+r)\psi''(Q_2^*) - rq_1^* p''(Q_2^*) \end{vmatrix}}{|D|}$$

$$\frac{\partial Q_2^*}{\partial r} = \frac{1}{1+r} \frac{\begin{vmatrix} (1+r)\psi''(q_1^*) & -\beta r p'(Q_2^*) \\ -rp'(Q_2^*) & p'(Q_2^*)q_1^* \end{vmatrix}}{|D|}$$

通常不可能确定 $\frac{\partial q_1^*}{\partial r}$ 和 $\frac{\partial Q_2^*}{\partial r}$ 的正负。但是，可以在以下特殊情况下预估其符号。在线性需求 $[q(p) = a-bp]$ 的情况下，征收房产税会使第一期的产出吸引力降低，从而导致生产推迟，租金在两个时期内下降，即 $p_1^* > p_2^*$，有：

$$\frac{\partial p_{l1}^*}{\partial r} = -a\beta \frac{(\beta r^2 + 4r + 4)}{h(r)^2} < 0$$

$$\frac{\partial p_{l2}^*}{\partial r} = -a \frac{(4-3\beta)r^2 + 4(2-\beta)r + 4}{h(r)^2} < 0$$

此外，两个时期的销售价格都随着税率的上升而下降：

$$\frac{\partial p_{s1}^*}{\partial r} = -2a \frac{(4-\beta)r^2 + 2(4+3\beta-\beta^2)r + 4(1+2\beta)}{h(r)^2} < 0$$

$$\frac{\partial p_{s2}^*}{\partial r} = -a \frac{(4-\beta)r^2 + 4(4-\beta)r + 12}{h(r)^2} < 0$$

其中，$h(r) \equiv 4(1+r)^2 - \beta r^2 > 0$。

可见，征收房产税不仅会降低租金价格，还会降低销售价格。

征收房产税时，消费者剩余（CS^*）、厂商利润（Π^*）、税收收入（TR^*）和社会福利（SW^*）可以表示为：

$$CS^* = \int_0^{q_1^*} p(q)dq - (p_{s1}^* s_1^* + p_{l1}^* l_1^*) - rp_{s1}^* s_1^*$$
$$+ \beta \left[\int_0^{Q_2^*} p(q)dq - p_{l2}^*(q_2^* + l_1^*) - rp_{s2}^* s_1^* \right]$$

$$\Pi^* = \left[p_{l1}^* q_1^* + \beta p_{l2}^*\left(\frac{q_1^*}{1+r} + q_2^*\right) \right] \Big/ (1+r)$$

$$TR^* = rp_{s1}^* q_1^* + \beta rp_{s2}^* Q_2^*$$

$$SW^* = \int_0^{q_1^*} p(q)dq + \beta \int_0^{Q_2^*} p(q)dq$$

在线性需求的情况下，征收房产税时，对消费者剩余、厂商利润、税收收入和社会福利的影响表现为：

$$\frac{\partial CS^*}{\partial r} = \frac{a^2\beta v}{b}\frac{(12-15\beta+4\beta^2)r^3+(36-35\beta+5\beta^2)r^2}{h(r)^3}$$
$$+\frac{a^2\beta v}{b}\frac{12(3-2\beta)r+4(3-\beta)}{h(r)^3}>0$$

$$\frac{\partial \Pi^*}{\partial r} = -\frac{a^2}{b}\frac{(4-\beta)r^2+2(4+3\beta-\beta^2)r+4(1+2\beta)}{h(r)^2}<0$$

$$\frac{\partial TR^*}{\partial r} = \frac{a^2}{b}\frac{(16-16\beta+11\beta^2-4\beta^3)r^4+(64+4\beta^2-16\beta-4\beta^3)r^3}{h(r)^3}$$
$$+\frac{a^2}{b}\frac{24(4+2\beta-\beta^2)r^2+16(4+5\beta-\beta^2)r+16(1+2\beta)}{h(r)^3}>0$$

$$\frac{\partial SW^*}{\partial r} = \frac{a^2\beta v}{b}\frac{(4-5\beta)r^3+(12-17\beta-\beta^2)r^2+12(1-2\beta)r+4(1-3\beta)}{h(r)^3}$$

可见，征收房产税使得消费者剩余和税收收入增加，厂商利润减少。尽管征收房产税使得税收增加，但对社会福利的影响却难以确定。如果 $\beta=1$，则 $\frac{\partial SW^*}{\partial r}<0$，并且如果 $\beta \doteq 0$，则 $\frac{\partial SW^*}{\partial r}>0$。此外，对于 β 的某些值，SW^* 可能会先减小后增加。

第三节 中国居民房产税 CGE 模型设定

一 居民房产税社会核算矩阵构建

本研究构建的居民房产税社会核算矩阵（SAM）表是在 2017 年投入产出表的基础上，结合《中国统计年鉴》《中国住户调查年鉴》等编制完成的。在该 SAM 表中，包括 26 个生产活动部门，分别是农业，采矿业，制造业，电力、热力、燃气及水的生产和供应业，建筑业，批发，零售，交通运输、仓储和邮政业，住宿，餐饮，电信、广播电视和卫星传输服务业，互联网和相关服务，软件和信息技术服务业，货币金融和其他金融服务，资本市场服务，保险，房地产，租赁，商务服务，科学研究和技术服务业，水利、环境和公共设施管理业，居民服务、修理和其他服务业，教育，卫生和社会工作，文化、体育和娱乐业，公共管理、社会保障和社会组织。将居民按收入水平划分为10组，分别是城镇低收入户、城镇中等偏下收入户、城镇中等收入户、城镇中等偏上收入户、城镇高收入户、农村低收入户、农村中等偏下收入户、农村中等收入户、农村中等偏上收入户、农村高收入户。税收划分为增值税、营业税、耕地占用税、城市维护建设税、契税、印花税、土地增值税、城镇土地使用税、企业所得税、个人所得税、经营性房产税、居民非经营性房产税、关税、其他税收。此外，还包括企业、政府、投资储蓄、存贷变动、国外等账户，具体宏观描述性 SAM 表见表 8-1。

表 8-1　中国居民房产税社会核算矩阵表

	活动	商品	劳动力	资本	居民	企业	政府	税收	居民房产税	投资储蓄	存贷变动	国外	
活动		产出										出口	总产出
商品	中间投入				居民消费		政府消费			投资	存贷变动		总需求
劳动力	劳动力投入												要素投入
资本	资本投入												要素投入
居民			劳动力收入	资本收入			转移支付						居民收入
企业				资本收入									企业收入
政府		关税			个人所得税	企业所得税		税收	居民房产税				政府收入
税收	税收												税收收入
居民房产税					居民房产税								居民房产税
投资储蓄					居民储蓄	企业储蓄	政府储蓄					国外储蓄	总储蓄
存贷变动										存贷变动			存贷变动

续表

	活动	商品	劳动力	资本	居民	企业	政府	税收	居民房产税	投资储蓄	存贷变动	国外	
国外		进口											国外收入
合计	总投入	总供给	要素支出	要素支出	居民支出	企业支出	政府支出	税收支出	居民房产税	总投资	存贷变动	国外支出	

二　居民房产税 CGE 理论模型构建

本研究构建的居民房产税 CGE 模型主要包括生产模块、收入支出模块、进出口模块、居民房产税模块、宏观闭合模块等。

（一）生产模块

本研究构建的 CGE 模型假定市场结构为完全竞争市场，每个生产部门只生产一种商品，生产部门按照利润最大化的原则安排生产活动。由图 8-1 可以看出，在生产模块的第一层嵌套结构中，部门总产出由中间投入合成和增加值以 CES 函数的形式进行刻画，主要方程式为：

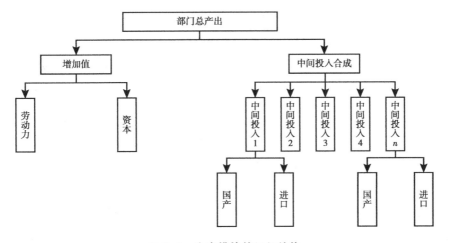

图 8-1　生产模块的组织结构

$$QX_i = \lambda_i^{qx}(\beta_i^{kl}QKL_i^{-\rho_i^{qx}} + \beta_i^{int}QINT_i^{-\rho_i^{qx}})^{-\frac{1}{\rho_i^{qx}}} \tag{8.1}$$

其中，QX_i 代表 i 部门的产出，QKL_i 为部门 i 的劳动力资本复合，$QINT_i$ 为部门 i 的中间投入，λ_i^{qx} 为规模参数，β_i^{kl} 为部门 i 的劳动力和资本合成的份额参数，β_i^{int} 为中间投入部门 i 的份额参数，且 $\beta_i^{kl}+\beta_i^{int}=1$，$\rho_i^{qx}$ 为替代弹性。

在生产模块的第二层嵌套结构中，中间投入合成由各类中间投入以里昂惕夫（Leontief）函数的形式进行刻画，表明各类中间投入之间不能相互替代。在同一层嵌套结构中，增加值由劳动力和资本以常弹性替代（CES）函数的形式进行刻画，表明劳动力和资本之间存在一定的替代作用，主要方程式为：

$$QINTA_{i,j} = \alpha_{i,j} \times QINT_i \tag{8.2}$$

$$QKL_i = \lambda_i^{kl}(\beta_i^k QK_i^{-\rho_i^{kl}} + \beta_i^l QL_i^{-\rho_i^{kl}})^{-\frac{1}{\rho_i^{kl}}} \tag{8.3}$$

其中，$QINTA_{i,j}$ 为部门 i 对部门 j 的中间投入量，$\alpha_{i,j}$ 为直接消耗系数，QK_i 和 QL_i 分别为部门 i 的资本投入量和劳动力投入量，λ_i^{kl} 为规模参数，ρ_i^{kl} 为弹性参数，β_i^k 和 β_i^l 为份额参数，且 $\beta_i^k+\beta_i^l=1$。

（二）收入支出模块

收入支出模块主要是用来描述居民和政府的收支行为。居民的收入来源主要为劳动力收入、资本收入以及政府对居民的转移性支付，居民的支出去向主要为向政府缴纳的个人所得税和房产税、对各类商品的消费以及居民储蓄；政府的收入来源主要为各项税收收入，包括居民缴纳的个人所得税和房产税、企业缴纳的企业所得税，以及各类生产部门缴纳的增值税、营业税、耕地占用税、城市维护建设税、契税、印花税、土地增值税、城镇土地使用税、经营性房产税、关税及其他税收等各项税收，政府的支出去向主要为对居民的各项转移性支付、对各类商品的消费以及政府储蓄。在本研究的模型构建中，居民和政府的支出行为是用柯布—道格拉斯（C-D）函数进行刻画。此函数为 CES 函数的特殊形式，其优点在于，方程中的份额参数更易从 SAM 表中标定出来，并且假定当居民和政府的收入发生变动时，居民和政府对各类商品的消费份额保持不变，其主要方程式为：

$$TYH_h = YHL_h + YHK_h + Transgth_h \tag{8.4}$$

$$PQ_i \times QHD_i = conh_{i,h}(TYH_h - GHPT_h - SH_h - GIHTAX_h) \tag{8.5}$$

$$TYG = \sum_h GIHTAX_h + \sum_h GHPT_h + GIETAX + \sum_i (GVAT_i + GBUS_i$$
$$+ GOCL_i + GCON_i + GCOT_i + GSTA_i + GVAL_i + GULV_i + GOPT_i + GPRO_i) + \sum_i tarriff_i \tag{8.6}$$

$$PQ_i \times GD_i = cong_i(TYG - SG - \sum_h Transgth_h) \tag{8.7}$$

YHL_h 为居民 h 的劳动力收入，YHK_h 为居民 h 的资本收入，TYH_h 为居民 h 的总收入，TYG 为政府总收入，PQ_i 为商品 i 的国内需求价格，QHD_i 为居民对商品 i 的需求，GD_i 为政府对商品 i 的需求，$GHPT_h$ 为居民 h 缴纳的房产税，SH_h 为居民 h 的储蓄，SG 为政府储蓄，$GIHTAX_h$ 为居民 h 的个人所得税，$Transgth_h$ 为政府对居民 h 的转移支付，$conh_{i,h}$ 为居民 h 购买商品 i 的消费倾向，$cong_i$ 为政府购买商品 i 的消费倾向，$GVAT_i$ 为部门 i 的增值税，$GBUS_i$ 为部门 i 的营业税，$GOCL_i$ 为部门 i 的耕地占用税，$GCON_i$ 为部门 i 的城市维护建设税，$GCOT_i$ 为部门 i 的契税，$GSTA_i$ 为部门 i 的印花税，$GVAL_i$ 部门 i 的土地增值税，$GULV_i$ 为部门 i 的城镇土地使用税，$GOPT_i$ 为部门 i 的经营性房产税，$GPRO_i$ 为部门 i 的其他税，$tarriff_i$ 为商品 i 的关税。

（三）进出口模块

进出口模块用来刻画国内外市场的商品配置情况，由图 8-2 可以看出，部门总产出一部分用于出口，一部分用于满足国内消费，同时，国内消费的商品不仅有来自国内生产部门的供应，还有来自从国外市场的进口。对于部门总产出在国内外市场的配置，按照利润最大化的原则，采用常转换弹性（CET）函数进行刻画，国内消费的商品由国内生产国内供给的商品与进口商品遵循阿明顿（Aimington）假设组合成复合商品进行刻画，其主要方程式为：

$$QM_i = (\lambda_i^m)^{\sigma_i^m - 1} \left[\frac{\delta_i \times PQ_i}{(1 + rtariff_i) \times PM_i} \right]^{\sigma_i^m} \times QQ_i \tag{8.8}$$

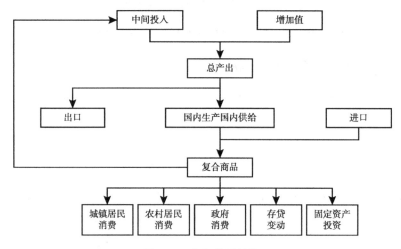

图 8-2 产品分配结构

$$QE_i = \left[(\lambda_i^{ex})^{\rho_i^{ex}} xie_i \times (1 + rbus_i + rocl_i + rcon_i + rcot_i + rsta_i \right.$$
$$\left. + rval_i + rulv_i + ropt_i + rpro_i) \times PX_i/PE_i \right]^{\frac{1}{1-\rho_i^{ex}}} \times QX_i \qquad (8.9)$$

$$QD_i = \left[(\lambda_i^{ex})^{\rho_i^{ex}} xid_i \times (1 + rbus_i + rocl_i + rcon_i + r\,cot_i + rsta_i \right.$$
$$\left. + rval_i + rulv_i + ropt_i + rpro_i) \times PX_i/PD_i \right]^{\frac{1}{1-\rho_i^{ex}}} \times QX_i \qquad (8.10)$$

$$QQ_i = \lambda_i^m \left(\delta_i^d QD_i^{-\rho_i^m} + \delta_i^m QM_i^{-\rho_i^m} \right)^{-\frac{1}{\rho_i^m}} \qquad (8.11)$$

其中，QM_i 为商品 i 的进口量，QE_i 为商品 i 的出口量，QD_i 为商品 i 的国内供应量，QQ_i 为商品 i 的复合商品量，λ_i^m 和 λ_i^{ex} 为转移参数，ρ_i^{ex}、ρ_i^m 为弹性系数，δ_i、xie_i、xid_i、δ_i^d、δ_i^m 为份额参数，$rtariff_i$ 为商品 i 的进口关税率，$rbus_i$ 为部门 i 的营业税税率，$rocl_i$ 为部门 i 的耕地占用税税率，$rcon_i$ 为部门 i 的城市维护建设税税率，$rcot_i$ 为部门 i 的契税税率，$rsta_i$ 为部门 i 的印花税税率，$rval_i$ 为部门 i 的土地增值税税率，$rulv_i$ 为部门 i 的城镇土地使用税税率，$ropt_i$ 为部门 i 的经营性房产税税率，$rpro_i$ 为部门 i 的其他税税率。

（四）居民房产税模块

居民房产税模块用来刻画不同类型居民所缴纳的房产税税额，居民缴纳的房产税与间接税不同，作为政府财政政策的重要工具，其直接作用于居民的收入，不同类型的居民所承担的房产税税负不同，从而对居民的收入分配产生一定的影响，主要方程式为：

$$GHPT_h = rhpt_h \times TYHPT_h \tag{8.12}$$

其中，$rhpt_h$ 为对居民房产征收的房产税税率，$TYHPT_h$ 为居民 h 的房产价值。

（五）宏观闭合模块

CGE 模型的闭合设计要结合具体的研究问题，依据相应的宏观经济理论，形成特定的闭合结构。本研究构建的居民房产税 CGE 模型采用的是新古典主义宏观闭合，与凯恩斯宏观闭合不同的是，其特征是，所有价格包括要素价格和商品价格都是完全弹性的，由模型内生决定，要素市场中劳动力和资本的现有实际供应量充足。而在凯恩斯宏观闭合中，生产要素劳动力和资本的供应量不受限制，是模型内生决定的，并且凯恩斯宏观闭合主要用于宏观经济处于萧条状态、大量失业、资本闲置的情况下，而新古典主义宏观闭合是经济处于正常状态下的标准闭合，更加符合本研究需要。

三　房地产税政策模拟方案设定

为了模拟征收房产税对中国宏观经济和部门经济的具体影响，本研究在借鉴以往文献（张平、侯一麟，2016；李文，2014；刘金东、王生发，2015）的基础上，结合房产税在我国实施的可能性，设置了以下八种政策模拟方案：

政策模拟方案一（S1）：对城镇居民的房产征收 2.0% 的房产税。

政策模拟方案二（S2）：对所有居民的房产征收 2.0% 的房产税。

政策模拟方案三（S3）：实施累进制房产税条件下，对城镇居民征收房产税。

政策模拟方案四（S4）：实施累进制房产税条件下，对所有居民征收房产税。

政策模拟方案五（S5）：实施人均免征面积（20 平方米）条件下，对城镇居民征收房产税。

政策模拟方案六（S6）：实施人均免征面积（20 平方米）条件下，对所有居民征收房产税。

政策模拟方案七（S7）：实施人均免征额条件下，对城镇居民征收房产税。

政策模拟方案八（S8）：实施人均免征额条件下，对所有居民征收房产税。

通过设置政策模拟方案一和方案二，可以清晰地比较在不考虑其他因素的情况下，仅对城镇居民或所有居民征收房产税将会对国民经济产生何种影响。同时，考虑到现实条件，即我国房产税征收过程中可能面临的种种困难以及采取的房产税措施，分别设置累进制房产税、人均免征面积以及人均免征额条件下的各种政策模拟方案，以便更好地模拟分析不同房产税政策对国民经济产生的影响。

第四节　模拟结果分析

一　对宏观经济的影响

房产税作为对房产持有者（在本研究的模型中，房产持有者为居民）直接征收的税种，其本质上是财产税。房产税的征收增加了居民持有房产的成本，居民总消费出现不同程度的减少，同时，现实经济系统中，供需总是相互影响，居民总消费的减少将会对总产出产生不同程度的负面冲击，同时，总产出的减少会使得投资者担忧未来经济发展前景，投资水平出现下降。对于总进口和总出口，我国作为制造业大国，每年需要从国外进口大量的原材料，总产出减少一方面降低了国内对进口原材料的需求，另一方面又减少了国内产品的出口，加上居民总消费减少，在一定程度上也降低了对进口品的需求。对于政府部门而言，征收房产税拓宽了税收收入渠道，增加了财政收入，一定程度上促进了政府总支出增加。作为宏观经济的重要指标，征收房产税使得实际 GDP 呈现不同程度的减少，对比八种政策模拟方案的结果可以发现，变化较大的为 S3 和 S4，即实施累进制房产税将会对总体宏观经济产生较大的负面冲击，其可能的原因是，随着居民持有房产面积的增加，居民所承受的房产税缴税压力不断加大，同时，在现实情况中，居民房产价值在居民家庭总资产占有相当大的比例，居民缴税压力不断加大势必会影响其决策，最终影响整个宏观经济的发展。

表8-2　房产税改革对主要宏观经济指标的影响

单位：%

模拟方案	GDP	总产出	总出口	总进口	总投资	居民总消费	政府总支出
S1	−0.118	−0.620	−1.315	−1.443	−1.764	−5.693	18.048
S2	−0.130	−0.739	−1.514	−1.662	−2.380	−5.877	20.371
S3	−0.213	−1.256	−2.636	−2.894	−3.828	−11.301	37.112
S4	−0.233	−1.510	−3.057	−3.356	−5.220	−11.572	42.078
S5	−0.054	−0.279	−0.571	−0.627	−0.865	−2.408	7.990
S6	−0.061	−0.339	−0.669	−0.734	−1.198	−2.455	9.107
S7	−0.107	−0.563	−1.189	−1.305	−1.612	−5.137	16.340
S8	−0.113	−0.621	−1.282	−1.407	−1.932	−5.179	17.418

二　对部门产出的影响

可以看出，房产税的征收使得绝大多数部门的产出受到不同程度的负面影响，其中，受到负面影响程度最大的部门是保险业，在八种不同的政策方案下，分别减少4.619%、4.491%、9.610%、9.331%、2.098%、2.028%、4.193%、4.127%。除此之外，房产税的征收也使得一些产业部门的产出增加，主要包括住宿，互联网和相关服务，科学研究和技术服务业，水利、环境和公共设施管理业，教育，卫生和社会工作，文化、体育和娱乐业，公共管理、社会保障和社会组织等，其中，产出增加幅度最大的部门是公共管理、社会保障和社会组织部门，在八种不同的政策方案下，分别增加15.816%、17.860%、32.559%、36.924%、7.017%、7.999%、14.322%、15.271%；对于房地产部门而言，在八种不同的政策方案下，房地产部门产出分别减少 2.731%、2.881%、5.324%、5.610%、1.144%、1.205%、2.463%、2.520%，鉴于加征房产税增加了居民持有房产的成本，降低了居民对房产的需求，使得房地产市场价格也出现不同程度的下降，分别减少 0.284%、0.379%、0.629%、0.850%、0.142%、0.194%、0.260%、0.311%。

表 8-3　对部门产出的影响

单位：%

	S1	S2	S3	S4	S5	S6	S7	S8
sector1	−2.122	−2.430	−4.313	−4.885	−0.935	−1.061	−1.921	−2.040
sector2	−1.676	−1.935	−3.341	−3.890	−0.721	−0.848	−1.514	−1.636
sector3	−1.633	−1.889	−3.258	−3.799	−0.703	−0.828	−1.476	−1.595
sector4	−1.684	−1.826	−3.320	−3.618	−0.716	−0.785	−1.520	−1.586
sector5	−1.392	−2.055	−3.153	−4.662	−0.721	−1.079	−1.279	−1.625
sector6	−1.367	−1.596	−2.867	−3.359	−0.630	−0.744	−1.242	−1.352
sector7	−1.710	−1.871	−3.567	−3.897	−0.781	−0.856	−1.553	−1.624
sector8	−0.532	−0.558	−1.110	−1.164	−0.247	−0.261	−0.484	−0.497
sector9	1.781	2.246	3.646	4.638	0.780	1.004	1.611	1.826
sector10	−3.179	−3.103	−6.634	−6.456	−1.450	−1.406	−2.887	−2.844
sector11	−0.976	−0.876	−2.068	−1.855	−0.455	−0.404	−0.888	−0.839
sector12	0.236	0.270	0.408	0.469	0.076	0.088	0.209	0.220
sector13	−1.142	−1.649	−2.600	−3.762	−0.596	−0.872	−1.050	−1.317
sector14	−1.154	−1.223	−2.379	−2.528	−0.521	−0.556	−1.047	−1.081
sector15	−2.173	−2.167	−4.542	−4.496	−0.992	−0.977	−1.973	−1.958
sector16	−4.619	−4.491	−9.610	−9.331	−2.098	−2.028	−4.193	−4.127
sector17	−2.731	−2.881	−5.324	−5.610	−1.144	−1.205	−2.463	−2.520
sector18	−0.792	−1.091	−1.766	−2.448	−0.403	−0.566	−0.726	−0.884
sector19	−0.735	−0.737	−1.508	−1.516	−0.331	−0.334	−0.667	−0.669
sector20	1.903	1.826	3.725	3.493	0.778	0.715	1.712	1.650
sector21	12.061	13.693	24.973	28.525	5.309	6.089	10.911	11.669

	S1	S2	S3	S4	S5	S6	S7	S8
sector22	−2.371	−2.291	−4.955	−4.759	−1.087	−1.039	−2.154	−2.108
sector23	7.808	9.052	16.471	19.167	3.580	4.191	7.091	7.681
sector24	9.314	10.715	18.637	21.657	4.009	4.700	8.414	9.080
sector25	3.907	4.817	8.467	10.437	1.853	2.298	3.558	3.987
sector26	15.816	17.860	32.559	36.924	7.017	7.999	14.322	15.271

注：表中 sector1 至 sector26 分别代表：农业，采矿业，制造业，电力、热力、燃气及水的生产和供应业，建筑业，批发，零售，交通运输、仓储和邮政业，住宿，餐饮，电信、广播电视和卫星传输服务业，互联网和相关服务，软件和信息技术服务业，货币金融和其他金融服务业，资本市场服务业，保险，房地产，租赁，商务服务，科学研究和技术服务业，水利、环境和公共设施管理业，居民服务、修理和其他服务业，教育，卫生和社会工作，文化、体育和娱乐业，公共管理、社会保障和社会组织等 26 个产业部门。

三　对政府收入的影响

财政收入作为国家各项公共事业健康发展的重要保障，在本章构建的中国居民房产税 CGE 模型中，政府财政收入来源主要为各项税收收入，包括增值税、营业税、耕地占用税、城市维护建设税、契税、印花税、土地增值税、城镇土地使用税、企业所得税、个人所得税、经营性房产税、居民非经营性房产税、关税以及其他税收等 14 种税收。居民非经营性房产税作为政府财政收入的重要组成部分，对居民拥有的居住性房产进行征税，势必会增加政府财政收入，表现为：在八种不同的政策模拟方案下，政府收入分别增加 16.450%、18.538%、33.490%、37.851%、7.327%、8.341%、14.908%、15.877%。其中，增加幅度较大的为 S3 和 S4，即实施累进制房产税情况下，向城镇居民或所有居民征收房产税，原因在于，在保持房产税征收税基不变的前提下，随着居民房产价值不断增加，居民所缴纳的房产税税额也不断增加，进而使得在八种政策模拟方案条件下，S3 和 S4 的政府收入增长幅度较大。

四　对居民人均可支配收入和基尼系数的影响

在本章构建的中国居民房产税 CGE 模型中，将城镇居民和农村居民按照收入不同划分为五组。从表8-4可以看出，面对不同的房产税征收政策，不同类型的居民所受影响是不同的。S1、S3、S5和S7四种政策模拟方案仅考虑对城镇居民征收房产税，因此农村居民人均可支配收入并没有受到负面冲击，相反，出现了不同程度的增加，可能的原因是模型中包含了政府对农村居民的转移支付，在其他条件不变的情况下，政府财政收入增加会带动对农村居民转移支付增加，从而使得农村居民人均可支配收入出现不同程度的增加。对比S1和S2的政策模拟结果可以发现，无论是城镇居民还是农村居民，随着收入水平的不断提高，征收房产税带来的影响逐渐减小，可能的原因是随着居民收入水平的提高，居民有更多配置家庭资产的选择，从而征收房产税对其可支配收入的影响也逐渐减小。对比S3和S4的政策模拟结果可以发现，随着居民收入水平的提高，征收累进制房产税对其可支配收入的影响也逐渐增大，其中，S4的农村低收入户的模拟结果显示，其本身家庭资产相对较少，征收房产税加重了其家庭负担，因而征收累进制房产税政策对农村低收入户的可支配收入影响较大。对比S5和S6的政策模拟结果可以发现，房产税的征收并没有对城镇低收入户的可支配收入产生负面冲击，原因在于S5和S6实行的是人均免征面积条件下的房产税征收政策，而城镇低收入户人均房产面积较小，避免了房产税缴纳。对比S7和S8的政策模拟结果可以发现，实施人均免征额条件下的房产税征收政策，虽然在一定程度上降低直接征收房产税带来的负面冲击，但并没有从根本上改变征收房产税对城镇低收入户带来的冲击大于城镇高收入户的现象，而对于农村居民而言，政策达到了预期效果，农村低收入户和中等偏下收入户的可支配收入并没有受到负面影响，农村中等收入户、中等偏上收入户以及高收入户所受影响随着收入水平的提高而逐渐增大。同时，本章测算了基尼系数指标，在八种不同的政策方案下，基尼系数分别下降0.012、0.006、0.043、0.033、0.010、0.008、0.012、0.010。可见房产税政策在一定程度上调节了城乡收入分配，缩小了居民收入差距，且实施累进制房产税政策对于缩小居民收入差距有明显的促进效果。

表 8-4　对居民人均可支配收入和基尼系数的影响

组别		S1	S2	S3	S4	S5	S6	S7	S8
城镇居民	低收入户(%)	-14.548	-14.228	-11.938	-11.270	0.788	0.943	-11.957	-11.808
	中等偏下收入户(%)	-9.950	-9.610	-11.202	-10.493	-2.047	-1.882	-8.615	-8.457
	中等收入户(%)	-8.196	-7.838	-11.594	-10.847	-2.896	-2.723	-7.300	-7.134
	中等偏上收入户(%)	-7.387	-7.032	-14.075	-13.334	-3.794	-3.622	-6.780	-6.615
	高收入户(%)	-6.725	-6.411	-22.513	-21.857	-5.085	-4.933	-6.448	-6.302
农村居民	低收入户(%)	0.726	-5.182	1.481	-4.327	0.325	-0.126	0.658	0.435
	中等偏下收入户(%)	0.691	-2.080	1.409	-1.882	0.309	-0.349	0.626	0.056
	中等收入户(%)	0.617	-1.842	1.260	-2.524	0.276	-0.727	0.560	-0.382
	中等偏上收入户(%)	0.605	-1.743	1.233	-3.711	0.270	-1.060	0.548	-0.740
	高收入户(%)	0.547	-1.308	1.117	-4.638	0.245	-1.070	0.496	-0.797
基尼系数		-0.012	-0.006	-0.043	-0.033	-0.010	-0.008	-0.012	-0.010

第五节　结论和政策建议

本章通过构建中国居民房产税 CGE 模型，模拟分析了房产税改革对国民经济的影响。政策模拟结果显示，在宏观经济方面，房产税的征收对实际 GDP、总产出、总出口、总进口、总投资、居民消费产生负面影响，其中，负面影响最为严重的是政策模拟方案四，即实施累进制房产税政策下对所有居民征收房产税，表现为 GDP、总产出、总出口、总进口、总投资、居民总消费分别减少 0.233%、1.510%、3.057%、3.356%、5.220%、11.572%。对政府支出产生正面影响，且因房产税征收方案的不同而呈现出明显的差异，其中，政府支出所受正面影响最大的依然是政策模拟方案四，表现为政府总支出提高 42.078%。对比八种政策模拟方案发现，宏观经济指标所受影响较小的模拟方案为 S5 和 S6，即在人均免征面积条件下，对城镇居民或者所有居民征收房产税。

在部门产出方面，征收房产税增加了房产持有者的成本，降低了居民对房产的刚性需求，使得房地产部门产出减少，同时也使得房地产价格出现不同程度的下降；其中，房地产部门产出和价格所受负面冲击最为严重的为政策模拟方案四，表现为产出和价格分别下降 5.610% 和 0.850%。对比政策模拟方案四的宏观经济指标变化结果，虽然该方案能够有效优化房地产部门的供给侧结构，降低房地产价格，但是对主要宏观经济指标却产生了较大的负面冲击。

在政府收入方面，政府部门作为房产税改革政策的受益者，房产税的征收拓宽了政府财政收入渠道，增加了政府收入。其中政府收入增加最为明显的是政策模拟方案四，表现为政府收入增加 37.851%。政府收入的大幅提高也带动了政府支出大幅增加，表现为政策模拟方案四中政府支出增加 42.078%。同时，政府支出多用于社会公共事业等领域，表现为政策模拟方案四中公共管理、社会保障和社会组织部门产出增加 36.924%。

在居民人均可支配收入方面，不同房产税征收方案对居民人均可支配收入产生的影响有明显的差异。对比八种政策模拟方案的结果可以发现，模拟方案 S6 和 S8 对居民人均可支配收入影响相对较小，且在一定程度上体现了房产税政策对低收入人群利益的保护。但是，两种政策模拟方案并没有实现对低收入人群利益的完全保护，因此有待探索最优的房产税改革政策的组合，以达到既能有效实施房产税改革政策，又能对低收入人群进行适当保护。

在基尼系数变化方面，房产税征收在一定程度上降低了基尼系数，缩小了城乡居民收入差距。对比八种政策模拟方案结果，政策模拟方案三（即实施累进制房产税政策下，对城镇居民征收房产税）能够有效降低基尼系数，表现为下降 0.043，但该政策仅仅是对城镇居民征收房产税，不能体现税收公平的特性。政策模拟四（即实施累进制房产税政策下，对所有居民征收房产税）是仅次于政策模拟三的能够有效降低基尼系数的政策，表现为基尼系数下降 0.033，但该政策虽然能够有效降低基尼系数，但对主要宏观经济指标产生的负面冲击较大。因此应结合 S6 和 S8 的方案设计，形成房产税改革政策最优组合。

根据上述研究结论，提出以下政策建议。

首先，有序推进我国房产税改革。目前，居民房产税改革仅在沪渝两地进行试点，尚未在全国全面实施。考虑到我国各地区经济发展水平不同，在房产税税率确定方面，应秉持"因地制宜、因地施策"的原则，最大程度减少房产税征收对居民造成的影响。同时，在征收房产税的过程中，要坚持"以人为本"的原则，充分考虑家庭的支付能力，如对于没有收入来源的老年人和残疾人或者低收入家庭的自住房需求给予适当的优惠政策，可借鉴美国的"断路器"抵免措施，以免影响居民正常的基本生活需求。

其次，更好地发挥房产税作为调节收入分配工具的功能。从模型的政策模拟结果可以发现，征收房产税在一定程度上降低了基尼系数，调节了城乡财富分配，缩小了城乡居民收入差距。虽然在本章的政策模拟方案中，各个政策模拟方案或多或少对经济系统产生一定的负面冲击，但并不能因此而否定其政策研究价值。在未来房产税政策实施过程中，可以根据发展阶段的特点，采取不同的房产税改革方案组合，更好地发挥房产税调节收入分配的功能，促进经济平稳健康发展。

再次，不断扩充房产税税基，增加房产税税收收入。现实条件下，房产价值与其所处的地理位置紧密联系，在居民房产总量不变的假设下，提高房产的单位价值有助于扩充房产税税基。因此，应该抢抓国家大力实施"新基建"的发展机遇，完善城市郊区及县域地区的基础设施，提升该地区的基础设施服务水平，带动该地区经济发展，从而加快房产价值提升，进而促进房产税税基扩大和政府房产税收入增加。

最后，加快推动房产税相关立法程序和房产价值评估等技术性问题的探索。随着公众对实施房产税政策的呼声愈加强烈，相关政府部门应及时快速地出台与房产税改革相关的法律法规，使得房产税改革有法可依、有规可循。同时，随着互联网大数据技术的快速发展，应该建立起一套方便快捷的房产价值评估体系，能够及时反映经济发展对房产价值的动态影响，快速评估房产税改革政策对房地产业可能产生的影响，进而及时调整房产税改革方向。

第九章
货币政策对收入分配的
作用机理与效应分析

第一节　引言

　　货币政策是宏观经济政策的重要组成部分，从传统角度讲，货币政策作为总量调控政策，主要是对总需求进行调节，较少关注对经济结构、收入分配的影响。特别是 20 世纪 80 年代中期至 2008 年国际金融危机爆发的很长一段时间，全球经济经历了二战后持续 20 年的高增长低通胀时期，过去高通胀时期对货币政策收入的分配效应的关注减弱。然而，伴随着 2008 年国际金融危机爆发，以及随后各国纷纷推行非常规货币政策，资产价格增长幅度长期超过就业和工资增幅，贫富差距逐渐拉大，货币政策的收入分配效应逐渐引起广泛关注。面对新冠疫情的冲击，世界各国纷纷采取宽松货币政策，造成资产价格迅速增加，但实体经济依旧低迷，失业率居高不下，为此，社会各界将矛头指向宽松的货币政策，认为其加剧了收入分配不平等。

　　然而，Bernanke（2017）认为，收入分配不平等主要是多年来经济发生的深刻结构性变化的结果，包括全球化、技术进步、人口趋势以及劳动力市场和制度变迁。与这些长期因素的影响相比，货币政策对收入分配不平等的影响几乎是温和且短暂的。货币政策在长期是中性的，或者说几乎是中性的，这意味着其对收入和财富分配等的影响有限。与税收、政府转移支付或社会保障不同，货币政策既影响总体经济活动，也影响各类收入的分配。后者很重要，数据表明，家庭收入来源截然不同，富裕家庭获得大量的金融资产收入，而其他家庭主要依靠劳动收入或转移支付。但是，关于货币政策调整是否对居民收入分配产生显著影响，至今仍无定论。

货币政策调整对居民收入分配有何影响十分重要。若货币政策调整对居民收入分配有显著影响，那么货币政策制定和实施的过程中，必须要考虑居民收入不平等问题。若货币政策的调整拉大了居民收入差距，那么这势必会降低货币政策的实施效果，引发严重的社会和经济问题。因此，本章以准备金率调整、存贷款基准利率变动以及宽松的货币政策导致金融资产收益率上升为例，基于中国金融可计算一般均衡（Financial Computable General Equilibrium，FCGE）模型，分析了货币政策调整对居民收入分配的影响，以便更深入地了解货币政策的收入分配效应。

第二节　文献综述

由于忽视了货币政策对收入分配的影响，关于货币政策与收入分配之间关系的早期实证研究并不多。近几年，各国的宽松货币政策不断出台，引发了社会各界对货币政策收入分配效应的广泛关注，进而引起了关于货币政策调整对居民收入分配的影响的深入探讨。

一　国外研究方面

首先，关于扩张性货币政策对居民收入分配的影响方面，存在两种截然不同的观点。一种观点认为，扩张性货币政策拉大了居民收入差距，如 Inui 等（2017）认为，扩张性货币政策冲击通过加剧工资不平等而加剧了收入不平等。Andersen 等（2021）也得出了相似的研究结论，认为扩张性货币政策加剧了收入分配不平等。另一种观点认为，扩张性货币政策缩小了居民收入差距，如 Samarina 和 Nguyen（2019）研究表明，欧元区实施的扩张性货币政策缓解了收入不平等。Furceri 等（2018）测算了 1990~2013 年 32 个发达国家和新兴市场国家政策利率变化，发现紧缩性货币政策加剧了收入不平等，而扩张性货币政策缓解了收入不平等。

其次，关于紧缩性货币政策对居民收入分配的影响方面，相关学者的研究结论也存在分歧。一种观点认为，紧缩性货币政策加剧了收入不平等，拉大了居民收入差距。如 Mumtaz 和 Theophilopoulou（2017）基于详细的微观层面信息进行了 1968~2012 年不平等性的历史测度，研究了货币政策冲击对居民收入差距的影响，研究结果表明，紧缩性货币政策冲击导致收入分配恶化。而另一种观点则认为，紧缩性货币政策缩小了居民收入差距。如 Davtyan（2016）以美国为例，对货币政策的分配效应进行了估计，结果表明，紧缩性货币政策缓解了居民收入不平等，缩小了居民收入差距。

最后，关于非常规货币政策对收入分配的影响方面，自 2008 年国际金融危机以来，主要国家央行纷纷采取了一系列非常规货币政策措施，引发了激烈的讨论。自国际金融危机以来，财富不平等加剧。虽然低利率和债券价格上涨对财富不平等的影响微乎其微，但股票价格上涨加剧了财富不平等。房价回升只是部分抵消了这一影响，这表明货币政策可能会拉大居民收入差距，甚至推高股票价格。关于非常规货币政策对居民收入分配的影响，学术界尚未达成共识。一种观点认为，非常规货币政策加剧了居民收入不平等，拉大了居民收入差距。如 Taghizadeh-Hesary 等（2020）认为，日本银行的零利率和负利率政策推升了金融资产价格从而加剧了收入不平等，而金融资产价格的上涨恰恰让富裕收入群体受益，导致不同收入群体之间的收入差距扩大。而另一种观点认为，非常规货币政策缩小了居民收入差距，如 Lenza 和 Slacalek（2018）基于 VAR 模型，研究了欧元区的量化宽松措施如何通过投资组合构成、收入构成和收入异质性渠道影响单个家庭。研究结果表明，量化宽松措施对财富不平等的影响微乎其微，但其明显缩小了居民收入差距，许多低收入者实现就业。

二 国内研究方面

国内关于货币政策的收入分配效应的文献较少。张启迪（2021）通过梳理现有研究成果发现，货币政策对收入分配不平等的影响取决于经济的初始状况，如果经济的初始状况较好，宽松的货币政策反而会使得各经济主体普遍受益；相反，如果经济的初始状况较差，且存在较为严重的收入分配不平等问题，那么在不考虑其他条件的情况下，宽松的货币政策可能会加剧收入分配不平等。丁攀和李素芳（2014）基于 FAVAR 模型研究分析了我国货币政策对城乡居民收入差距的影响。结果表明，价格型货币政策对城乡居民收入差距没有显著影响，而数量型货币政策对城乡居民收入差距有显著影响。同时，数量型的量化宽松政策在一定程度上拉大了城乡居民收入差距。刘文文等（2016）利用中美加德四国 1995~2012 年的面板数据实证检验了货币政策对居民收入差距的影响。研究结果表明，扩张性货币政策在一定程度上缩小了居民收入差距。

通过梳理以往相关文献可以发现，关于货币政策对居民收入分配的影响尚无法达成一致意见，其不仅取决于研究对象，也取决于所采用的研究方法。因此，关于货币政策对收入分配的影响，需要具体问题具体分析。随着 CGE 模型应用领域的不断拓展，也有学者考虑构建金融 CGE 模型，但国内金融 CGE 模型研究起步较晚，相关成果较少，最早构建的中国金融 CGE 模型可追溯到周赤非和邓述慧（1998），但仅包含一个金融部门，且只有一种金融资产。之后，部分学者开始尝试通过构建金融 CGE 模型来分析货币政策的影响，但多是聚焦数量型货币政策，且分析货币政策的宏观经济效应，较少涉及货币政策对居民收入分配的影响。随着我国金融市场不断完善，金融工具越来越丰富，居民持有的金融资产类型愈发丰富，金融市场对经济社会各方面的影响也越来越大，因此，下文首先阐述了货币政策对居民收入分配的影响机制，而后基于构建的 FCGE 模型，量化分析货币政策调整对居民收入分配的影响。

第三节 货币政策对居民收入分配的影响机理

货币政策是一个国家货币当局采取的政策，以期通过控制短期借款利率（银行相互借款以满足短期需求）或货币供应量，降低通货膨胀或利率，确保对价格稳定和国家货币价值稳定的信任。2008 年国际金融危机爆发以来，西方国家纷纷采取非常规的量化宽松等货币政策，传统观念认为，货币政策属于总量型调控政策，很少有人关注货币政策产生的结构性影响。各国在经济快速发展的同时，经济成果的分配不均问题也引起了越来越多的国内外学者关注。本节简要阐述了货币政策对收入分配的影响机制，以期为后文的模型构建和结果分析提供理论支撑。为了方便进行理论机制分析，假设经济中只包含两种类型的家庭，即高收入家庭和低收入家庭。假设高收入家庭持有现金$cash_H$，拥有储蓄$save_H$，家庭收入Y_H，其中，收入由工资性收入Y_H^W、经营净收入Y_H^B、财产净收入Y_H^P和转移净收入Y_H^T组成。低收入家庭持有现金$cash_L$，拥有储蓄$save_L$，家庭收入Y_L，其中，收入由工资性收入Y_L^W、经营净收入Y_L^B、财产净收入Y_L^P和转移净收入Y_L^T组成。家庭总收入为$Y_K = Y_K^W + Y_K^B + Y_K^P + Y_K^T$（$K = H$，$L$），不同收入占总收入的比重为$r_K^i = Y_K^i / Y_K$（$i = W$，$B$，$P$，$T$），收入差距为$GAP = Y_H / Y_L$。

一　收入构成渠道

收入构成渠道是指在货币政策作用下，劳动者因自身禀赋和初始财富的差异而形成的收入构成差异，从而导致收入分配不均。根据皮凯蒂的《21世纪资本论》，随着收入水平的不断提升，居民收入构成中，工资性收入占比逐渐下降，经营净收入占比逐渐上升。因此，假定高收入家庭的经营净收入占总收入的比重高于低收入家庭的经营净收入占总收入的比重。在其他条件不变的情况下，假设中央银行实行扩张性货币政策，导致物价提升，由于工资存在刚性，工资的增加速度慢于货币供应量的增加速度，实际工资水平下降。当实际工资水平下降时，产品的生产成本中的工资成本随之降低，从而使得企业利润增加。即当中央银行实施扩张性货币政策时，经营净收入的上涨速度快于工资性收入，而高收入家庭的经营净收入占比高于低收入家庭，则高收入家庭的总收入增速快于低收入家庭，导致居民收入差距 G拉大。

$$\left. \begin{array}{l} M2\uparrow \Rightarrow Y_K^B \\ r_K^H > r_K^L \end{array} \right\} \Rightarrow GAP\uparrow \tag{9.1}$$

　　然而，在实证研究方面，存在两种截然不同的观点，一种观点认为，扩张性货币政策缩小了居民收入差距；另一种观点则认为，扩张性货币政策拉大了居民收入差距。因此，中央银行在实施货币政策时，要具体问题具体分析，尽量避免对居民收入分配造成负面冲击。

二　资产组合渠道

　　资产组合渠道是指货币政策调整引起资产价格变动，居民对持有的资产进行重新配置，从而引起财富重新分配。假设低收入家庭持有现金在总收入中所占比重高于高收入家庭，即 $\dfrac{cash_H}{Y_H} < \dfrac{cash_L}{Y_L}$。在其他条件不变的情况下，中央银行实施扩张性货币政策，导致通货膨胀。假设通货膨胀率为 τ，相当于政府对居民征收了 $\dfrac{\tau}{1+\tau}cash_K$ 的通胀税。低收入家庭持有现金比例高于高收入家庭，低收入家庭承担了更重的通胀负担，最终导致收入差距 GAP 拉大。

$$\left. \begin{array}{l} M2\uparrow \Rightarrow cash_K \Rightarrow \dfrac{\tau}{1+\tau}cash_K \\[2mm] \dfrac{cash_H}{Y_H} < \dfrac{cash_L}{Y_L} \end{array} \right\} \Rightarrow GAP\uparrow \qquad (9.2)$$

　　实证研究方面，对于持有较多现金或存款的低收入家庭而言，扩张性货币政策会引起实际利率下降和通货膨胀水平上升，降低其购买力水平，造成较大福利损失。对于持有较多的金融资产的高收入家庭而言，扩张性货币政策会引起金融资产价格上涨，增加其金融财富。对于持有较少或者不持有金融资产的低收入家庭而言，无法规避扩张性货币政策对其收入造成的负面影响，从而不利于缩小居民收入差距。

三　家庭信贷渠道

　　货币供应量变化导致与金融市场联系紧密的家庭的金融财富产生收入分配效应，由于存在信息不对称问题，即使是同样的借款人，也会出现一些人能够获得贷款而另一些人即便是愿意支付更高的贷款利率也难以获得贷款的情况。同时，由于信贷市场的不完全性，低收入家庭受信贷约束难以从银行获取相应贷款用于扩大再生产，只能依靠民间借贷等非正规方式获取资金；而对于高收入家庭而言，其拥有更多的抵押品，更易从正规的金融市场中获取资金用于扩大再生产，最终加剧收入分配不平等。紧缩性货币政策引起银行贷款减少，没有其他信贷来源的家庭购买的耐用品和住房数量会下降。同样，利率提高也会导致家庭资产负债表恶化，现金流受到不利影响。从流动性效应来看，信贷效应通过影响消费者的消费意愿而不是放贷者的放贷意愿来发挥作用。由于存在信息不对称问题，耐用消费品和住房是非常缺乏流动性的资产。如果收入减少，消费者需要通过出售耐用消费品或住房来筹集资金，由于无法获得这些资产的全部价值，他们预计会遭受巨大损失。相反，如果消费者持有股票债券等金融资产，可以较易按其全部市场价值迅速出售，筹集现金。因此，如果消费者预期将更易陷入财务困境，会选择尽可能少地持有耐用消费品或流动性差的住房资产，而是持有流动性强的金融资产。但相对于低收入家庭而言，高收入家庭持有更多的流动性强的金融资产，货币政策变化会对收入分配产生影响。

从理论模型和实证研究来看，货币政策对收入分配的影响是多方面的，存在不确定性。如从收入构成来看，扩张性货币既有可能拉大居民收入差距，也有可能缩小居民收入差距。因此，货币政策对收入分配的影响是各种渠道综合作用的结果，要准确判断货币政策对收入分配的具体影响，需要结合现实数据进行实证分析。

第四节　模型与数据

FCGE 模型不仅能考虑到部门间投入产出的生产链关系，而且能考虑到整个经济体系内的相互作用机制，能够反映经济系统的重要特征，是进行政策模拟分析的重要工具。FCGE 模型是一个庞大且复杂的经济系统模型，逐一介绍其构建过程将显得烦琐和冗余。同时，鉴于本章主要分析居民部门和金融市场的交易活动，下文主要介绍居民部门和金融市场交易活动相关的主要方程，并对模型数据来源进行简要说明。

一 居民收支模块

按照居民收入核算框架，居民收入主要包括：一是居民获得的劳动收入，二是居民获得的资本收益，三是居民投资各种金融资产获得的利息收入或分红收益，四是居民获得的来自政府、银行和企业部门的转移支付，具体方程设置如下：

$$TY_h = YHK_h + YHL_h + Ynfe2h_h + Yofi2h_h + Ygov2h_h + ID_h + IB_h + IN_h \quad (9.3)$$

其中，TY_h 为居民 h 的总收入。YHK_h 和 YHL_h 分别为居民 h 获得的资本收入和劳动收入，$Ynfe2h_h$、$Yofi2h_h$ 和 $Ygov2h_h$ 分别为居民 h 获得的来自企业、银行和政府部门的转移支付，ID_h、IB_h、IN_h 分别为居民 h 获得的股票收益、债券收益和利息收益。

居民的支出主要包括：一是居民的消费支出，二是居民缴纳的个人所得税和贷款利息支出，三是居民对政府部门和银行的转移支付，具体方程设置如下：

$$PQ_i \times HD_{i,h} = conh_{i,h} \times (TY_h - SY_h - GIHTAX_h - Yh2ofi_h - Yh2gov_h - IL_h) \quad (9.4)$$

其中，PQ_i 为商品 i 的价格，$HD_{i,h}$ 为居民 h 对商品 i 的需求量，$Yh2ofi_h$ 和 $Yh2gov_h$ 分别为居民 h 对银行和政府的转移支出，IL_h 为居民 h 的贷款利息支出，$GIHTAX_h$ 为居民 h 缴纳的个人所得税。SY_h 为居民 h 的储蓄，$conh_{i,h}$ 为居民 h 对商品 i 的平均消费份额。

居民将其收入一部分用于日常消费支出，一部分投资于各类金融资产以获得收益。参考 Rosensweig 和 Taylor（1990）、刘斌（2011）的分析框架来刻画居民持有金融资产的行为方程。假设居民持有现金 $ECASH_h$、政府债券 $EGOVB_h$、股票 $ESTO_h$、存款 $EDEPT_h$ 和其他资产 $EOTHA_h$，且居民持有现金与其消费成一定比例：

$$ECASH_h = \delta_{ecashh} \times (\sum_i PQ_i \times HD_{i,h}) \quad (9.5)$$

居民持有的其他资产 $EOTHA_h$ 与居民持有的金融资产总财富 V_h 成一定比例：

$$EOTHA_h = sheotha_h \times V_h \qquad (9.6)$$

居民的效用函数和约束条件设置如下：

$$\max U = \left[\alpha1_h \times \left(\frac{1 + rgovb}{1 + rdept} \times EGOVB_h \right)^{\frac{\sigma_h - 1}{\sigma_h}} + \alpha2_h \times \left(\frac{1 + rsto}{1 + rdept} \times ESTO_h \right)^{\frac{\sigma_h - 1}{\sigma_h}} \right.$$
$$\left. + \alpha3_h \times \left(\frac{1 + rdept}{1 + rdept} \times EDEPT_h \right)^{\frac{\sigma_h - 1}{\sigma_h}} \right]^{\frac{\sigma_h}{\sigma_h - 1}}$$

$$(9.7)$$

$$\text{s. t. } V_h - ECASH_h - EOTHA_h = EGOVB_h + ESTO_h + EDEPT_h \qquad (9.8)$$

构造拉格朗日函数，可得到居民持有各类金融资产的行为方程式：

$$EGOVB_h = \frac{\left[\alpha1_h^{\sigma_h} \times \left(\frac{1 + rgovb}{1 + rdept} \right)^{\sigma_h - 1} \right]}{\left[\alpha1_h^{\sigma_h} \times \left(\frac{1 + rgovb}{1 + rdept} \right)^{\sigma_h - 1} + \alpha2_h^{\sigma_h} \times \left(\frac{1 + rsto}{1 + rdept} \right)^{\sigma_h - 1} + \alpha3_h^{\sigma_h} \right]} \times (V_h - ECASH_h - EOTHA_h)$$

$$(9.9)$$

$$ESTO_h = \frac{\left[\alpha2_h^{\sigma_h} \times \left(\frac{1 + rsto}{1 + rdept} \right)^{\sigma_h - 1} \right]}{\left[\alpha1_h^{\sigma_h} \times \left(\frac{1 + rgovb}{1 + rdept} \right)^{\sigma_h - 1} + \alpha2_h^{\sigma_h} \times \left(\frac{1 + rsto}{1 + rdept} \right)^{\sigma_h - 1} + \alpha3_h^{\sigma_h} \right]} \times (V_h - ECASH_h - EOTHA_h)$$

$$(9.10)$$

$$EDEPT_h = \frac{\left[\alpha3_h^{\sigma_h} \times \left(\frac{1 + rdept}{1 + rdept} \right)^{\sigma_h - 1} \right]}{\left[\alpha1_h^{\sigma_h} \times \left(\frac{1 + rgovb}{1 + rdept} \right)^{\sigma_h - 1} + \alpha2_h^{\sigma_h} \times \left(\frac{1 + rsto}{1 + rdept} \right)^{\sigma_h - 1} + \alpha3_h^{\sigma_h} \right]} \times (V_h - ECASH_h - EOTHA_h)$$

$$(9.11)$$

其中，U 表示居民投资金融资产的效用，$rdept$、$rgovb$、$rsto$ 分别表示存款利率、政府债券收益率、股票收益率，α_1、α_2、α_3 分别表示居民持有相应金融资产的倾向，σ_h 表示各类金融资产之间的替代弹性。

根据居民持有的各类金融资产的行为方程，在 FCGE 模型的数据库中，所用数据均为期末数据，因此，本章简化了居民的金融资产收益方程，用期初和期末的平均值作为核算期内居民所持有的金融资产。因此，居民股票收益、债券收益和存款利息收益，以及贷款利息支出方程式如下：

$$ID_h = caid_h \times rsto \times \frac{ESTO_h + \overline{ESTO0_h}}{2} \tag{9.12}$$

$$IB_h = caib_h \times rgovb \times \frac{EGOVB_h + \overline{EGOVB0_h}}{2} \tag{9.13}$$

$$IN_h = cain_h \times \left[rded \times \frac{EDED_h + \overline{EDDED0_h}}{2} + rtmd \times \frac{ETMD_h + \overline{ETMD0_h}}{2} \right.$$
$$\left. + rothd \times \frac{EOTHD_h + \overline{EOTHD0_h}}{2} \right] \tag{9.14}$$

$$IL_h = cail_h \times \left[rstl \times \frac{SSTL_h + \overline{SSTL0_h}}{2} + rmltl \times \frac{SMLTL_h + \overline{SMLTL0_h}}{2} + rothl \times \frac{SOTHL_h + \overline{SOTHL0_h}}{2} \right] \tag{9.15}$$

其中，$\overline{ESTO0_h}$、$\overline{EGOVB0_h}$、$\overline{EDDED0_h}$、$\overline{ETMD0_h}$、$\overline{EOTHD0_h}$分别表示居民期初持有的股票、政府债券、活期存款、定期存款以及其他存款，$\overline{SSTL0_h}$、$\overline{SMLTL0_h}$、$\overline{SOTHL0_h}$分别表示居民期初持有的短期贷款、中长期贷款和其他贷款。$rded$、$rtmd$、$rothd$分别表示活期存款利率、定期存款利率以及其他存款利率，$rstl$、$rmltl$、$rothl$分别表示短期贷款利率、中长期贷款利率和其他贷款利率，$caid_h$、$caib_h$、$cain_h$、$cail_h$表示调整参数。

假设居民持有的各类存款为总存款的固定比例：

$$EDED_h = \delta_{eded_h} \times EDEPT_h \tag{9.16}$$

$$ETMD_h = \delta_{etmd_h} \times EDEPT_h \tag{9.17}$$

$$EOTHD_h = \delta_{eothd_h} \times EDEPT_h \tag{9.18}$$

其中，δ_{eded_h}、δ_{etmd_h}、δ_{eothd_h}表示份额参数。

假设居民持有的各类贷款为其总收入的固定比例：

$$SSTL_h = \mu_{sstl_h} \times TY_h \tag{9.19}$$

$$SMLTL_h = \mu_{smltl_h} \times TY_h \qquad (9.20)$$

$$SOTHL_h = \mu_{sothl_h} \times TY_h \qquad (9.21)$$

其中，μ_{sstl_h}、μ_{smltl_h}、μ_{sothl_h} 表示份额参数。

二　金融资产利率模块

设总存款利率和总贷款利率为各类存款利率、各类贷款利率、政府债券收益率、金融债券收益率、企业债券收益率以及股票收益率的线性函数。

总存款利率决定方程为：

$$
\begin{aligned}
rdept = {} & \alpha_{dept} \times \frac{rded + rtmd + rfsd + rfed + rothd}{5} \\
& + \alpha_{loan} \times \frac{rstl + rmltl + rfel + renl + rothl}{5} \\
& + \alpha_{bond} \times \frac{rgovb + rfinb + rend}{3} + \alpha_{sto} \times rsto
\end{aligned}
\qquad (9.22)
$$

总贷款利率决定方程为：

$$
\begin{aligned}
rloan = {} & \beta_{loan} \times \frac{rstl + rmltl + rfel + renl + rothl}{5} \\
& + \beta_{dept} \times \frac{rded + rtmd + rfsd + rfed + rothd}{5} \\
& + \beta_{bond} \times \frac{rgovb + rfinb + rend}{3} + \beta_{sto} \times rsto
\end{aligned}
\qquad (9.23)
$$

其中，$rfsd$、$rfed$ 分别表示财政存款利率和外汇存款利率，$rfel$、$renl$ 分别表示外汇贷款利率和委托贷款利率，$rfinb$、$rend$ 分别表示金融债券和企业债券收益率。α_{dept}、α_{loan}、α_{bond}、α_{sto}、β_{loan}、β_{dept}、β_{bond}、β_{sto} 表示利率决定系数。

设金融债券收益率、企业债券收益率、股票收益率为其自身基准收益率及其他金融资产收益率的线性函数。

金融债券收益率决定方程为：

$$
\begin{aligned}
rfinb = {} & \delta0 + \delta_{finb} \times rfinb0 + \delta_{dept} \times rdept + \delta_{loan} \times rloan \\
& + \delta_{govb} \times rgovb + \delta_{enb} \times renb + \delta_{sto} \times rsto
\end{aligned}
\qquad (9.24)
$$

企业债券收益率决定方程为：

$$renb = \theta 0 + \theta_{enb} \times renb0 + \theta_{dept} \times rdept + \theta_{loan} \times rloan$$
$$+ \theta_{govb} \times rgovb + \theta_{finb} \times rfinb + \theta_{sto} \times sto \tag{9.25}$$

股票收益率决定方程为：

$$rsto = \varphi 0 + \varphi_{sto} \times rsto0 + \varphi_{dept} \times rdept + \varphi_{loan} \times rloan$$
$$+ \varphi_{govb} \times rgovb + \varphi_{finb} \times rfinb + \varphi_{enb} \times renb \tag{9.26}$$

总债券收益率决定方程为：

$$rbond = \frac{rgovb + rfinb + renb}{3} \tag{9.27}$$

中央银行的货币政策通过影响各类金融资产的利率或收益率来影响居民持有金融资产的行为，进而影响居民收入差距。

三　收入分配模块

参考李实（2002）、金成武（2007）采用的计算基尼系数的方法，具体公式为：

$$G = \sum_i \sum_j \frac{|x_i - x_j|}{2n^2\mu} \tag{9.28}$$

其中，G 代表基尼系数，x_i 代表第 i 组居民的收入水平，μ 代表等分组总体收入的期望值，n 代表总的分组数。

再分配效应是评估政策工具对再分配影响效果的重要考量，常用测算再分配效应的指标是 Musgrave 和 Thin 提出的 MT 指数。该指数为政策调节工具作用前的基尼系数和政策调节工具作用后的基尼系数的差值，具体计算公式为：

$$MT = G_X - G_{NX} \tag{9.29}$$

其中，G_X 为政策调节工具作用前的基尼系数，G_{NX} 为政策调节工具作用后的基尼系数。如果政策调节工具作用后 MT 指数为正数，说明政策调节工具作用后基尼系数 G_{NX} 减小，表示政策调节工具有利于改善收入分配。这里测算的 MT 指数单位是基尼点，因此这个指标又称绝对再分配效应。

按照再分配效应的 APK 分解方法，MT 指数被分为纵向公平（Vertical Equity，VE）和横向公平（Horizontal Equity，HE）。按照 Kakwani（1977）提出的税收累进性以及衡量税收相对规模的平均税率的框架，纵向公平被分解为受到税收累进性 P 和平均税率 T 两个因素影响。横向公平被表示为按政策调节工具作用前收入 x 排序计算得出的政策调节工具作用后的收入 y 的基尼系数 G_y^x 减去政策调节工具作用后的收入 y 的基尼系数 G_y 的差值。

$$MT = VE + HE = \frac{T}{1-T} \times P + (G_y^x - G_y) \tag{9.30}$$

相对再分配效应 RMT 为绝对再分配效应相对于政策工具作用前的基尼系数的变化率，具体计算公式如下：

$$RMT = \frac{G_X - G_{NX}}{G_X} \times 100\% = \frac{MT}{G_X} \times 100\% \tag{9.31}$$

相对再分配效应能够更好地反映政策工具在多大程度上改变了收入分配格局。

考虑到我国独特的城乡二元经济特征，因此，将全国基尼系数 G 分解为农村居民基尼系数 G_{hr}、城镇居民基尼系数 G_{hu} 以及城乡居民收入差距 D。在程永宏（2006，2007）研究的基础上，将基尼系数进行分解，具体公式为：

$$G = \theta G_{hr} + (1-\theta) G_{hu} + \frac{\alpha\beta}{\mu_h}D \tag{9.32}$$

$$\theta = \mu_{hr} N_{hr}/(\mu_{hr} N_{hr} + \mu_{hu} N_{hu}) \tag{9.33}$$

其中，θ 为农村居民收入在城乡居民总收入中所占份额，（$1-\theta$）表示城镇居民收入在城乡居民总收入中所占份额，α 和 β 分别为农村人口和城镇人口占全国总人口的比重，μ_h、μ_{hr} 和 μ_{hu} 分别为全国居民、农村居民和城镇居民的平均收入，N_{hr} 和 N_{hu} 分别为农村人口和城镇人口。

四　数据来源及整理

金融社会核算矩阵（Financial Social Accounting Matrix，FSAM）是校准

FCGE 模型参数及外生变量的数据基础。本章构建的 FSAM 表中的数据大部分来源于《中国投入产出表 2018》；政府转移支付等数据来源于《中国统计年鉴 2019》；增值税、营业税、消费税等各类间接税税收数据来自《中国税务年鉴 2019》中的"全国税收收入分税种分产业收入情况表"。各类金融产品的流量数据来源于《资金流量表 2019》，存量数据来源于《中国国家资产负债表 2020》以及中国人民银行、国家统计局发布的统计公报。各类金融产品的基准利率参考阮健弘（2020）采用的方法，来自人民银行、上交所、深交所等的统计数据。按照国家统计局公布的数据，将农村居民和城镇居民按收入水平进行五等分组。

根据上述数据，首先构建宏观 FSAM 描述表，对生产、机构部门和间接税等账户进行细分。由于数据来源的多样性，初始构建的 FSAM 表不满足行列平衡要求，需要对 FSAM 表进行调平处理。平衡之后的 FSAM 表为刻画经济中各机构部门的交易行为提供了基础数据，并内含了其重要特征及相关参数。

第五节　结果与分析

一　政策模拟方案设定

在研究货币政策对居民收入分配的影响时，本章分析了存款准备金率调整、存贷款基准利率调整以及股票和债券收益率变动等政策变化对居民收入分配的影响。具体而言，设定了以下三种政策模拟方案，分别是法定存款准备金率降低 0.5 个百分点、各类存贷款基准利率降低 0.5 个百分点、股票和债券收益率提升 10%。

二　降低法定存款准备金率对收入分配的影响

（一）对全国居民人均收入分配的影响

降低法定存款准备金率在一定程度上可以增强金融体系的资金稳定性，优化商业银行和金融市场的流动性结构，增强金融机构的信贷扩张能力，进而增强金融机构服务实体经济的能力。传统理论认为，作为宽松的货币政策的一种，降低存款准备金率更多的是影响企业或者金融机构部门，较少会对居民产生直接影响，这也可以从表9-1中的模拟结果得到反映。可以看出，降低法定存款准备金率并未使得现阶段的收入分配格局发生明显变化，相对再分配RMT指数仅由政策改革前的-1.1647%变化为改革后的-1.1648%，影响极其微弱。

表 9-1　法定存款准备金率变动对全国居民收入分配的影响

指标	政策改革前	政策改革后
市场收入基尼系数	0.441910	0.441910
实际收入基尼系数	0.447058	0.447058
MT 指数	−0.005147	−0.005147
RMT 指数(%)	−1.164700	−1.164800
VE	−0.004507	−0.004507
HE	−0.000640	−0.000640
P	−0.005338	−0.005338
T	0.457800	0.457812

资料来源：笔者根据模型计算结果整理。

（二）对城乡居民收入分配的影响

在测算了法定存款准备金率降低对全国居民收入分配影响的基础上，本部分进一步测算了法定存款准备金率降低对农村居民、城镇居民及城乡居民收入分配相关指标的影响，从表9-2可以看出，降低存款准备金率之后，农村居民和城镇居民的MT指数、纵向公平VE、横向公平HE、累退性指数P以及平均收益率T等各项收入分配指标变化几乎为0，可以说，法定存款准备金率的降低对城乡居民收入分配产生的影响微乎其微。

从城乡对比来看，法定存款准备金率降低后，农村家庭和城镇家庭人均收入都有所提高，且农村家庭收入增长幅度大于城镇家庭，但增幅甚小。同时，全国家庭人均收入轻微上涨。此外，代表城乡居民收入差距的指标由政策作用前的16507.49元变化为政策作用后的16507.65元，收入差距略微拉大。整体来看，降低法定存款准备金率对居民收入分配的影响极其微弱。

表 9-2 法定存款准备金率变动对城乡居民收入分配的影响

指标	政策改革前		政策改革后	
	农村居民	城镇居民	农村居民	城镇居民
MT 指数	0.011975	−0.008860	0.011975	−0.008860
VE	−0.039965	−0.003736	−0.039968	−0.003736
HE	0.051940	−0.005124	0.051943	−0.005124
P	−0.049066	−0.004374	−0.049066	−0.004375
T	0.448892	0.460624	0.448902	0.460636
城乡家庭人均收入均值(元)	21423.02	46837.22	21423.24	46837.68
城乡户数比重(%)	40.42	59.58	40.42	59.58
城乡收入份额(%)	23.68	76.32	23.68	76.32
城乡各自基尼系数	0.357174	0.332491	0.357173	0.332492
全国家庭人均收入均值(元)	36564.85		36565.21	
城乡混合基尼系数	0.447058		0.447058	
城乡收入差距(元)	16507.49		16507.65	

资料来源:根据模型计算结果整理。

三 降低存贷款基准利率对收入分配的影响

(一) 对全国居民收入分配的影响

存贷款基准利率通过影响居民的利息收支进而直接影响居民收入水平,或者是通过影响企业的融资成本进而间接影响居民的收入水平,从而产生收入分配效应。降低存贷款基准利率后,全国居民实际收入的基尼系数由政策改革前的 0.4470 下降为政策改革后的 0.4467,同期,MT 指数由 −0.0051 上升为 −0.0048,RMT 指数由 −1.16% 变化为 −1.11%,说明降低存贷款基准利率有利于改善收入分配,缩小居民收入差距。其中,纵向公平 VE 由 −0.0045 降低为 −0.0055,横向公平 HE 由 −0.0006 上升为 0.0006。具体而言,累退性指数 P 由 0.0053 上升为 0.0075,说明降低存贷款基准利率导致整体调节工具的累退性进一步增强,平均税率(收益率)T 由 0.4578 下降为 0.4232,部分抵消了累退性增强带来的影响。综合作用后,降低存贷款基准利率使得基尼系数有所降低,在一定程度上缩小了居民收入差距。

表 9-3　存贷款基准利率变动对全国居民收入分配的影响

指标	政策改革前	政策改革后
市场收入基尼系数	0.4419	0.4418
实际收入基尼系数	0.4470	0.4467
MT 指数	−0.0051	−0.0048
RMT 指数(%)	−1.1600	−1.1100
VE	−0.0045	−0.0055
HE	−0.0006	0.0006
P	−0.0053	−0.0075
T	0.4578	0.4232

资料来源：根据模型计算结果整理。

（二）对城乡居民之间收入分配的影响

在测算了存贷款基准利率降低对全国居民收入分配影响的基础上，本部分进一步测算存贷款基准利率降低对农村居民、城镇居民及城乡居民收入分配相关指标的影响，相关结果见表 9-4。

从农村来看，降低存贷款基准利率前，MT 指数为 0.0119，降低存贷款基准利率后，MT 指数为 0.0112，说明存贷款基准利率下降在一定程度上减弱了调节工具的再分配效应。其中，纵向公平 VE 由 −0.0399 变化为 −0.0380，说明降低存贷款基准利率改善了纵向公平效应，横向公平 HE 由 0.0519 变化为 0.0493，说明降低存贷款基准利率不利于改善横向公平效应，二者综合作用导致 MT 指数有所下降。从累退性的角度看，降低存贷款基准利率后，累退性指数 P 由 0.0490 增加为 0.0527，说明降低存贷款基准利率导致现阶段整体调节工具的累退性进一步增强。从平均税率（收益率）的角度看，降低存贷款基准利率后，平均税率（收益率）T 由 0.4488 下降为 0.4193，部分抵消了累退性增强带来的影响。

从城镇来看，降低存贷款基准利率前，MT 指数为 −0.0088，降低存贷款基准利率后，MT 指数变为 −0.0091，说明降低存贷款基准利率在一定程度上拉大了城镇居民收入差距。其中，纵向公平 VE 由 −0.0037 上升为 −0.0027，说明存贷款基准利率降低改善了纵向公平效应，横向公平 HE 由

−0.0051下降为−0.0063，说明存贷款基准利率降低不利于改善横向公平效应，这两项指标的变化在城乡之间表现出明显的差异性，二者综合作用导致MT指数有所降低。从累退性的角度看，降低存贷款基准利率后，累退性指数 P 由 0.0043 降低为 0.0038，说明降低存贷款基准利率导致整体调节工具的累退性有所减弱。从平均税率（收益率）的角度看，降低存贷款基准利率后，平均税率（收益率）T 由 0.4606 下降为 0.4245，部分抵消累退性减弱带来的影响。

从城乡对比来看，降低存贷款基准利率后，农村家庭和城镇家庭人均收入都有略微减少，且城镇家庭人均收入减少幅度大于农村家庭。同时可以看出，存贷款基准利率降低后，农村家庭人均收入份额有轻微上涨，城镇家庭人均收入份额有轻微下降，全国家庭人均收入有所下降。此外，城乡居民各自基尼系数均有所增加，但全国总体基尼系数有所下降，且城乡居民收入差距由政策改革前的 16507.49 元降低为政策改革后的 16063.01 元，说明降低存贷款基准利率在一定程度上缩小了城乡居民收入差距。

表 9-4　存贷款基准利率变动对城乡居民收入分配的影响

指标	政策改革前		政策改革后	
	农村居民	城镇居民	农村居民	城镇居民
MT 指数	0.0119	−0.0088	0.0112	−0.0091
VE	−0.0399	−0.0037	−0.0380	−0.0027
HE	0.0519	−0.0051	0.0493	−0.0063
P	0.0490	0.0043	0.0527	0.0038
T	0.4488	0.4606	0.4193	0.4245
城乡家庭人均收入均值(元)	21423.02	46837.22	21055.88	45825.95
城乡户数比重(%)	40.42	59.58	40.42	59.58
城乡收入份额(%)	23.68	76.32	23.76	59.58
城乡各自基尼系数	0.3571	0.3324	0.3579	0.3327
全国家庭人均收入均值(元)	36564.85		35813.93	
城乡混合基尼系数	0.447058		0.446761	
城乡收入差距(元)	16507.49		16063.01	

资料来源：根据模型计算结果整理。

四 提高股票和债券收益率对收入分配的影响

(一) 对全国居民收入分配的影响

宽松的货币政策对金融市场的繁荣程度产生明显影响，而股票和债券收益率提高将直接影响居民的实际收入，进而产生调节收入分配的效果。本部分对股票和债券收益率提高前后全国收入分配相关指标进行了测算，结果如表9-5所示。可以看出，股票和债券收益率变化前，实际收入基尼系数为0.4470，MT指数为-0.0051，RMT指数为-1.16%；股票和债券收益率提高后，实际收入基尼系数上升为0.4473，MT指数下降为-0.0054，RMT指数下降为-1.22%，说明股票和债券收益率的提高在一定程度上拉大了收入分配差距。其中，纵向公平VE由-0.0045上升为-0.0038，说明提高股票和债券收益率改善了纵向公平效应，横向公平HE由-0.0006下降为-0.0015，说明提高股票和债券收益率恶化了横向公平效应，二者综合作用导致调节工具的再分配效应有所下降。从累退性指数P的变化来看，P值由0.0053下降为0.0045，说明股票和债券收益率提高导致整体调节工具的累退性有所降低。从平均税率（收益率）T的变化来看，T值由0.4578上升为0.4596，在一定程度上增大了累退性降低带来的影响。

表9-5 股票和债券收益率变动对全国居民收入分配的影响

指标	政策改革前	政策改革后
市场收入基尼系数	0.4419	0.4419
实际收入基尼系数	0.4470	0.4473
MT 指数	-0.0051	-0.0054
RMT 指数(%)	-1.1600	-1.2200
VE	-0.0045	-0.0038
HE	-0.0006	-0.0015
P	0.0053	0.0045
T	0.4578	0.4596

资料来源：根据模型计算结果整理。

（二）对城乡居民之间收入分配的影响

在测算了股票和债券收益率提高对全国居民收入分配影响的基础上，本部分进一步测算股票和债券收益率提高对农村居民、城镇居民及城乡居民收入分配相关指标的影响，相关结果见表9-6。

从农村来看，股票和债券收益率提高前，MT 指数为 0.0119；股票和债券收益率提高后，MT 指数下降为 0.0115，说明股票和债券收益率提高在一定程度上降低了调节工具的再分配效应，并未起到缩小农村居民收入差距的作用。其中，纵向公平 VE 由 -0.0399 上升为 -0.0391，横向公平 HE 由 0.0519 下降为 0.0506，说明股票和债券收益率提升有利于改善纵向公平效应，不利于改善横向公平效应。此外，从累退性的角度看，提高股票和债券收益率前，累退性指数 P 为 0.0490，提高股票和债券收益率后，累退性指数 P 为 0.0476，说明股票和债券收益率提高在一定程度上使得调节工具的累退性有所减弱。从平均税率（收益率）的角度看，提高股票和债券收益率前，T 值为 0.4488，提高股票和债券收益率后，T 值为 0.4506，在一定程度上增大了累退性下降带来的影响。

从城镇来看，股票和债券收益率提高前，MT 指数为 -0.0088，股票和债券收益率提高后，MT 指数下降为 -0.0091，说明股票和债券收益率提高减弱了调节工具的再分配效应，拉大了城镇居民的收入差距等。其中，纵向公平 VE 由 -0.0037 上升为 -0.0028，横向公平 HE 由 -0.0051 下降为 -0.0063，说明提高股票和债券收益率，改善了纵向公平效应，恶化了横向公平效应。此外，从累退性变化来看，股票和债券收益率提高前，累退性指数 P 为 0.0043，股票和债券收益率提高后，累退性指数 P 为 0.0033，说明提高股票和债券收益率在一定程度上降低了调节工具的累退性。从平均税率（收益率）变化来看，股票和债券收益率提高前，T 值为 0.4606，股票和债券收益率提高后，T 值为 0.4624，在一定程度上增大了累退性下降带来的影响。

从城乡对比来看，股票和债券收益率提高后，农村家庭和城镇家庭人均收入水平都有所上涨，且城镇家庭人均收入水平上涨幅度略微大于农村家庭。同时可以看出，股票和债券收益率提高后，全国家庭人均收入水平轻微上涨。此外，城乡各自基尼系数均有轻微上升，且全国基尼系数也有所上升。城乡收入差距由政策改革前的 16507.49 元略微上升为政策改革后的 16515.69 元，说明股票和债券收益率提高在一定程度上拉大了城乡居民收入差距。

表 9-6 　股票和债券收益率变动对城乡居民收入分配的影响

指标	政策改革前		政策改革后	
	农村居民	城镇居民	农村居民	城镇居民
MT 指数	0.0119	−0.0088	0.0115	−0.0091
VE	−0.0399	−0.0037	−0.0391	−0.0028
HE	0.0519	−0.0051	0.0506	−0.0063
P	0.0490	0.0043	0.0476	0.0033
T	0.4488	0.4606	0.4506	0.4624
城乡家庭人均收入均值(元)	21423.02	46837.22	21448.32	46897.18
城乡户数比重(%)	40.42	59.58	40.42	59.58
城乡收入份额(%)	23.68	76.32	23.68	76.32
城乡各自基尼系数	0.3571	0.3324	0.3575	0.3328
全国家庭人均收入均值(元)	36564.85		36610.80	
城乡混合基尼系数	0.447058		0.447325	
城乡收入差距(元)	16507.49		16515.69	

资料来源：根据模型计算结果整理。

第六节　结论与政策建议

本章基于 FCGE 模型，设定了三种货币政策模拟方案，研究分析了货币政策变动对居民收入分配的影响，并得出以下结论。

从全国来看，法定存款准备金率降低 0.5 个百分点几乎不对城乡居民收入分配产生影响，股票和债券收益率提高 10% 不利于缩小城乡居民收入差距，但存贷款基准利率降低 0.5 个百分点在一定程度上改善了收入分配。分城乡来看，对于农村居民，法定存款准备金率降低 0.5 个百分点对农村居民收入分配的影响极其微弱，几乎为零。存贷款基准利率降低 0.5 个百分点以及股票和债券收益率提高 10% 在一定程度上拉大了农村居民收入差距，减弱了调节工具的再分配效应。对于城镇居民，存款准备金率降低 0.5 个百分点对城镇居民收入分配的影响效果甚微。存贷款基准利率降低 0.5 个百分点以及股票和债券收益率提高 10% 在一定程度上拉大了城镇居民收入差距，对调节工具发挥再分配效应产生了不利影响。此外，存贷款基准利率降低 0.5 个百分点虽然拉大了农村居民和城镇居民之间的收入差距，但在一定程度上降低了城乡居民整体基尼系数。

从城乡居民收入差距的角度来看，在法定存款准备金率降低 0.5 个百分点的政策模拟方案下，农村家庭和城镇家庭人均收入水平虽有所提高，但效果极其微弱。在存贷款基准利率降低 0.5 个百分点的政策模拟方案下，农村家庭和城镇家庭人均收入水平都有所降低，且城镇家庭人均收入水平降幅大于农村家庭。在股票和债券收益率提高 10% 的政策模拟方案下，农村家庭和城镇家庭人均收入水平都有所提高，且城镇家庭收入水平增幅大于农村家庭。此外，在存贷款基准利率降低 0.5 个百分点的政策模拟方案下，城乡居民收入差距有所减小，在法定存款准备金率降低 0.5 个百分点以及股票和债券收益率提高 10% 的政策模拟方案下，城乡居民收入差距有所拉大。

根据上述研究结论，提出以下政策建议。

第一，实施宽松的货币政策时应关注收入不平等问题。不平等问题不仅是社会问题，还是经济问题，既表现为增量维度上的收入不平等，也表现为存量维度上的财富不平等。一般而言，金融资产收益率的提高往往伴随着宽松的货币政策的实施，研究表明，股票和债券收益率的提高减弱了调节工具的再分配效应，拉大了居民收入差距。因此，如果货币当局在实施货币政策时，若仅关注总量变化，忽视不平等问题，或许会造成明显的福利损失，降低货币政策工具的传导效率。同时，不平等问题加剧还会产生一系列社会问题，不利于经济社会的平稳健康发展。此外，应通过宏观审慎等多种方式加强对金融资产价格快速上涨的监制，这不仅可以降低系统性金融风险，提高货币政策的传导效率，还可以缓解不平等问题。

第二，应采取其他政策措施配合宽松的货币政策的实施。在实施宽松的货币政策时，除了考虑货币政策本身对收入分配可能造成的不利影响外，还应结合财政政策或其他措施来改善收入分配。虽然货币政策可以做到定点定向实行，但总体而言，货币政策仍属于总量型调节工具。相比而言，财政政策具有较强的灵活性，既具有总量型调节工具的特点，又具有结构型调节工具的特点。因此，为了降低宽松货币政策的实施可能对收入分配产生的不利影响，可以考虑配合实行财政政策，如考虑实施更大规模的减费降税，减少企业的运营成本，同时，加大新基建投资力度，以财政支出带动全社会投资水平回升。同时，积极推进"六稳""六保"，加大对低收入人群的转移支付力度，改善收入分配。

第三，谨慎使用货币政策，避免"大水漫灌"。2008年国际金融危机之后，美联储的宽松货币政策在分配领域的作用越来越受到各方关注，而在疫情期间，美联储采取了更为宽松的货币政策，虽然经济较快复苏，但也造成了高通胀的严重后果。2022年我国在政府工作报告中强调，要加大稳健的货币政策实施力度。中国人民银行应把握好货币政策的实施力度和节奏，保证货币供应量和社会融资规模增速同名义经济增速基本匹配，既要避免流动性不足影响经济增长和收入总量，又要防止流动性过大带来的通货膨胀和资产价格泡沫拉大居民收入差距。努力发挥货币政策改善收入分配的积极作用，实现共同富裕。

参考文献

《资源税、房产税改革及对地方财政影响分析》课题组：《资源税、房产税改革及对地方财政影响分析》，《财政研究》2013年第7期。

蔡萌、岳希明：《我国居民收入不平等的主要原因：市场还是政府政策？》，《财经研究》2016年第4期。

常海龙：《财税政策改善收入分配的效应分析》，《税收经济研究》2015年第1期。

畅军锋：《房产税试点以来对房价影响之实证分析与探讨》，《经济体制改革》2013年第5期。

陈多长、踪家峰：《房地产税收与住宅资产价格：理论分析与政策评价》，《财贸研究》2004年第1期。

陈宗胜、文雯、任重：《城镇低保政策的再分配效应——基于中国家庭收入调查的实证分析》，《经济学动态》2016年第3期。

程永宏：《二元经济中城乡混合基尼系数的计算与分解》，《经济研究》2006年第1期。

程永宏：《改革以来全国总体基尼系数的演变及其城乡分解》，《中国社会科学》2007年第4期。

丁攀、李素芳：《中国货币政策对城乡居民收入的有效性研究——FAVAR模型的全视角分析》，《经济科学》2014年第4期。

范小云、张景松、王博：《金融危机及其应对政策对我国宏观经济的影响——基于金融CGE模型的模拟分析》，《金融研究》2015年第9期。

谷成：《财产税归宿：理论分析与政策引申》，《改革》2005年第8期。

郭庆旺、陈志刚、温新新等:《中国政府转移性支出的收入再分配效应》,《世界经济》2016 年第 8 期。

郭庆旺、吕冰洋:《论税收对要素收入分配的影响》,《经济研究》2011 年第 6 期。

哈维·S. 罗森(Harvey·S. Rosen)、特德·盖亚(Ted Gayer):《财政学》(第十版),郭庆旺译,中国人民大学出版社,2015。

哈维·S. 罗森(Harvey. S. Rosen)、特德·盖亚(Ted Gayer):《财政学》(第八版),郭庆旺、赵志耘译,中国人民大学出版社,2009。

韩媛:《我国油菜直接补贴的归宿分析》,华中农业大学硕士学位论文,2009。

郝联峰:《西方税收归宿理论:趋势与述评》,《涉外税务》2000 年第 5 期。

何立新:《中国城镇养老保险制度改革的收入分配效应》,《经济研究》2007 年第 3 期。

洪连埔、刘嫣、张翔:《企业 RD 税收优惠政策效应分析——基于中国经验数据的实证研究》,《税收经济研究》2019 年第 1 期。

胡海生、刘红梅、王克强:《中国房产税改革方案比较研究——基于可计算一般均衡(CGE)的分析》,《财政研究》2012 年第 12 期。

胡洪曙:《开征财产税后的地方财力缺口测算研究》,《财贸经济》2011 年第 10 期。

胡晶晶:《二元经济结构与城乡居民收入差距的相关性研究——基于中国统计数据的实证分析》,《山东社会科学》2013 年第 3 期。

黄潇:《房产税调节收入分配的机理、条件与改革方向》,《西部论坛》2014 年第 1 期。

解垩:《税收和转移支付对收入再分配的贡献》,《经济研究》2018 年第 8 期。

解垩、李敏:《相对贫困、再分配与财政获益:税收和转移支付的作用如何?》,《上海财经大学学报》2022 年第 6 期。

金成武:《离散分布收入数据基尼系数的矩阵向量形式及相关问题》,

《经济研究》2007年第4期。

孔德娥、谢颖：《社保缴费基数不足问题的法律规制》，《沈阳干部学刊》2017年第6期。

况伟大、朱勇、刘江涛：《房产税对房价的影响：来自OECD国家的证据》，《财贸经济》2012年第5期。

雷恺节：《基于CGE模型的我国电力市场改革政策模拟分析》，华北电力大学博士学位论文，2018。

李红权、尹盼盼：《我国地方政府债务的收入分配效应研究》，《金融评论》2019年第6期。

李吉雄：《我国财政对居民收入再分配的绩效分析——基于贫困度和基尼系数的测度》，《经济问题》2010年第12期。

李明、李德刚、冯强：《中国减税的经济效应评估——基于所得税分享改革"准自然试验"》，《经济研究》2018年第7期。

李齐云、李征宇、鲁家琛：《中国社会保障制度对居民收入的再分配效应》，《公共财政研究》2020年第1期。

李实：《对基尼系数估算与分解的进一步说明——对陈宗胜教授评论的再答复》，《经济研究》2002年第5期。

李实、朱梦、冰詹鹏：《中国社会保障制度的收入再分配效应》，《社会保障评论》2017年第10期。

李文：《我国房地产税收入数量测算及其充当地方税主体税种的可行性分析》，《财贸经济》2014年第9期。

李雪松：《试析中国宏观经济走势》，《财会研究》2012年第12期。

李言：《组合式房产税改革的宏观经济效应——兼顾居民用房与商业用房的DSGE框架分析》，《经济与管理研究》2019年第12期。

李永友：《公共卫生支出增长的收入再分配效应》，《中国社会科学》2017年第5期。

李永友、郑春荣：《我国公共医疗服务收益归宿及其收入分配——基于入户调查数据的微观分析》，《经济研究》2016年第7期。

梁云芳、张同斌、高玲玲：《房地产资本税对房地产业及国民经济影响的实证研究》,《统计研究》2013 年第 5 期。

刘柏惠、寇恩惠:《政府各项转移收支对城镇居民收入再分配的影响》,《财贸经济》2014 年第 9 期。

刘斌:《基于 CGE 框架下的央行宏观经济模型研究》,《金融研究》2011 年第 6 期。

刘金东、王生发:《新房产税的累进性与充分性测算——基于家户调查数据的微观模拟》,《财经论丛》2015 年第 12 期。

刘珊珊:《碳税政策对北京经济—能源—环境系统的影响研究》,华北电力大学硕士学位论文,2014。

刘文文、杨娟、冯唐人:《货币政策与收入差距——来自中美加德四国的比较研究》,《宏观经济研究》2016 年第 3 期。

刘怡、聂海峰:《间接税负担对收入分配的影响分析》,《经济研究》2004 年第 5 期。

娄峰:《大数据经济学与中国经济社会复杂系统 CGE 模型构建及应用》,中国社会科学出版社,2016。

娄峰:《科技研发投入政策模拟分析:基于中国科技 CGE 模型》,《重庆大学学报》(社科版)2017 年第 1 期。

娄峰:《碳税征收对我国宏观经济及碳减排影响的模拟研究》,《数量经济技术经济研究》2014 年第 10 期。

娄峰:《中国经济—能源—环境—税收可计算一般均衡(CGE)模型理论及应用》,中国社会科学出版社,2015。

卢盛峰、卢洪友:《政府救助能够帮助低收入群体走出贫困吗?——基于1989—2009 年 CHNS 数据的实证研究》,《财经研究》2013 年第 1 期。

罗鸣令、范子英、陈晨:《区域性税收优惠的再分配效应——来自西部大开发的证据》,《中国工业经济》2019 年第 2 期。

骆永民、伍文中:《房产税改革与房价变动的宏观经济效应——基于DSGE 模型的数值模拟分析》,《金融研究》2012 年第 5 期。

米增渝、刘霞辉、刘穷志:《经济增长与收入不平等:财政均衡激励政策研究》,《经济研究》2012 年第 12 期。

莫连光、洪源、廖海波：《收入分配财政政策调节居民收入差距效果的实证研究》，《财经论丛》2014年第3期。

聂海峰、刘怡：《城镇居民的间接税负担：基于投入产出表的估算》，《经济研究》2010年第7期。

聂海峰、岳希明：《间接税归宿对城乡居民收入分配影响研究》，《经济学季刊》2012年第1期。

彭定赟、彭薇、宋娇：《中国收入差距扩大诱因的实证研究——基于劳动价值低估和要素配置偏向视角》，《统计与信息论坛》2013年第28（10）期。

邱晖、杜忠连：《基于一般均衡模型的税收归宿问题研究》，《经济视角》2012年第3期。

石中和、娄峰：《"营改增"及其扩围的社会经济动态效应研究》，《数量经济技术经济研究》2015年第11期。

宋颜群、胡浩然：《中国财政体系的再分配效应、再分配相对贡献及减贫效应》，《经济问题探索》2021年第9期。

孙伯驰、段志民：《农村低保制度的减贫效果——基于贫困脆弱性视角的实证分析》，《财政研究》2020年第3期。

万莹、史忠良：《税收调节与收入分配：一个文献综述》，《山东大学学报》（哲学社会科学版）2010年第1期。

汪昊、娄峰：《中国财政再分配效应测算》，《经济研究》2017年第1期。

汪昊、娄峰：《中国间接税归宿：作用机制与税负测算》，《世界经济》2017年第9期。

王传纶、高培勇：《当代西方财政经济理论》，商务印书馆，2002。

王翠琴、薛惠元：《新型农村养老保险收入再分配效应研究》，《中国人口·资源与环境》2012年第8期。

王德祥、戴在飞：《现阶段我国企业所得税的归宿：理论模型与实证检验》，《经济学动态》2015年第7期。

王鹏飞：《税负归宿问题研究趋势与展望》，《财经理论研究》2013年第 6 期。

王鹏飞:《中国税收归宿研究》,内蒙古财经大学硕士学位论文,2014。

王鹏飞:《中税负归宿问题研究趋势与展望》,《财经理论研究》2013 年第 12 期。

王文静:《组织收入于调节经济:中国税收政策的目标权衡与制度优化》,南开大学博士学位论文,2013。

王晓军、康博威:《我国社会养老保险制度的收入再分配效应分析》,《统计研究》2009 年第 11 期。

王延中、龙玉其、江翠萍、徐强:《中国社会保障收入再分配效应研究——以社会保险为例》,《经济研究》2016 年第 2 期。

韦志超、易刚:《物业税改革与地方公共财政》,《经济研究》2006 年第 3 期。

魏巍贤、张军令:《人民币汇率变动、跨境资本流动与资本管制——基于多国一般均衡模型的分析》,《国际金融研究》2018 年第 10 期。

夏商末:《房产税:能够调节收入分配不公和抑制房价上涨吗》,《税务研究》2011 年第 4 期。

徐利:《中国税收计算一般均衡模型研究——兼评增值税转型改革对中国经济影响》,中国财政经济出版社,2010。

严斌剑、范金:《中国 CGE 模型宏观闭合的实证检验》,《统计研究》2009 年第 2 期。

杨灿明、詹新宇:《土地财政的再分配效应——来自中国省际面板数据的经验证据》,《经济学动态》2015 年第 11 期。

杨穗、高琴、李实:《中国社会福利和收入再分配:1988—2007 年》,《经济理论与经济管理》2013 年第 3 期。

姚秋歌、张鹏侯、德帅等:《中国财政政策降低不平等的效应分析》,《上海经济研究》2021 年第 2 期。

岳希明、张斌、徐静:《中国税制的收入分配效应测度》,《中国社会科学》2014 年第 6 期。

詹鹏、李实:《我国居民房产税与收入不平等》,《经济学动态》2015

年第 7 期。

张川川、陈斌开：《"社会养老"能否替代"家庭养老"——来自中国新型农村社会养老保险的证据》,《经济研究》2014 年第 11 期。

张国胜：《试论实行和完善结构性减税政策的必要性与理论基础》,《开封大学学报》2012 年第 2 期。

张军令：《中国税改及应对美国减税政策的量化分析研究》,对外经济贸易大学博士学位论文,2019。

张平、侯一麟：《房地产税的纳税能力、税负分布及再分配效应》,《经济研究》2016 年第 12 期。

张启迪：《货币政策与不平等》,《当代经济管理》2021 年第 5 期。

张万春：《我国制造业危机对民企投资房地产的影响研究》,重庆工商大学硕士学位论文,2012。

张晓芳、石柱鲜、黄红梅：《基于社会核算矩阵的中国收入再分配效应分析》,《财贸研究》2011 年第 2 期。

张阳：《中国企业所得税税负归宿的一般均衡分析》,《数量经济技术经济研究》2008 年第 4 期。

赵永、王劲峰：《经济分析：CGE 模型与应用》,中国经济出版社,2008。

钟春平、陈三攀、徐长生：《结构变迁、要素相对价格及农户行为》,《金融研究》2013 年第 5 期。

钟春平、李礼：《税收显著性、税收归宿及社会福利》,《经济管理评论》2016 年第 4 期。

周赤非、邓述慧：《中国金融可计算一般均衡模型》,《系统工程理论与实践》1998 年第 4 期。

周钦、袁燕：《医疗保险对我国城市与农村家庭消费影响的实证研究》,《中国卫生经济》2013 年第 10 期。

朱润喜：《开征物业税的动因及定位》,《税务研究》2006 年第 9 期。

朱彤、刘斌、李磊：《外资进入对城镇居民收入的影响及差异——基于中国城镇家庭住户收入调查数据（CHIP）的经验研究》,《南开经济研究》

2012 年第 2 期。

Andersen A. L., Johannesen N., Jørgensen M., et al., "Monetary Policy and Inequality," ZBW Working Paper, 2021.

Arnold C. Harberger "The Incidence of the Corporation Income Tax," *Journal of Political Economy*, 1962, Vol. 70.

Aronson J. R., Lambert P. J., "Decomposing the Gini Coefficient to Reveal the Vertical, Horizontal, and Reranking Effects of Income Taxation," *National Tax Journal*, 1994, 47 (2).

Bach Stefan, Grabka M., Tomasch E., "Tax and Transfer System: Considerable Redistribution Mainly Via Social Insurance," *Diw Economic Bulletin*, 2015, 5 (8).

Ballard Charles L., John Karl Scholz, John B. Shoven, Harvey Galper, "The Value-added Tax: A General Equilibrium Look at Its Efficiency and Incidence," *The Effects of Taxation on Capital Accumulation*, 1987 (1).

Ballard Charles L., Shoven John B., John Whalley, "General Equilibrium Computations of the Marginal Welfare Costs of Taxes in the United States," *The American Economic Review*, Mar., 1985, Vol. 75, No. 1.

Berardi N., Sevestre P., Tepaut M., et al., "The Impact of A 'Soda Tax' on Prices: Evidence from French Micro Data," *Applied Economics*, 2016 (1).

Bergman U. M., Hansen N. L., "Are Excise Taxes on Beverages Fully Passed through to Prices? The Danish Evidence," *Mimeo*, Accessed April 17, 2014.

Bernanke B. S., "Monetary Policy in a New Era," Evolution or Revolution: Rethinking Macroeconomic Policy after the Great Recession, 2017.

Bonnet C., Réquillart V., "Tax Incidence with Strategic Firms in the Soft Drink Market," *Journal of Public Economics*, 2013 (2).

Browning Edgar K., William R. Johnson, "The Distribution of the Tax Burden," Washington: American Enterprise Institute, 1979.

Browning E. K., "The Burden of Taxation," *The Journal of Political*

Economy, 1978 (3).

Buchanan James M. , "External Diseconomies, Corrective Taxes, and Market Structure," *The American Economic Review*, 1969 (1).

Caminada Koen, Goudswaard K. , Wang C. , "Disentangling Income Inequality and the Redistributive Effect of Taxes and Transfers in 20 LIS Countries Over Time," Mpra Paper , 2012.

ChongEn Bai, Qi Li, Min Ouyang, "Property Taxes and Home Prices: A Tale of Two Cities," *Journal of Econometrics*, 2014 (1).

Claudio A. , "Agostini, Claudia Martínez Alvear. Tax Credits Response to Tax Enforcement: Evidence from a Quasi-Experiment in Chile," Sostenibilidad Reformas, 2013.

Dalton Hugh, *Principles of Public Finance* , 4th ed. , New York Frederick A. Praeger, 1955.

Davtyan K. , "The Distributive Effects of Conventional and Unconventional Monetary Policies," AQR Working Papers, 2016.

Delfin S. Go, Hans Lafgren, Fabian Mendez Ramos, et al. , "Estimating Parameters and Structural Change in CGE Models Using a Bayesian Cross-entropy Estimation Approach," *Economic Modelling*, 2016 (52).

Dervis K. , "Activity Analysis and General Equilibrium Modelling," JSTOR, 1982.

Devarajan A. , Delfin S. , "The Simplest Dynamic General-Equilibrium Model of an Open Economy," *Journal of policy Modelling*, 1998 (20).

Devarajan S. , Hossain S. I. ,"The Combined Incidence of Taxes and Public Expenditures in the Philippines," *World Development*, 1998, 26 (6) .

Dominik Sachs, Aleh Tsyvinski, *Nicolas Werquin*, *Nonlinear Tax Incidence and Optimal Taxation in General Equilibrium*, Yale University, 2016.

Edwin Leuven, Hessel Oosterbeek, "An Alternative Approach to Estimate the Wage Returns to Private-sector Traning," *Journal of Applied Econometrics*, 2008 (23).

England Richard W. , "Tax Incidence and Rental Housing: A Survey and Critique of Researh," *National Tax Journal*, 2016 (69).

Figari F. , Paulus A. , Sutherland H. , et al. , *Taxing Home Ownership: Distributional Effects of Including Net Imputed Rent in Taxable Income*, Social Science Electronic Publishing, 2012.

Figari F. , "GINI DP 28: The Impact of Indirect Taxes and Imputed Rent on Inequality: A Comparison with Cash Transfers and Direct Taxes in Five EU Countries," Gini Discussion Papers, 2012.

Fullerton Don, Garth Heutel, "Analytical General Equilibrium Effects of Energy Policy on Output and Factor Prices," *The BE Journal of Economic Analysis & Policy*, 2010 (10).

Furceri D. , Loungani P. , Zdzienicka A. , "The Effects of Monetary Policy Shocks on Inequality," *Journal of International Money and Finance*, 2018 (85).

Fu-Chuan Lai, David Merriman, "Housing Appreciation (Depreciation) and Owners Welfare," *Journal of Housing Economics*, 2010 (1).

Gale William G. , et al. , *Effects of After-Tax Pension and Social Security Benefits on Household Wealth: Evidence from a Sample of Retirees*, Social Science Electronic Publishing, 2007.

Go Delfin S. , et al. , "An Analysis of South Africa's Value Added Tax," World Bank Policy Research Working Paper, 2005.

Goulder Lowrence H. , "Effects of Carbon Taxes in an Economy with Prior Taw Distortions: An Intertemporal General Equilibrium Analysis," *Journal of Environmental Economics and Management*, 1995 (29).

Goñi Edwin, López J. H. , Servén L. , "Fiscal Redistribution and Income Inequality in Latin America," *Social Science Electronic Publishing*, 2008, 39 (9).

Gruber J. , Köszegi B. , "Tax Incidence when Individuals are Time-inconsistent: The Case of Cigarette Excise Taxes," *Journal of Public Economics*, 2004 (2).

Gu X. , Tam S. P. , "Tax Incidence and Price Discrimination: An Application of Theories to Gambling Markets," *China Economic Review*, 2014 (7) .

Harberger A. C. , "Corporation Tax Incidence: Reflections on What is Known, Unknown and Unknowable," Fundamental Tax Reform: Issues, Choices and Implications, 2008.

Harberger A. C. , "The Incidence of the Corporation Income Tax," *The Journal of Political Economy*, 1962 (5).

Harvey S. Rosen, "Growth, Distribution, and Tax Reform: Thoughts on the Romney Proposal," Princeton University Griswold Center for Economic Policy Studies Working Paper No. 228, September 2012.

Higgins Matthew J. , Young Andrew T. , Daniel Levy, "Heterogeneous Convergence," *Economics Letters*, 2013 (2).

Higgins S. , Lustig N. , Ruble W. , et al. , "Comparing the Incidence of Taxes and Social Spending in Brazil and the United States," *Review of Income & Wealth*, 2015 (1).

Hong-Sang Jung, Erik Thorbecke, "The Impact of Public Education Expenditure on Human Capital, Growth, and Poverty in Tanzania and Zambia: A General Equilibrium Approach," *Journal of Policy Modeling*, 2003 (25).

Hossain Sharif M. , Nobuhiro Hosoe, "Welfare and Equity Impacts of Cross-border Factor Mobility in Bangladesh: A General Equilibrium Analysis," *Economic Modelling*, 2020 (87).

Huesca L. , Araar A. , "Progressivity of Taxes and Transfers: The Mexican Case 2012," *SSRN Electronic Journal*, 2014 (3).

Immervoll H. , Levy H. , Lietz C. , et al. , "Household Incomes and Redistribution in the European Union: Quantifying the Equalizing Properties of Taxes and Benefits," *Economics*, 2005 (6).

Inui M. , Sudou N. , Yamada T. , "The Effects of Monetary Policy Shocks on Inequality in Japanr," BIS Working Papers No. 642, 2017.

James Thurlow, "A Dynamic Computable General Equilibrium (CGE) Model for South Africa: Extending the Satic IFPRI Model," 2004.

Joseph J. Seneca, Peter Asch, "Monopoly and External Costs: An Application of Second-best Theory to the Automobile Industry," *Journal of Environmental Economics and Management*, 1976 (3).

Kakwani N. C. , "Measurement of Tax Progressivity: An International Comparison," *Economic Journal*, 1977, 87 (345).

Kim Jae-Cheol, Kim Min-Young, Chun Se-Hak, "Property Tax and Its Effects on Strategic Behavior of Leasing and Selling for a Durable-goods Monopolist," *International Review of Economics and Finance*, 2014 (1).

Lenza M. , Slacalek J. , "How does Monetary Policy Affect Income and Wealth Inequality? Evidence from Quantitative Easing in the Euro Area," European Central Bank Working Paper No. 2190, 2018.

Lustig Nora, "Fiscal Redistribution in Middle Income Countries: Brazil, Chile, Colombia, Indonesia, Mexico, Peru and South Africa," Oecd Social Employment & Migration Working Papers, 2015.

Lustig N. , Gray-Molina G. , Higgins S. , et al. , "The Impact of Taxes and Social Spending on Inequality and Poverty in Argentina, Bolivia, Brazil, Mexico, and Peru: A Synthesis of Results," *Public Finance Review*, 2013, 42 (3).

McLure C. E. , "General Equilibrium Incidence Analysis: The Harberger Model after Ten Years," *Journal of Public Economics*, 1975, 4 (2).

Mieszkowski Peter M. , "On the Theory of Tax Incidence," *The Journal of Political Economy*, 1967 (1).

Mieszkowski Peter M. , Zodrow George B. , "The New View of The Property Tax: A Reformulation," *Regional Science and Urban Economics*, 1986 (16).

Mookherjee D. , Shorrocks A. , "A Decomposition Analysis of the Trend in UK Income Inequality," *Economic Journal*, 1982, 92 (92).

Mumtaz H. , Theophilopoulou A. , "The Impact of Monetary Policy on Inequality in the UK: An Empirical Analysis," *European Economic Review*, 2017 (98).

Musgrave Richard A. , "Taxes and the Budget," *Challenge*, 2015 (2).

Musgrave R. A. , Case K. E. , Leonard H. , "The Distribution of Fiscal Burdens and Benefits," *Public Finance Review*, 1974 (3).

Musgrave R. A. , Thin T. , "Income Tax Progression, 1929-48," *Journal of Political Economy*, 1948 (6).

Nanak Kakwan, *Analyzing Redistribution Policies: A Study Using Australian Data*, New York: Cambridge University Press, 1986.

Nanak Kakwani, *On the Measurement of Tax Progressivity and Redistributive Effect of Taxes with Applications to Horizontal and Vertical Equity*, Advances in Econometircs, JAI Press Inc. , Vol. 3, 1984.

Nanak Kakwani, "Analyzing Redistribution Policies: A Study Using Australian Data," World Institute for Development Economics Research Helsinki, Finland," 2012.

Naqvi Bilquees F. , "Shifting of Indirect Taxes: A Further Study," *The Pakistan Development Review*, 1975 (1).

Nora Lustig, Maynor Cabrera , Hilcías E. Morán, "Fiscal Policy, Inequality, and the Ethnic Divide in Guatemala," *World Development*, 2015 (2).

Pechman J. A. , Okner B. A. , "Who Bears the Tax Burden?" *Journal of Finance*, 1974 (30).

Pereira Alfredo Manuel Marvao, "*Corporate Tax Integration in the United States: A Dynamic General Equilibrium Analysis*," Stanford University ProQuest Dissertations Publishing, 1988.

Peter Whiteford, *Growing Unequal: Income Distribution and Poverty in OECD Countries*, OECD Publishing, 2008.

Reynolds M. O. , Smolensky E. , *Public Expenditures, Taxes, and the Distribution of Income: The United States, 1950, 1961, 1970* , Academic Press, 1977.

Richard Aronson J. , Paul Johnson, Lambert Peter J. , "Redistributive Effect and Unequal Income Tax Treatment," *The Economic Journal*, 1994 (104).

Rosensweig J. A. , Taylor L. , "Devaluation, Capital Flows, and Crowding-Out: A CGE Model with Portfolio Choice for Thailand," in Lance Taylor (ed.), *Socially Relevant Policy Analysis: Structuralist Computable General Equilibrium*

Models for the Developing World, Cambridge, MA, London: MIT Press, 1990.

Rutherford Thomas F., Lau Marten I., "Andreas Pahlke, Approximating Infinite-horizon Models in a Complementarity Format: A Primer in Dynamic General Equilibrium Analysis," *Journal of Economic Dynamics and Contral*, 2002 (26).

Samarina A., Nguyen A. D. M., "Does Monetary Policy Affect Income Inequality in the Euro Area?" DNB Working Paper No. 626, 2019.

Sebastin Rausch, Gillbert E., Metcalf Relly John M., "Distributional Impacts of Carbon Pricing: a General Equilibrium Approach with Micro-data for Households," *Energy Economics*, 2011 (33).

Smolensky E., Hoyt W., Danziger S., "A Critical Survey of Efforts to Measure Budget Incidence," The Relevance of Public Finance for Policy-Making, Proceedings IIFP Congress, 1987.

Stefan van der Esch, Michel Jeuken, Tom Kram, et al., "Pathways to Achieve a Set of Ambitious Global Sustainability Objectives by 2050: Explorations Using the IMAGE Integrated Assessment Model," *Technological Forecasting and Social Change*, 2015 (98).

Sullivan Arther M., "The General Equilibrium Effects of the Industrial Property Tax: Incidence and Excess Burden," *Regional Science and Urban Economic*, 1984 (14).

Taghizadeh-Hesary F., Yoshino N., Shimizu S., "The Impact of Monetary and Tax Policy on Income Inequality in Japan," *The World Economy*, 2020, 43 (10).

Walter S. Misiolek, "Effluent Taxation in Monopoly Market," *Journal of Environmental Economics and Management*, 1980 (7).

Wang Chen, Caminada K., "Disentangling Income Inequality and the Redistributive Effect of Social Transfers and Taxes in 36 LIS Countries," *SSRN Electronic Journal*, 2011 (1).

Wilhelm Pfähler, "Redistributive Effect of Income Taxation: Decomposing Tax Base and Tax Rates Effects," *Bulletin of Economic Research*, 1990 (2).

Xiao-guang Zhang, "Incorporating Household Survey Data into a CGE Model," Working Paper, 2011.

Zodrow George R. , Mieszkowski Peter M. , "The New View of the Property Tax a Reformulation," *Regional Science and Urban Economic*, 1986 (16).

图书在版编目（CIP）数据

中国间接税归宿作用机理与收入分配效应研究 / 娄
峰著 . --北京：社会科学文献出版社，2024.3（2025.9 重印）
ISBN 978-7-5228-3316-3

Ⅰ.①中…　Ⅱ.①娄…　Ⅲ.①间接税-税收管理-关
系-收入分配-研究-中国　Ⅳ.①F812.42 ②F124.7

中国国家版本馆 CIP 数据核字（2024）第 044327 号

中国间接税归宿作用机理与收入分配效应研究

著　　者 / 娄　峰

出 版 人 / 冀祥德
责任编辑 / 吴　敏
责任印制 / 岳　阳

出　　版 / 社会科学文献出版社（010）59367127
　　　　　　地址：北京市北三环中路甲 29 号院华龙大厦　邮编：100029
　　　　　　网址：www.ssap.com.cn
发　　行 / 社会科学文献出版社（010）59367028
印　　装 / 北京盛通印刷股份有限公司

规　　格 / 开　本：787mm×1092mm　1/16
　　　　　　印　张：14.5　字　数：230 千字
版　　次 / 2024 年 3 月第 1 版　2025 年 9 月第 2 次印刷
书　　号 / ISBN 978-7-5228-3316-3
定　　价 / 89.00 元

读者服务电话：4008918866